服务礼仪

陈素平◆著

FUWU LIYI

湘潭大學出版社
XIANGTAN UNIVERSITY PRESS

图书在版编目（CIP）数据

服务礼仪 / 陈素平著. -- 湘潭 : 湘潭大学出版社, 2025. 1. -- ISBN 978-7-5687-1714-4
Ⅰ. F719
中国国家版本馆 CIP 数据核字第 2025BV6276 号

服务礼仪

FUWU LIYI

陈素平 著

策划编辑： 张宝香
责任编辑： 张宝香　郭　瑜
封面设计： 李　平
出版发行： 湘潭大学出版社
社　　址： 湖南省湘潭大学工程训练大楼
电　　话： 0731-58298960 0731-58298966（传真）
邮　　编： 411105
网　　址： http://press.xtu.edu.cn/
印　　刷： 长沙鸿和印务有限公司
经　　销： 湖南省新华书店
开　　本： 787 mm×1092 mm 1/16
印　　张： 17.75
字　　数： 377 千字
版　　次： 2025 年 1 月第 1 版
印　　次： 2025 年 1 月第 1 次印刷
书　　号： ISBN 978-7-5687-1714-4
定　　价： 49.80 元

前　言

“人无礼则不生，事无礼则不成，国无礼则不宁”。礼仪作为社会生活中不可或缺的一部分，涉及人类社会交往中的行为规范、准则和程序，不仅体现了人们的文化素养和道德修养，还对于维护社会秩序、增进人际和谐、促进文化交流等方面具有重要作用。

礼仪学科体系内容不仅应该对礼仪的相关概念、具体礼仪形式进行研究，还应该包括礼仪理论和礼仪文化。人际认知和人际吸引理论强调个体在人际交往中的主观性和能动性，认为个体对人际关系的认知和解释会影响其行为和互动方式。探讨人与人之间形成特殊形式的社会态度的过程和机制，为礼仪学习提供了有益的指导。

中华文明源远流长、博大精深，是中华民族独特的精神标识，是维系全世界华人的精神纽带，也是中国文化创新的宝藏。古代传统礼仪是中国古代文化的重要传承，它代表了中国人的智慧、思想和道德观念，传统礼仪承载了丰富的文化内涵，通过对传统礼仪的宣传和研究，可以使后人深入了解传统文化内涵，激发年轻一代对祖国灿烂文明的自豪感，增强他们的民族意识和国家意识，是礼仪学习的重要内容。礼仪的起源与发展、古代礼仪典籍内容、中国传统礼制形式等也成为本书的首要内容。

结合本人从事礼仪学课程教学将近 30 年的经验，在学习前人礼仪学研究的基础上，将本书服务礼仪教程内容分为 13 个章节，个人礼仪、礼宾序列、社交礼仪、餐饮礼仪、酒店服务礼仪、旅行社服务礼仪、会议礼仪、仪式礼仪构成了这本书的主体部分。

在全球化的背景下，国际交流与合作日益频繁。学习国际礼仪有助于人们更好地理解和尊重不同国家的文化背景和风俗习惯，减少文化差异而导致的误解和冲突，促进国际的友好交流与合作，本书也对这一部分进行了探索和总结。

本书初撰于 2020 年，相对安静的生活为潜心工作提供了良好的环境，书稿几度修改。前人的研究成果，尤其是中国人民大学金正昆先生的系列礼仪教材、文泉先生的《国际商务礼仪》、周裕新先生的《公关礼仪学》给本人很多启发。

成书过程中，罗盈科、俞波、雷昭阳、张薇、郭伟婷、钟声、邓丽慧、龙平反复修改，辛苦付出，一并感谢！

陈素平

目 录

第一章　礼仪学概论

第一节　礼仪的概念与内涵

人类的生存与发展，离不开法制，离不开道德，同样也离不开礼仪。

从古至今，礼仪的基本功能主要在于展示每一位个体的良好形象，促进人与人之间的良性交际，维护正常而有益的社会秩序。如今，随着生活节奏的加快、人际交往圈的扩大，人们越来越看重对礼仪的学习和践行，期望以遵奉礼仪的言行举止获得他人的认可、赞赏和支持，取得更出色且有益于社会发展的业绩。

礼仪学是一门以礼仪为研究对象，研究礼仪的性质、规律以及一般性规范的学科。明确研究对象是任何一门学科的首要任务，而要明确研究对象，就必须对有关的概念，尤其是该学科的核心概念和基本概念进行一番认真的探索。

一、礼仪的相关概念

（一）礼仪

“礼仪”由“礼”和“仪”两个字组成。然而在我国，这两个字分别表示两个虽有联系却不尽相同的概念。

1. 溯源“礼”之内涵

“礼”的含义丰富，其跨度和差异也比较大。它有古今意义之别，可以从广义和狭义的不同角度来理解。“礼”最初指供神的仪式，随后逐步引申为表示敬意的通称。它既可指表示敬意或隆重而举行的仪式；也可泛指社会交往中的礼貌；还可特指奴隶社会或封建社会中贵族等级制的社会规范和道德规范。朱熹在为《论语·为政》中“齐之以礼”加注时，就认为“礼，谓制度品节也”。随着历史的发展，“礼”的内涵不断延伸和扩展，在许多场合，它已成为“礼貌”“礼节”“礼仪”的代名词。比如给小孩、病人、孕妇让座等尊老爱幼的行为，很难单纯用“敬意”来解释。其实，这些礼仪活动和行为中所体现的“礼”，是遵守和维护某种社会规范和道德规范的活动与行为，都应该归结为某种行为准则、社会规范和道德规范。因此，周文柏先生主编的《中国礼仪大辞典》中关于“礼”的定义值得参考：礼，指特定民族、人群或国家基于客观历史传统而形成的，以确立、维护社会等级秩序为核心内容的价值观念、道德规范以及与之相适应的典章制度和行为方式。

这个定义不仅较好地概括了礼的古今意义，还高度总结了礼的产生、实质及其具体表现形式，有助于我们深入探讨“礼”和“礼仪”相关内容，这也是研究礼仪学必须明确的要点。

2. 细解“仪”之要义

至于“仪”的概念，比较而言要单纯一些。其与“礼仪”有关的含义主要有以下几点：

(1)容止、仪表。如《诗经·大雅·烝民》：“令仪令色，小心翼翼。”

(2)典范、表率。如《荀子·正论》：“上者，下之仪也。”又如今天“礼仪先生”和“礼仪小姐”中的“仪”，就包含有典范、表率的意思。

(3)仪式、礼节。如《荀子·正论》：“诸夏之国，同服同仪。”又如今天的“司仪”一词，即指掌管、主持仪式的人。

(4)法度、准则。如《管子·任法》：“圣君所以为天下大仪也。”

以上有关“仪”的这几方面含义，应该说与“礼仪”都有关联，只是密切程度和使用频率有所不同。当“仪”和“礼”组合在一起构成“礼仪”这个词时，就是取的“仪式、礼节”这个义项。

3. 洞察“礼仪”之全貌

在我国，“礼仪”概念早在《诗经》和《礼记》中就已经出现。其含义在古代和现代都不尽相同，不过很多地方仍有共通之处。从内涵来看，“礼仪”是社会活动和人际交往中的规范准则、方式、形式或程序，是在社会交往过程中约定俗成的产物，具有指导和协调人际关系的作用；在外延方面，“礼仪”包括礼节、礼貌、仪表、仪式、服饰、标志、象征等。综合起来，便构成一个较为完整的礼仪概念：人们在社会的各种具体交往中，为了表示互相尊重而体现在语言、仪容、仪态、风度等方面的约定俗成的、共同认可的规范和程序。

在西方，“礼仪”一词最早见于法语的“Etiquette”，原意是法庭上的通行证。在社会交往中，人们必须遵守一定的规矩和准则，才能彰显人类区别于普通动物的特有风范，保证文明社会得以正常维系和发展。于是，当“Etiquette”一词进入英文后，就有了“礼仪”的含义——“人际交往的通行证”。

4. 把握“礼仪”的理解与运用要点

对于“礼仪”的这个概念，我们在理解和运用时，应特别重视以下几方面：

第一，礼仪不是人们抽象思维的结果，而是人们在社会实践中，特别是人际交往的实践中所形成的惯常行为模式。

第二，礼仪在实践中是一种情感互动过程。也就是说，在礼仪的实施过程中，既有施礼者的控制行为，也有受礼者的反馈行为，是双方尊重与情感的互换过程。

第三，礼仪的核心是尊重。无论是施礼者还是受礼者，如果离开了对对方的尊重，礼仪则无从谈起。

第四，礼仪是人们约定俗成、共同认可的，带有“共性”的行为规范。个别人与众不同的行为方式，不能成为礼仪。

第五，礼仪是一种程序，有一定的“套路”，不是毫无联系的某些行为的堆积组合。

（二）礼貌、礼节

如上所述，“礼”是一种社会道德规范，是人们社会交际中的行为准则，“礼仪”是约定俗成的、共同认可的规范和程序。那么，礼貌、礼节又分别指的是什么呢?

1. 礼貌

礼貌，其原始含义重点在于指导人们怎样与他人展开交往互动，以及在与他人共同处于特定空间时，应该怎样恰当地运用和处理这一空间，例如在公共空间如何做到行为得体、不妨碍他人等。主要是指在人际与社交过程中相互表示敬意、友善、得体的气度与风范。礼貌的外部表现主要有两个方面，即语言文明和行为文明。礼貌是一个人在待人接物时的外在表现，这种表现是通过仪表、仪容、仪态以及语言和动作来体现的。一个人傲气十足、出言不雅、动作粗俗、衣冠不整，就是对他人没有礼貌。有礼貌的人往往恭敬待人，热情大方，行为举止上显得很有教养。讲礼貌要有分寸，应该不卑不亢，落落大方，既不失礼，又讲原则，言辞、行为不可给人以低声下气、人格低下的感觉。

2. 礼节

礼节是人们在日常生活中，特别是在交际场合中，相互问候、致意、祝愿、慰问以及给予必要的协助与照料的惯用形式，是礼貌在语言、行为、仪态等方面的外在体现。如中国古代的作揖、跪拜；现在世界大多数国家通行的点头致意、握手；一些国家的双手合十及拥抱、接吻、吻手、吻脚等都属礼节的各种形式。礼节是礼貌的具体表现，二者相辅相成。我们有时会看到某些人对他人虽有恭敬、谦虚之心，但在与人交往时却显得手足无措，或因为礼节不周而使人觉得尴尬。还有一种人虽懂得礼节，但在施礼时却缺乏诚意。我们主张敬人要发自内心，心理要和动作协调一致。有些人把文明礼貌与客套画上等号而引起的种种误解，更需要澄清。其实，礼貌是谦虚恭敬的表现，其核心是对他人的关心和尊重，而客套则显得矫揉造作，表里相悖，两者是有原则区别的。各国各民族都有自己的礼节，例如，我国古代行跪拜礼已鲜为人见。然而礼节也会随着时代的进步而发生变化，在世界各国互相交往中，人们对有些礼节已互相融通，如握手礼原是西方国家盛行的礼节，开始传入中国时也曾令许多人感到别扭，现在却已成为习以为常的礼节。对于一个组织来说，礼节是整体风貌的具体化、形象化；对于个人来说，则是其心灵美的外化。

礼是一种社会道德规范，是人们社会交际中的行为准则。礼貌、礼节、礼仪都属于礼的范畴，礼貌是表示尊重的态度，礼节是表示尊重的惯用形式，礼仪是由一系列表示礼貌的态度、具体的礼节形式和重要的仪式所构成的完整过程。“礼貌”“礼节”“礼仪”三者尽管名称不同，但都是人们在相互交往中表示尊敬、友好的行为，其本质都是尊重他人，彼此友好，三者相辅相成，密不可分。有礼貌而不懂礼节，往往容易失礼；谙熟礼节却流于形式，充其量只是客套。礼貌是礼仪的基础，礼节是礼仪的基本组成部分。礼是仪的本质，仪则是礼的外在表现。礼仪在层次上要高于礼貌礼节，其内涵更深、更广，它是由一系列具体的礼貌礼节所构成。

（三）礼教

礼教通常指封建礼教，是封建社会统治阶级为维持封建等级制度，根据儒家思想制定的、以三纲五常为基本内容的各种礼法条规和道德标准。很早以前，封建统治阶级就采用“非礼勿视、非礼勿听、非礼勿言、非礼勿动”的礼教来约束人民的行为。

“三纲”说始创于战国时的韩非。《韩非子·忠孝》：“臣事君，子事父，妻事夫，三者顺则天下治，三者逆则天下乱，此天下之常道也。”到了西汉，封建统治阶级根据本阶级利益的需要，董仲舒又提出了一整套以“三纲五常”为中心的封建伦理道德，“三纲五常”成为封建礼教的核心。“三纲”是“君为臣纲，父为子纲，夫为妻纲”，意思是说，臣要绝对服从君，子要绝对服从父，妻要绝对服从夫，任何时候都不能违背。

旧时“五伦”也称为“五常”，意谓五种伦常道德，是指旧时的君臣、父子、兄弟、夫妇和朋友这五种人与人之间基本的伦理关系。语出《尚书·泰誓下》的“狎侮五常”，孔颖达疏曰：“五常即五典，谓父义、母慈、兄友、弟恭、子孝。”

“五常”是五条封建道德信条，即“仁、义、礼、智、信”。按孟子的说法，“仁”指恻隐之心，“义”指羞恶之心，“礼”指恭敬之心，“智”指是非之心，“信”指诚信之心。班固《白虎通·性情》说：“仁者，不忍也，施生爱人也；义者，宜也，断决得中也；礼者，履也，履道成文也；智者，知也，独见前闻，不惑于事，见微者也；信者，诚也，专一不移也。”具体而言，仁，就是不狠心、不残酷，施爱与他人，对人宽厚；义，就是适宜，做决断恰到好处；礼，就是践行道义使之成为条文；智，就是指对于眼前所了解的事物有独到的见解，不被表象迷惑，能见微知著；信，就是诚，用心专一而不随意改变。遵循“五常”去做，就可以成为正人君子；反之，则可能成为遭人唾骂的人。历代统治阶级又根据封建宗法制度的需要，对封建法典不断改造、发展，逐步完善封建礼教，使之成为巩固统治阶级政权的重要支柱。“三纲”和“五常”合称“三纲五常”，简称“纲常”，为儒家伦理的核心所在。

显而易见，礼仪和封建礼教虽然在历史上有着必然的联系，看上去又是同属一定的道德规范，但两者的内涵和表现形式是截然不同的。我们今天所说的礼仪，是文明行为的重要内容之一，是保持人与人之间正常关系的一种行为规范和重要准则。它也和礼貌一样，是数百年来人们就知道的，数千年来在一切处世格言上反复谈到的起码的公共生活准则。而礼教则不然，它是适应封建社会等级森严的政治制度的需要，是维护统治阶级地位的重要手段。

二、礼仪的构成要素

礼仪是由四个完整的要素所构成的，即礼仪的主体、礼仪的客体、礼仪的媒介和礼仪的环境。在礼仪行为的过程中，这四个要素往往是浑然一体、密不可分的。但是由于研究的需要，可以而且必须对它们进行分别的阐述。

（一）礼仪的主体

礼仪的主体是指各种礼仪行为和礼仪活动的操作者和实施者。因为任何礼仪都必须有人进行操作和实施，没有主体的礼仪行为和礼仪活动是根本不可能存在的。一般来说，礼仪主体也就是操作和实施具体礼仪的特定的社会成员。

礼仪主体包括个人和组织两种基本类型。当礼仪行为或礼仪活动的规模较小或比较简单时，礼仪主体通常是由单个的人来充当的；当礼仪行为或礼仪活动的规模较大或比较复杂时，礼仪主体通常是由大大小小、不同性质、不同层次的各级组织来充当，其中包括临时组建的代表团等。不过，对于组织类型的礼仪主体来说，其礼仪行为或礼仪活动当然可以而且应该由组织内的个人自己来完成，如有特殊情况，可以委派代表，或采用适当形式委派有关人员实施礼仪活动或礼仪行为。

（二）礼仪的客体

礼仪的客体即礼仪的对象，是指各种礼仪行为和礼仪活动的指向者和承受者。任何礼仪行为和礼仪活动都必须有所指向，都必须有承受者。否则，也就不称其为礼仪了。礼仪的对象至少有如下三个特点：

一是多样性。它可以是有形的，也可以是无形的；既可以是具象的，也可以是抽象的；

既可以是物质的，也可以是精神的；既可以是人，也可以是物；既可以近在眼前，也可以远在天边。

二是相关性。礼仪的对象虽然广泛存在，但实际与某一礼仪主体发生关系的对象都是有限的。凡不与某一礼仪活动的主体发生关系的对象，都不是该礼仪的对象。礼仪主体的特定对象，对礼仪主体具有特定的要求，与该主体存在着一定的利益关系，也就是说，特定的礼仪对象都是要求从该主体获得某种应得的权益。

三是两极性。不仅礼仪的客体多种多样，而且礼仪对象的外延是非常宽泛的。一方面，一切在礼仪主体看来具有真、善、美的东西，都可以成为礼仪的对象；另一方面，由于礼仪主体具有不同的价值标准，真、善、美的东西在他们眼里不尽相同，因而他们的礼仪对象也是存在差别的。

（三）礼仪的媒介

任何礼仪行为和礼仪活动，都不可能凭空进行，必须依托一定的媒体。这种媒介或媒体，就叫作礼仪的媒介。

礼仪实践的大量事例说明，生活中的人、物、事，在一定的环境条件下，都是可以作为礼仪媒介而发挥作用的。因此，从宏观上可以将礼仪媒介划分为人体礼仪媒介、一般实体礼仪媒介和符号礼仪媒介三大基本类型。

人体礼仪媒介是指通过人自身的言谈、举止、行为和服饰等来传达礼仪信息，其特点是容易建立双方的感情，树立自身良好形象。

一般实体礼仪媒介是指通过各种物体以及物体的各种状态来传达礼仪信息，其作用不如其他礼仪媒介广泛，但效果好、可靠性与真实性强。

符号礼仪媒介是现代社会交际运用最广泛的礼仪媒介类型，它包括语言符号（如口头语言、书面语言）、视觉符号（如标志、图案、色彩等），以及电子媒介符号（如通过电子设备传播的文字、图像、视频等）。

总之，礼仪是不能独立存在的，它必须依附于某个特定的信息载体方能显示。凡载有礼仪信息的物体都可视为礼仪的媒介。而且，在具体操作和实施礼仪的时候，不同类型的礼仪媒介往往是交叉结合、配套使用的。因此，实际的礼仪行为和礼仪活动过程，常常呈现出丰富多彩、千姿百态的场景。

（四）礼仪的环境

任何礼仪行为和礼仪活动，都是在特定的时间和空间条件下进行的，这种特定的时空条件就是礼仪的环境。

礼仪环境的内容也是非常复杂的，既包括特定的社会环境，又包括礼仪的主体和客体在长期的礼仪行为和活动中不知不觉形成的一些惯例和气氛。这些礼仪环境必然影响、制约着人的礼仪行为和活动，并进而影响礼仪效果。

从不同角度分类，礼仪环境包括社会环境、自然环境、心理环境等。不论礼仪形式如何实现，时间和空间都是最重要的影响因素，而且礼仪环境无论怎样变化，都体现于时间和空间的变化之中。礼仪环境对礼仪的制约作用，一般表现在两个方面：一是实施何种礼仪要由礼仪环境决定；二是具体礼仪如何实施也要由礼仪环境决定。

总之，不管是社会环境、自然环境这样的大礼仪环境，还是地理环境、心理环境这样的小礼仪环境，都贯穿礼仪活动的始终，对礼仪效果具有一定的制约和影响作用。我们在实际操作和实施礼仪的时候，应对面临的礼仪环境深入研究，准确地加以把握，并根据具体的礼仪环境，恰如其分地运用礼仪规范。这样，才有可能获得比较理想的礼仪效果，否则一味地生搬硬套，再好的礼仪规范也是没有用的。

三、礼仪的种类

现代礼仪大致可分为以下几种：

1. 按身份分，礼仪可具体分为教师礼仪、学生礼仪、营业员礼仪、主持人礼仪等。

2. 按表现形式分，礼仪可分为交谈礼仪、待客礼仪、书信礼仪、电话礼仪、交换名片礼仪等。

3. 按交往对象和所在场合分，礼仪一般分为政务礼仪、商务礼仪、服务礼仪、社交礼仪、涉外礼仪五大类。

（1）政务礼仪：政务礼仪是国家公务员在行使国家权力和管理职能所必须遵循的礼仪规范。

（2）商务礼仪：商务礼仪是在商务活动中体现相互尊重的行为准则，是商务活动中对人的仪容仪表和言谈举止的普遍要求。

（3）服务礼仪：服务礼仪是指服务行业的从业人员应具备的基本素质和应遵守的行为规范，服务领域是在酒店、商场、保险公司、民航、旅行社、电信等，在工作上为客户服务的技巧和艺术服务礼仪，强调的是服务。

（4）社交礼仪：社交礼仪是指人们在人际交往过程中所具备的基本素质、交际能力等。

（5）涉外礼仪：涉外礼仪是指在长期的国际往来中，逐步形成的外事礼仪规范，也就是人们参与国际交往所要遵守的惯例，是约定俗成的做法。它强调交往中的规范性、对象性、技巧性。

以上礼仪的分类并不绝对分开，而是有非常多的交集，只是根据交往对象和所在场合选用不同的形式。

四、礼仪的实施原则

礼仪学习应该遵循以下原则，这些原则不仅体现了礼仪的精髓，也是个人修养和社会交往的基石。

（一）尊重友好

在社交场合中，礼仪行为总是表现为双方的，不论哪一方是施礼者，哪一方是受礼者，双方都要给予对方礼遇，若只有形式而没有内心的尊重，就会给人虚假的感觉。在人际交往中表现对人的尊重，既要注重形式，以得体的行为表现尊重，更要注重内心修养，即不要骄狂，不要我行我素，不要自以为是，不要傲视一切，不要目中无人。

（二）遵守次序

社会主义社会主张人人平等。平等是指社会主体在社会关系、社会生活中处于同等的地位，具有相同的发展机会，享有同等的权利。具体包括以下几个方面：

1. 人格平等。尽管人们之间存在性别、民族、职业、经济状况、生活等方面的差别，但应当具有相同的价值和尊严，处于相同的社会地位。

2. 机会平等。每个人都有创造物质财富和精神财富的潜在能力。为了实现机会平等，必须清除各种人为的障碍，制止任何人对各种机会的垄断和特权，使人的潜能得以发挥并拥有同等的机会和环境。机会平等表现在经济领域要求等价交换和自由竞争，政治领域则要求人人平等地参与政治活动以及社会职位向所有的人开放等。

3. 权利平等。人们在法律面前同等地享受权利（当然也包含平等地承担义务），任何人不得具有超越法律之上的特权。

社会的平等，应当是人格平等、机会平等和权利平等的统一。

平等既是衡量社会进步的尺度，又是一个社会在形式上所要追求的价值、原则和道德理想。但是在强调平等的同时，也不能否认礼仪的次序性，《中国礼仪大词典》中就明确指出礼仪的次序性这一特性。所谓次序礼仪是指礼仪人员在礼仪活动中，特别在重要的礼仪场合，为了体现参与者的身份、地位、年龄等的差别，给予某些公众以必要的尊重，或者为了体现所有参与者一律平等，而按一定的惯例或规则对其进行顺序排列的礼仪规范。常见的礼宾次序有两大类，一类是旨在明确区分参与者的不对等关系；另一类是为了显示所有参与者在权利地位上的一律平等。

（三）自信谦逊

自信是指相信自己的想法和力量，认为依靠自己的努力一定能够克服种种困难，达到预定的目标。自信是社交场合很可贵的心理素质，唯有对自己充满信心，才能在交往中不卑不亢，落落大方，遇强者不自惭，遇到磨难不气馁，遇到侮辱敢于挺身反击，遇到弱者会伸出援助之手。自信是一种内在力量，人们越自信，就越有可能建立有益的而不是破坏性的人际关系。

谦逊就是虚心、不自满。谦逊是一种美德，它本身也是一种礼的表现。在社会交往中只有谦逊礼让、不摆架子、不自以为是的人才能使人感到容易接近，才能给人以可以依赖、可以合作的印象。

（四）遵守信用

礼仪作为行为规范、处事的准则，反映了人们共同的利益，社会上的各民族、各党派、各阶层人士都有责任和义务共同维护、遵守礼仪。每个人要知礼、守礼、自我约束、爱护公物、遵守公共秩序、尊老爱幼、坚持正义、爱护动物……在社会生活中时时处处自觉遵守礼仪规范，努力树立良好形象，做一个受大家欢迎的人。谁违背了礼仪规范，自然会受到公众的批评和指责。

信用，即讲信誉，在人际交往中要讲真话，遵守诺言，践行诺言。孔子说："民无信而不立。"强调的正是守信用的原则。在社交场合，尤其重视守时、守约，所以，如果没有十足的把握就不要轻易许诺他人，许诺他人做不到，反而得到一个不守信的恶名，会永远失信于人。

（五）客随主便

客随主便一般有两种实现方式，一是入乡随俗，二是入乡随主。

入乡随俗指的是到什么地方，就要遵从什么地方的风俗习惯，常形容外乡人尊重、适应和主动融入当地风俗文化。出自《庄子・山木》："入其俗，从其令。"

"入乡随主"与"入乡随俗"是截然不同的。作为个人的礼仪素养，入乡随俗是一个良好的品质，但在商务礼仪中却普遍用"入乡随主"原则。

在实际的活动当中，我们会发现，并不是每个国家和民族都会要求客人遵守自己的礼仪传统。恰恰相反，很多时候，主方往往以能够运用通行的礼仪习俗而自豪，甚至于用客方的礼仪习俗来表达自己的诚挚之心。因此，在礼仪活动中，要遵守"入乡随主""客随主便"的原则，按照主方的礼仪习惯完成商务活动。当然，这一原则在实践当中，也要灵活运用，不可盲从，要按照平等相待的原则考量主方的礼仪安排。

第二节　礼仪的性质和作用

礼仪的历史源远流长。如今，虽然大力提倡现代礼仪和努力建设社会主义精神文明已经得到了全民的广泛认同和欢迎，但人们对礼仪的认识是仁者见仁，智者见智。同时，我们在礼仪实践中也暴露出这样那样的问题。因此，进一步明确礼仪的性质，不仅是深入学习这门学科的需要，更是加强社会主义精神文明建设的当务之急。

一、礼仪的性质

（一）礼仪的社会规范性

礼仪就性质而言，它属于社会规范的范畴，是在历史发展过程中不断地批判继承和不断地推陈出新的文化现象，明显地带着时代的烙印。社会规范，是调整社会成员在社会生活中相互关系的行为规则，或者说是一个社会对其成员在社会生活中的行为加以提倡或限制的准则。

社会规范作为联结社会和个人行为的媒介因素之一，像棱镜一样折射着社会对个人的一切影响，直接引导和限制着个人的态度和行为。社会规范在社会成员的共同活动中一经形成，便具有一种公认的社会力量，通过不断内化为人们的心理尺度，而在个体社会化的过程中发挥出积极的作用。

社会规范从总的来说包括法律规范和非法律规范两大类别。非法律规范泛指法律规范之外的一切社会规范，包括道德规范、宗教规范、习俗、共同生活准则以及非国家组织的规章制度等。礼仪则是一种非法律规范。

礼仪虽然属于非法律规范，但又不同于其他非法律规范。礼仪属于作用相对较弱的非法律规范，如违反礼仪规范，只构成失礼，而失礼本身一般不会引起责任。所以，我们要运用各种行之有效的办法，促成有关的礼仪规范转化形成一种社会道德、社会风尚、社会舆论，并借助社会道德、社会风尚和社会舆论的巨大力量，坚持不懈地为礼仪的推行与弘扬开辟道路。

（二）礼仪的历史继承性

历史上任何一种较为古老的文化现象，毫无例外，都有一部不断地批判继承和不断地推陈出新的生动的历史记录，源远流长的礼仪文化当然也是这样。一些符合人性基本需要的礼仪，具有超越时代和社会的适用性。如孔子的“礼”作为一种制度，已烟消云散，但是他的关于礼仪的一些基本思想和规范，却一直影响着中华儿女。诸如“礼之用，和为贵”“知礼而和，不以礼节之，亦不可行也”“责己严，待人宽”“温、良、恭、俭、让”“敬老爱幼”等思想和行为都被继承了下来。

礼仪虽然与一个时代的经济、文化、生活方式等息息相关，但与其他社会现象和行为规范相比，礼仪更是人们心理习惯的积淀。这种积淀在人们的心理结构中，形成了一定的观念定势、思维定式、价值标准定势，并通过实践活动表现出来。所以，我们也可以把礼仪解读为一个民族或一定地域的人们在长期的历史发展过程中逐渐形成并世代相传的文化传统。唯其如此，现代礼仪与传统礼仪之间存在着剪不断的联系，许多传统礼仪在今天仍然流行，并得到发扬光大。

当然，礼仪的历史继承性只是相对于有些社会现象和行为规范而言的。没有一成不变的事物，也就不存在尽善尽美的礼仪。事实上，一方面是礼仪源远流长，永不枯竭的根基所在，即使再大的历史劫难也不可能将它毁灭；另一方面，它又是礼仪能够顺应社会，顺应历史，永远充满活力的生机所在。我们对礼仪文明的前途满怀希望，对社会主义礼仪的建设充满信心，其原因就在于此。

（三）礼仪的鲜明时尚性

对于这一概念，我们可以从几个方面来理解：一是时尚总是和一定对象相联系的，其对象就是有关事物的规格和样式；二是时尚表现为对一定规格和样式的认可、模仿和追求，即通常所说的入时、应景等；三是时尚是众多的人相互影响，并在相当大的范围内普及流行的现象，因此又称为“流行”；四是时尚是一种时效性极强的现象，犹如一阵风、一股潮，因而常以“新潮”“风行一时”来形容。总之，时尚是一定时期内众多的人向同一标准不断趋近而形成的社会心理现象。

礼仪的时尚性，是伴随礼仪的发展而来的。每一个时代都有每一个时代的思想观念、道德准则以至礼仪礼节，称为“时尚”。时尚，也就是社会上广为流行或人们一时崇尚和效法的有关事物的规格和样式，使得它可能在一个时代里被人们推崇备至，而在另一个时代里变得使人们难以置信。为什么我们要打开门后让在一边，让年长者或地位比我们显贵者先走呢？原因之一就是中世纪时，人们通常让最强壮者排在队首离开城堡，因为那时常会遇上敌人，渐渐地这种特别荣誉就给予了处于这个地位的人。直至现在，人们仍把这种特殊的荣誉给予地位尊贵的人，只不过其意义已不同以前，成为一种礼让和有教养的表现。

由此我们既可看到礼仪的发展变化，又可体会到礼仪的鲜明时尚性。重要的一点是：

礼仪无论怎样变化，都有其可以遵循的原则，并总是随着时代政治思想和道德准则的变化而变化的。

（四）礼仪的民族地方性

这是指不同民族和地方的礼仪，具有不同于其他民族和地方礼仪的一些特点。这种特点主要表现为内部统一性与外部差异性的结合。

内部统一性，乃是任何一个民族、国家或特定人群在制定和推行其礼仪时必须考虑的问题。而且这种内部统一性不仅表现在一个民族、国家或特定人群的整体之中，即使某些个体远离故土、客居他乡，也会顽强地体现出来。如今许多海外华侨以及华侨集中生活的地区，仍保持着中华民族的传统礼仪和习俗，就是礼仪内部统一性的生动证明。

与内部统一性形成鲜明对照的，是礼仪的民族性与地方性的另外一面，即与其他民族和地方的礼仪的差异性，简称为“外部差异性”。

每个民族的礼仪，都有其本质上的特点，都有只属于该民族而为其他民族所没有的特征。仅以帽子的礼仪为例，不同国家或地区各不相同，有时甚至截然相反。在我国和东南亚一些国家，客人进入主人房间必须脱帽，这才是尊敬主人和有礼貌的表现。可是到了墨西哥的一些地方也照此办理的话，将被视为怀有敌意，因为按照当地习惯，只有找仇人时才这样做。

上面例子虽然说的主要是不同民族或国家礼仪的差异性，其实，这种差异性有时在同一个民族、国家的不同地区，也是体现得十分明显的。例如，我国的迎亲礼仪，就有用花轿、喜车、马、船接以及背新娘、抱新娘等不同方式。

总之，不同民族和地方的礼仪，既有内部的统一性，又有外部的差异性，这两方面的统一，就是我们所说的礼仪的民族地方性。当然，我们不应否认礼仪的另一面，即具有全人类的共通性。而且正是因为全人类共通性的存在，礼仪才能够在不同民族、国家和地区的各种交往中，充分发挥其指导、协调人际关系的作用。

礼仪的民族地方性与全人类共通性之间，并不是互相对立、互相排斥，而是互相依存、互相促进、互相补充这样一种相得益彰、包容合作的关系，它们共同组成了色彩斑斓、万紫千红的礼仪世界。

二、礼仪的作用

礼仪是人们在社会生活中调整、处理相互关系的手段。现代社会中，礼仪无时不在、无处不有，渗透日常生活的方方面面，发挥着越来越大的作用，它对社会和个人具有多方面的重要作用。

（一）调节社会秩序，促进社会和谐

人是社会关系的总和，人际关系是人类社会关系中极为重要的。但是由于所受教育程度不同，成长环境各异，再加上个性、职业、年龄、性别等方面的差异，人们在人际交往中具有不同的价值取向。在人际交往中，为了维护自身利益，人们在行为方式上往往不同程度地带有“利己排他”的倾向，这就必然会使交往双方发生不同程度的矛盾和冲突。这时，良好的礼仪形式、礼仪活动在处理人际关系时就会起到很好的调节作用。从一定意义上说，礼仪是人际关系和谐发展的润滑剂。人们在交往时按礼仪规范去做，有助于加强彼此之间互相尊重、友好合作的新型关系，缓解或避免某些不必要的对立与障碍。

（二）提升服务质量，塑造良好形象

在多元文化背景下，经济快速发展的社会中，推崇礼仪有助于塑造和维护企业、单位的整体形象，进一步提高服务水平与质量，创造出更好的经济效益和社会效益。学习礼仪，是适应时代潮流、提升行业竞争力的现实所需。当前，很多行业都在进行礼仪知识的培训。通过学习礼仪，使员工全面提升综合素质、交往艺术、服务质量，展示良好的人际沟通能力；使员工对外塑造良好形象，增强工作能力，增强职业竞争能力，获得成功的从业感受和愉快的生活体验，实现个人和组织的双赢，进而促进整个社会文明的发展。

（三）个人提高自身修养，建立良好人际关系

礼仪修养反映出一个人的学识、修养、品格、风度，是一个人人格的外在体现。人格是人类社会地位和作用的统一，是做人的价值和品格的总和，因而礼仪修养是个体人生发展的重要内容，不仅能够促进个体人生的发展，而且能够提升个体的人生价值。礼仪也是现代社会的通行证，我们要顺利地步入社会、走向世界，求得个人发展，就必须有良好的礼仪修养，做一个有教养、有礼貌、受欢迎的现代人。

第三节　礼仪学的研究领域和学习方法

礼仪学的研究领域同其他应用科学一样，也是由传统礼仪历史、科学理论和现代礼仪礼节三大部分组成。无论是礼仪学的研究人员，还是礼仪的具体实施者，都必须了解礼仪学的三大组成部分。

一、礼仪学的研究领域

（一）传统礼仪的研究

礼仪学研究传统礼仪的目的，主要是从中汲取优良传统的养分。礼仪是一个历史的范畴，它强调继承性和发展性的结合，强调在不同的民族、不同的时代以及不同的行为处境中，有着不同的内容和要求。传统礼仪可分为政治与生活两大类，政治类包括祭天、祭地、宗庙之祭、祭先师先圣、军礼等，生活类包括五祀、傩仪、诞生礼、冠礼、饮食礼仪、馈赠礼仪等。

尽管在阶级社会里，占统治地位的阶级总是会想方设法地把包括礼仪在内的社会公德纳入本阶级的道德体系中，以维护他们的利益。然而，其中有着许多优良传统的道德观和行为规范，承载着丰富的历史信息和文化内涵，是文化多样性的体现，有助于维护世界文化的多样性和丰富性，应当作为宝贵的文化遗产继承下来。传统礼仪在现代社会依然具有重要意义，它们不仅承载着丰富的历史文化价值，还在多个方面对现代社会产生着积极的影响，通过传承和发扬优秀的传统礼仪，可以弘扬民族文化，增强民族自豪感和凝聚力。因此，礼仪学的研究，有责任把这一部分闪耀着光华的优良传统从中优选出来，并加以科学的分析和研究，进一步提炼和概括，作为学科建设中相对稳定的基础部分。

（二）科学理论的探索

学习和研究礼仪学，大家比较关心它的实际应用问题，这是无可非议的。但我们应该了解，没有一定的理论指导，应用就会失去方向。要使礼仪学研究有方向、有远见、有宏观把握，就一定要花气力去钻研礼仪学的有关学科理论，用它们把自己武装起来。

探索礼仪学的相关学科理论，这是由礼仪学学科的综合性决定的。探索的目的，主要是借鉴和吸取相关学科中有益于礼仪学的知识。因为相关学科是建立礼仪学的知识来源，公共关系学、伦理学的研究方法，心理学的一般原理，以及社会学、传播学、美术学等学科中的相关理论，都是礼仪学可以吸收的知识。

礼仪科学理论的探索，主要是以人际关系、语言艺术、态势语以及心理现象分别进行考察和综合研究。这是紧紧围绕礼仪学这门边缘交叉学科的核心而提出的理论。

（三）现代礼仪的发扬

礼仪是一个国家社会文明程度、道德风尚和生活习惯的反映。现代社会中，与人交往时应注意的各种礼仪具体内容包括仪容礼仪、仪态礼仪、着装礼仪、宴请礼仪、馈赠礼仪、婚丧礼仪、公共场合礼仪、文书礼仪、求职礼仪及涉外礼仪等，主要从塑造良好的个人形象以及与人交往中的禁忌等方面进行介绍。

礼仪学习，可以了解掌握在各种场合中应具有的个人仪表、服饰、言谈、举止、礼貌等基本行为规范，展现自己的思想道德水平，从而提高自身的社会交往能力，得到别人的尊重。

二、提高礼仪修养的途径

提高礼仪修养是一个持续的过程，涉及多方面的学习和实践。

（一）加强道德修养

礼是特定民族、人群或国家基于客观历史传统而形成的，以确立、维护社会等级秩序为核心内容的价值观念、道德规范以及与之相适应的典章制度、行为方式，其中重要的载体之一就是道德。

道德品质，也称品德或德行，它是社会道德现象在个人身上的具体体现，是指一定的社会的道德原则和规范在个人思想行动中所表现出的某种比较稳定的特征和倾向。礼仪处处渗透和体现着一种道德精神。一个人想要在礼仪方面有好的表现，离开了道德品质方面的修养是不可能的；一个人要形成一种高尚的道德品质，也应该从日常礼仪规范做起。

（二）提高文化素质

礼仪学是一门综合性的专门学科，它和公共关系学、传播学、美术学、社会学等许多学科都有密切关系。“腹有诗书气自华”，一个人只有具备广博的文化知识，才能深刻理解礼仪的原则和规范。只有具备较高的文化层次，才能更加自如地在不同场合具体运用礼仪。因此，要提高自己的礼仪修养，必须有意识地广泛涉猎多种科学文化知识，使自己具备见多识广的综合知识素养，提高文学和艺术欣赏能力。这样，就会有意无意地按照美的规律来认识生活和改造周围的环境，同时，在人际交往中，自己的言行也更具美感。

世界各国的礼仪风俗千种万类，我国的各个民族礼节习俗也是各不相同。在涉外工作和旅游服务工作中，如对其他国家或某一具体活动的礼仪知识不了解，只凭以往的经验办事，轻则闹笑话，重则影响工作效果，甚至造成误解。我国几千年的文明，各个历史阶段都有浩繁的有关礼仪的知识，我们应该注意收集、学习和领会各种礼仪知识，以便在实践中运用，久而久之，不但自己在礼仪方面博闻多识，而且在礼仪修养的实践上也能提高到新的高度。

（三）自我实践礼仪习惯

实践是动机和效果由此及彼的桥梁。对礼仪知识的学习，仅仅停留在理论上弄清礼仪的含义和内容，而不去实践中运用是远远不够的。在提高礼仪修养时，要以积极的态度，坚持理论联系实际，将自己学到的礼仪知识运用于社会实践的各个方面。积极投身实践之中，在文明气氛较浓的环境里接受熏陶，对增强自己的文明意识、培养礼貌的行为、涤荡各种粗俗不雅的不良习惯、提高礼仪修养水平，是大有好处的。要在职业岗位上，时时处处自觉从大处着眼、小处着手，以礼仪的规范要求自己的言谈举止，在社交场所多听、多看、多学，通过各种人际交往的接触强化，不断提高自己的礼仪修养。

第二章　中国传统礼仪文化

第一节　中国传统礼仪发展历史

礼仪的起源与发展是一个历史悠久且复杂的过程，它伴随着人类社会的形成与发展而不断演变。我国历史悠久，几千年来创造了灿烂的文化，形成了高尚的道德准则、完整的礼仪规范，被世人称为“文明古国，礼仪之邦”。

一、礼仪的发展阶段

中国古代的礼仪在其传承沿袭的过程中不断发生着变革，从历史发展的角度看，其演变可以分为五个阶段：

（一）礼仪的萌芽时期（公元前 5 万年—公元前 22 世纪）

在原始社会中、晚期（约旧石器时期）出现了早期礼仪的萌芽。例如，生活在距今约 1.8 万年前的北京周口店山顶洞人，就已经知道打扮自己。他们用穿孔的兽齿、石珠作为装饰品，挂在脖子上。而在他们去世的族人身旁撒放赤铁矿粉，举行原始宗教仪式，这是迄今为止在中国发现的最早的葬仪。

公元前 1 万年左右，人类进入新石器时期，不仅能制作精细的磨光石器，而且开始从事农耕和畜牧。在其后数千年岁月里，原始礼仪渐具雏形。例如在今西安附近的半坡遗址中，发现了生活距今约五千年前的半坡村人的公共墓地。墓地中坑位排列有序，死者的身份有所区别，有带殉葬品的仰身葬，还有无殉葬品的俯身葬等，此外，仰韶文化时期的其他遗址及有关资料表明，当时人们已经注意尊卑有序、男女有别。长辈坐上席，晚辈坐下席；男子坐左边，女子坐右边等礼仪日趋明确。

到了五帝时期，礼仪规范的严密性进一步加强。此时的著名人物，当属炎帝神农氏、黄帝、尧帝、舜帝。神农氏又称烈山氏、厉山氏，一般认为他就是炎帝；黄帝姓公孙，名轩辕，号有熊氏，炎黄二帝被称为中华民族的始祖。《商君书・画策》记载：“神农之世，男耕而食，妇织而衣，刑政不用而治，甲兵不起而王。神农既没，以强胜弱，以众暴寡，故黄帝作为君臣上下之义、父子兄弟之礼、夫妇妃匹之合，内行刀锯，外用甲兵，故时变也。”很显然，神农之时，世道因礼仪而和谐宁静。黄帝之时，匡正礼仪，君臣父子兄弟夫妇各有其称，并配之以法规，故世道大变。到了尧舜之时，民间交往礼仪得到了进一步发展，拜、揖、拱手等礼仪已广泛运用于社交活动中。尧称帝前封为唐侯，选定二十岁时即以孝闻名的舜为接班人。尧死后，舜继帝位，因早年常在虞（今河南虞城北）活动，故世称“虞舜”。虞舜主政时，曾命伯夷主礼，制订礼、乐教化人民。

这一阶段的初创，就为第二阶段的走向成熟奠定了一定的基础。这一时期的许多实例也充分证明，礼仪从来就没有离开过早期人类的交往活动。

（二）礼仪的形成时期（约公元前21世纪—公元前771年）

传统礼仪的成熟时期大约始于公元前的21世纪，止于公元前771年，即夏、商、西周三代。这个时期，最重要的事件是出现了中国历史上第一部较全面地专门记载礼的书籍——《周礼》，最重要的人物是周武王的弟弟周公（即周公旦）。

公元前21世纪至公元前15世纪的夏代，开始从中国原始社会末期向早期奴隶社会过渡。在此期间，尊神活动升温。人类伊始，大自然的威力和自身的无助使得人们祈祷天地鬼神的保护，确保自身、家人乃至整个部落的风调雨顺、四季平安，祭祀成为先民生活中极其重要的内容，而祭祀须有仪式程序，于是就有了礼。东汉许慎在《说文解字》曰：“礼，履也，所以事神致福也。”意思是：礼，就是实践供神祈福的仪式。古时祭祀活动不是随意进行的，而是严格按照一定的程序、方式进行的。

在向国家过渡的漫长进程中，礼规范着部落成员的言行，确立早期人与人之间的关系并成为一种习惯，对每一个成员都有约束力，其执行靠每一个成员的信仰和部落首领的威望。祭祀的内容除了敬神外，还具有敬祖的内容。《史记·礼志》中总结道：“故礼，上事天，下事地，尊先祖而隆君师。”

推翻殷王朝并取而代之的周朝，对礼仪建树颇多。特别是周武王的兄弟、辅佐周成王的周公，对周代礼制的确立起了重要作用。“武王崩，成王幼弱，周公践天子之位，以治天下。六年，朝诸侯于明堂，制礼作乐。颁度量，而天下大服。”（《礼记·明堂位》）

周朝礼仪制度是以夏、商两代的礼仪制度为根据制定的，周公曰：“王，肇称殷礼，祀于新邑，咸秩无文。”（《尚书·洛诰》）这几句话的大意是，周公说：“（成）王啊，你开始用殷礼接见诸侯，在新都祭祀文王，这些礼节是非常有秩序而不紊乱的。”这些都足以说明周朝确实沿袭了商朝的礼仪制度。

周公制作礼乐，将人们的行为举止、心理情操等统统纳入一个尊卑有序的模式之中。那么，周公是怎样对礼进行加工改造并加以发展的呢？这主要表现在对神学的修正上，其主要标志就是提出了“德”。在《康诰》《梓材》《召诰》《多士》等中都提到了“明德”“敬德”等问题。通过祭祀祖先来敬天祀神，而“天”和“上帝”是宇宙的最高主宰，天子是代天行令的，庶民百姓要绝对服从，不得反抗，否则就是违礼。以“德”来解释一系列用礼无法解释的有关国家兴亡的重大问题。在这里，周公一方面仍然维护神权，继续把它作为维护奴隶社会的精神支柱，另一方面又格外强调了德，把德作为操持政治的权柄。

全面介绍周朝制度的《周礼》，是中国流传至今的第一部礼仪专著。此外，成书于商周之际的《易经》和在周代大体定型的《诗经》，也有一些涉及礼仪的内容。

在西周，青铜礼器是个人身份的表征。礼器的多寡代表身份地位高低，形制的大小显示权力等级高低。当时，贵族佩带成组饰玉为风气，而相见礼和婚礼（包括纳采、问名、纳吉、纳徵、请期、亲迎等“六礼”）成为定式，流行民间。

夏、商两代的礼，经过周公加工更加完备规范，成为法定制度，成为传统文化的核心。西周也从此进入以礼治天下的礼治时代。

（三）礼仪的变革时期（公元前770年—公元前221年）

西周末期，王室衰微，诸侯纷起争霸。公元前770年，周平王东迁洛邑，史称东周。承继西周的东周王朝已无力全面恪守传统礼制，出现了“礼崩乐坏”的局面。这一时期，学术界形成了百家争鸣的局面，以孔子、孟子、荀子为代表的诸子百家对礼教给予了研究和发展，对礼仪的起源、本质和功能进行了系统阐述，第一次在理论上全面而深刻地论述了社会等级秩序划分及其意义。

孔子极力维护周礼，赞赏西周的礼治，崇敬周公的德行。孔子认为，“不学礼，无以立。”（《论语·季氏篇》）“质胜文则野，文胜质则史。文质彬彬，然后君子。”（《论语·雍也》）他要求人们用道德规范约束自己的行为，要做到“非礼勿视，非礼勿听，非礼勿言，非礼勿动。”（《论语·颜渊》）

孔子一方面激烈批评破坏礼乐的行为，另一方面表示要以恢复周礼为己任。但是，孔子要恢复周礼，并不是完全照周公那样，而是提出了一个新的内容——“仁”。孔子经过分析，发现“礼崩乐坏”的主要原因在于“不仁”。颜渊问仁，子曰：“克己复礼为仁。一日克己复礼，天下归仁焉。”仁的含义就是抑制自己，使言语行动合于礼，对他人要做到爱人。实际上也就是要规规矩矩做人，有礼貌地待人。

孔子倡导“仁者爱人”。樊迟问仁，子曰：“爱人。”（《论语·颜渊》）强调人与人之间要有同情心，要相互关心，彼此尊重。并以仁来解释礼，这就使礼又有了新的发展。

仁德实践完全在于自己，而不是凭别人。“为仁由己，而由人乎哉？”（《论语·颜渊》）孔子“仁者爱人”的观点，突破了以血缘为基础的周礼，把礼推到了社会的下层。同时，他的“为仁由己”观点又打破了门第和职位的界限，谁做到克己复礼，谁就是仁人。在孔子看来，仁是礼的本质，礼物和仪节是形式。

总之，孔子较系统地阐述了礼及礼仪的本质与功能，把礼仪理论提高到一个新的高度。孔子编订的《仪礼》，详细记录了战国以前贵族生活的各种礼节仪式。《仪礼》与前述《周礼》和孔门后学编的《礼记》，合称“三礼”，是中国古代最早、最重要的礼仪著作。

孟子是孔子思想的重要继承者，他提倡以仁义为中心的“仁政”“王道”。他认为人性本善，把爱亲人之心推及到爱他人，这就是仁，实行“仁政”，天下就可统一。这就是他所说的“老吾老以及人之老，幼吾幼以及人之幼。”孔孟二人为“礼”添进“仁”，把“礼治”推向新的阶段。孟子主张“以德服人”。在道德修养方面，他主张“舍生而取义”。(《孟子·告子上》)，讲究“修身”和培养“浩然之气”等。

荀子是“青出于蓝”的孔门儒生，著有《礼论》《乐论》等。荀子认为，人有欲望，为求取欲望，就没有分寸和界限，就产生争夺，发生紊乱以至穷窘，先王憎恶这种紊乱，所以就“制礼义以分之”。论及礼的作用时，他说:“礼者……贵贱有等，长幼有差，贫富轻重，皆有称者也。”(《荀子·礼论》)他认为礼的作用在于使社会上每个人在贵贱、长幼、贫富各种等级中，都有恰当地位。荀子主张“隆礼”“重法”，提倡礼法并重。荀子指出：“礼之于正国家也，如权衡之于轻重也，如绳墨之于曲直也。故人无礼不生，事无礼不成，国家无礼不宁。”(《荀子·大略》)

(四)封建礼仪由强转衰时期(公元前221年—公元1911年)

公元前221年，秦王嬴政最终吞并六国，统一中国，建立起中国历史上第一个中央集权的封建王朝，在全国推行“书同文、车同轨、行同伦”。秦朝制定的集权制度，成为后来延续两千余年的封建体制的基础。

西汉初期，叔孙通协助汉高帝刘邦制定了朝礼之仪，突出发展了礼的仪式和礼节。而西汉思想家董仲舒把封建专制制度的理论系统化，提出“唯天子受命于天，天下受命于天子。”(《汉书·董仲舒传》)的“天人感应”说。他把儒家礼仪具体概括为“三纲五常”。“三纲”即君为臣纲，父为子纲，夫为妻纲。“五常”即仁、义、礼、智、信。汉武帝刘彻采纳董仲舒“罢黜百家，独尊儒术”的建议，使儒家礼教成为定制。

汉代时，孔门后学编撰的《礼记》问世。《礼记》共计四十九篇，包罗宏富。其中，有讲述古代风俗的《曲礼》(第一篇)；有谈论古代饮食居住进化概况的《礼运》(第九篇)；有记录家庭礼仪的《内则》(第十二篇)；有记载服饰制度的《玉澡》(第十三篇)；有论述师生关系的《学记》(第十八篇)；还有教导人们道德修养的途径和方法，即“修身、齐家、治国、平天下”的《大学》(第四十二篇)等。总之，《礼记》堪称集上古礼仪之大成，上承奴隶社会、下启封建社会的礼仪汇集，是封建时代礼仪的主要源泉。

盛唐时期，《礼记》由“记”上升为“经”，和《周礼》《仪礼》并称为“三礼”，是中国最重要的礼书。

宋代时，出现了以儒家思想为基础，兼容道学、佛学思想的理学，程颐兄弟和朱熹为其主要代表。二程认为“父子君臣，天下之定理，无所逃于天地间。”（《二程遗书》卷五）父子君臣，指的是父子关系，犹如君与臣子一样，一个在上，一个在下，这是天下的规定，无论你在哪里都在这天下，都逃不出这规定。大意就是封建的等级秩序和伦理关系定位不易，永远不变。

“家礼”的兴盛是宋代礼仪的一个特点，道德和行为规范是这一时期封建礼教强调的中心，“三从四德”成为这一时期妇女的道德礼仪标准。“三从”即在家从父、出嫁从夫、夫死从子；“四德”是指妇德、妇言、妇容、妇功。这些礼教也成了牢牢套在旧时妇女身上的精神枷锁，成了封建社会吃人礼教的重要组成部分。在大量家庭礼仪著作中，以撰《资治通鉴》而名垂青史的北宋史学家司马光的《涑水家仪》和以《四书集注》名扬天下的南宋理学家朱熹的《朱子家礼》最著名。

明代时，交友之礼更加完善，而忠、孝、节、义等礼仪日趋繁多。

满族入关后，逐渐接受了汉族的礼制，并使其复杂化，导致一些礼仪显得虚浮、烦琐。例如清代的品官相见礼，当品级低者向品级高者行拜礼时，动辄一跪三叩，重则三跪九叩。清代后期，清王朝政权腐败，民不聊生，古代礼仪盛极而衰。而伴随着西学东渐，一些西方礼仪传入中国，北洋新军时期的陆军便采用西方军队的举手礼等，以代替不合时宜的打千礼等。

（五）现代礼仪时期（公元1911年至今）

大约从民国初期到现在，是中国现代礼仪的形成时期。

1911年末，清王朝土崩瓦解，孙中山先生于1912年1月1日在南京就任中华民国临时大总统，破旧立新，用民权代替君权，用自由、平等取代宗法等级制，普及教育，废除祭孔读经。一是革除维护尊卑等级的没落陈旧的形式，代之以人与人之间一律平等的礼节礼仪。如跪拜礼被革除，鞠躬礼流传下来。二是兼收并蓄，吸收世界各民族礼仪之长，选取适合我国国情的礼节礼仪形式。如举手礼被军队所采用，握手礼被广泛使用。这次礼仪的变革，既继承了我国古代重礼的优良传统，又使这一传统美德在新时期有了新内涵。

1949年10月1日中华人民共和国成立，社会主义制度的确立和新型人际关系的形成标志着中国的礼学和礼仪发展到了一个崭新的历史时期。1978年党的十一届三中全会以来，改革开放的春风吹遍了祖国大地，中国的礼仪建设进入新的全面复兴时期。从推行文明礼貌用语到积极树立行业新风，从开展“18岁成人仪式教育活动”到制定市民文明公约，各行各业的礼仪规范纷纷出台，岗位培训、礼仪教育日趋红火，讲文明、懂礼貌蔚然成风，许多礼仪从内容到形式都在不断革新。随着“五讲四美”活动的不断深入，对外交流愈来愈多，礼仪作为联系沟通交往的纽带和桥梁，显得更加重要。

党的十八大提出，倡导富强、民主、文明、和谐，倡导自由、平等、公正、法治，倡导爱国、敬业、诚信、友善，积极培育和践行社会主义核心价值观。富强、民主、文明、和谐是国家层面的价值目标，自由、平等、公正、法治是社会层面的价值取向，爱国、敬业、诚信、友善是公民个人层面的价值准则，这二十四个字是社会主义核心价值观的基本内容。

随着社会的进步、科技的发展和人与人之间交往的增多，礼仪的内涵必将更加丰富，必将得到不断地完善和发展。

二、影响礼仪发展的因素

具体来说，礼仪的起源与原始社会的两种信仰密切相关：一是天地信仰，二是祖先信仰。原始社会，人类生产力水平低下，对自然现象充满敬畏和恐惧，从而形成了对自然的崇拜。同时，对自身的梦幻现象和祖先的更替无法解释，又产生了对民族祖先的崇拜。这些信仰和崇拜促使人们制定了各种祭祀和礼仪活动，以祈求神灵和祖先的庇护和赐福。

人们进行各式各样的活动与交往，从而形成复杂的社会关系。礼与礼仪，主要作为一种社交规范和道德规范，其历史与人类文明一样古老。即使在阶级社会里，除了靠行政的、法律的手段，经常的、大量的则是要靠道德规范的作用、社会舆论的导向来引导和约束人们的行为。具体来说，礼与礼仪形成和发展的历史背景是与原始崇拜、统治手段、道德修养等诸多因素分不开的。

（一）原始崇拜

漫长的旧石器时代，人类还处在蒙昧阶段，由于生产水平极端低下，人们对长期困惑他们的自然现象，例如月落日出、电闪雷鸣、动物乃至人类自身的生死都无法解释，便开始设想出一种寄寓于人体之内，但又不受身体制约，在人们睡梦中或死亡后会离开躯体而自由活动的“灵魂”的存在。这种观念渐渐扩而大之，他们便认为凡是世上不受人的身体直接控制、不受人的意愿随意支配的万事万物，都是受某种神灵驱使的。于是，所有影响作用于人类生活的自然物、自然力，就成为人们崇拜的“神灵”。人们祈祷这些神灵保佑平安，求助神灵战胜先民无法预料又无力抵御的灾祸，这便是礼仪最初阶段——崇拜自然神灵阶段。

图腾崇拜是指关于人与某一图腾有亲缘关系的信仰。这种信仰约与氏族公社同时产生。图腾是原始社会中作为种族或氏族血统的标志，并当作祖先来崇拜的某种动物、植物或其他物件。主要特点是：（1）认为图腾是祖先、保护者、亲人，有超人的能力，因而人们崇拜它，甚至畏惧它；（2）不得屠杀、食用或接触图腾所代表的动物、植物或其他物种；（3）举行崇拜图腾的仪式，是原始公社教育的内容之一。

（二）统治手段

在剥削阶级社会中，礼与礼仪就打上阶级的烙印，由原始宗教仪式发展为伦理观念，成为从感情上麻痹劳动人民意识且顺从现存制度的统治手段。

在奴隶社会，奴隶主贵族用“礼”来树立君王的尊严和绝对权威，维护自己的统治。在商代，“天子杀殉，众者数百，寡者数十”，这是统治阶级的葬礼制度。在周代，周公是集“礼”之大成者，他提出了一整套礼的形式和制度，“礼仪三百”“威仪三千”，光是作揖的方法就有许多种。

封建社会以后，封建统治阶级又制定了一整套封建礼法，对统治阶级和被统治阶级的行动都分别作了等级更加森严的规章制度，例如朝见天子，得三拜九叩。

（三）道德教育

道德，是一定社会调整人们之间以及个人和社会之间的关系的行为规范的总和。它通过社会舆论、教育、宣传等手段，调整着人与人之间的关系，包括使人际的社会交往活动更加规范化。

伴随着人类频繁的社交活动，道德修养成为礼与礼仪的重要内容。从殷商西周开始，中华民族的第一代文化人——巫史，不仅在宗教方面是神的意志的唯一的权威阐释者和神权的实际掌握者，而且在教育方面也发挥重要作用。当时，“有平民贵族之等级，其教育亦因之而异”。日用知识，如计算、文字、礼乐射御之类，非巫史无以教之，而宗教、古籍等高深学问，更非巫史莫属。可见，中国历史上独特现象的巫史文化对礼与礼仪的形成，是起了积极作用的。

进入春秋时代，社会动乱，礼崩乐坏，奴隶起义，国人暴动，从根本上改变了一些知识分子的社会地位。一方面，他们失去了生活保障，除了“六艺”知识，已经一无所有；另一方面，他们也摆脱了宗教制度的枷锁，获得了较大的人身自由。这就为他们自觉不懈地鼓吹、灌输礼与礼仪知识创造了条件。到了春秋战国时代，最引人注目的情势莫过于知识分子阶层的“士”修养。在士阶层中，可谓群英荟萃，不仅有思想家老聃、孔丘、庄周、墨翟、孟轲、荀况等，而且还产生一大批政治家，如管仲、子产、商鞅等，以及军事家、文学家、医学家、农学家等。他们除了具有博大胸怀和强烈的政治参与意识外，还非常注重道德修养自觉，并成为中华民族知识分子在礼与礼仪方面的传统品德。例如，“君子喻于义，小人喻于利”，将精神追求置于首位，在“义”与“利”发生矛盾的时候，应毫不犹豫地选择前者；曾子的“吾日三省吾身”，孟子的“我善养吾浩然之气”，都是强调通过内省这种独特的思想修养方式，达到道德修养的自我完善。

春秋时期的社会大动荡，官学崩溃，“私学”兴起。知识分子阶层尤其是他们的领袖人物，推波助澜，倡导新潮，不仅使大批新兴地主、商人、平民子弟也有了受教育的机会，而且也在教学内容方面，对礼与礼仪的形成与发展起了强化作用。

第二节　中国古代传统礼仪典籍

中国古代礼仪典籍是中华文化宝库中的瑰宝，不仅详细记载了古代社会的礼仪制度、官制规范、日常生活习俗等具体细节，还蕴含了深刻的道德伦理、政治哲学和人生智慧。它们通过文字的形式，将古代社会的风貌、人民的思想观念以及统治者的治国理念等一一呈现出来，为我们了解和研究古代社会提供了宝贵的资料。可以说中国古代礼仪典籍是中华文化宝库中的重要组成部分，它们不仅具有极高的历史价值和文化价值，还具有重要的现实意义和时代价值。我们应该珍视这些宝贵的文化遗产，认真学习和传承其中的优秀思想和观念，为中华文化的传承和发展贡献自己的力量。

中国礼仪典籍是古代社会礼仪制度的记录和传承，具有系统性、传承性、规范性和教育性等特点。它们对于了解古代社会的礼仪体系、文化传统、社会秩序和道德教育等方面具有重要价值。

系统性：礼仪典籍往往对古代社会的各种礼仪制度和仪式进行了全面系统的描述和规定，使得人们能够清晰地了解古代社会的礼仪体系。

传承性：礼仪典籍是古代社会文化传承的重要载体，记录了古代社会的各种习俗和风尚，使得这些文化传统得以代代相传。

规范性：礼仪典籍为古代社会的行为提供了明确的准则和规范，使得人们在日常生活中能够遵循一定的规范，从而维护了社会的秩序和稳定。

教育性：通过学习和实践礼仪典籍中的礼仪制度和仪式，人们可以逐渐培养出良好的道德品质和行为习惯，从而成为一个有道德、有修养的人。

中国古代礼仪典籍中，“三礼”是古代社会礼仪制度和礼仪理论的总汇，分别为《周礼》《仪礼》和《礼记》，这三部经典著作共同构成了传统文化中关于礼仪、礼节教育的核心体系，对历代礼制的影响较为深远。其中，《周礼》偏重政治制度；《仪礼》偏重行为规范；《礼记》偏重理论说明。“三礼”不仅是我国古代的三部儒家经典，也是中国古代礼仪制度的“百科全书”。孝道是古代礼仪体系的核心原则之一，而《孝经》是儒家经典中专门论述孝道与孝治的著作，为古代礼仪规范的制定和实施提供了指导和依据。孝道贯穿于冠、婚、丧、祭等各种礼仪之中，如婚礼中的“三拜”、丧礼中的“三年之丧”等，都是以孝道为基础而形成的礼仪规范。《弟子规》是古代礼仪与规范教育的巅峰之作，它不仅是儿童启蒙教育的重要读物，更是传承和弘扬中华民族传统美德的重要载体，对培养儿童的道德品质、规范社会行为、传承礼仪文明等方面具有深远意义。

一、《周礼》

《周礼》是儒家经典之一，也是“十三经”之一，相传为西周时期的政治家周公旦所著，本为一部官职表，原有六篇，详介六类官名及其职权，现存五篇，第六篇用《考工记》弥补，六官分别称为天官、地官、春官、夏官、秋官、冬官。其中，天官主管宫事、财货等；地官主管教育、市政等；春官主管五礼、乐舞等；夏官主管军旅、边防等；秋官主管刑法、外交等；冬官主管土木建筑等。《冬官司空》已失传，因冬官司空主要是职掌工程营造事务，故后人以记载当时手工业技术的著作《考工记》补上。

根据《周礼》记述，春官主管的五礼即吉礼、凶礼、宾礼、军礼、嘉礼，是周朝礼仪制度的重要方面。吉礼，指祭祀的典礼；凶礼，主要指丧葬礼仪；宾礼，指诸侯对天子的朝觐及诸侯之间的会盟等礼节；军礼，主要包括阅兵、出师等仪式；嘉礼，包括冠礼、婚礼、乡饮酒礼等。由此可见，许多基本礼仪在商末周初已基本形成。

经学大师郑玄为《周礼》作了出色的注，由于郑玄的崇高学术声望，《周礼》一跃而居《三礼》之首，成为儒家的煌煌大典之一。

二、《仪礼》

《仪礼》，简称《礼》，记载了中国古代典礼仪节的具体事项，是保存中国古代礼仪最完备的一部著作。该书大致形成于春秋后期，主要包括冠、昏、丧、祭、朝、聘、射、乡等典礼的详细仪式。详细记录了古代社会的各种礼仪规范，包括成人礼、婚嫁制度、丧葬祭祀礼仪等，特别是着重体现了士大夫的礼仪，为后世礼仪文化的发展奠定了基本框架。

《仪礼》中的礼仪规范不仅体现了古代社会的等级制度和尊卑关系，还通过具体的礼仪行为来规范社会秩序和政治秩序。例如，《仪礼》中详细规定了天子、诸侯、大夫等不同等级人物的礼仪规范，以及他们之间的交往方式和行为规范。

《仪礼》按篇目顺序分别为：《士冠礼》，记载男子二十而冠的陈设、仪式、所致之辞及经过；《士昏礼》，记载男女双方在家长主持下，从纳采到婚后庙见的一系列礼仪；《士相见礼》，记载贵族与贵族第一次交往，带着礼物登门求见和对方回拜的礼节；《乡饮酒礼》，记载古代基层行政组织定期举行的以敬老为中心的酒会仪式；《乡射礼》，记载古代基层行政组织定期举行的射箭比赛大会的具体仪节；《燕礼》，记载诸侯与其大臣举行酒会的详细礼节，酒会上有宫廷艺术家的演奏和歌唱；《大射礼》，记载在国君主持下举行的射箭比赛大会的具体仪节，参加比赛大会的人都是各级贵族；《聘礼》，记载国君派遣大臣到他国进行礼节性访问的具体细节；《公食大夫礼》，记载国君举行宴会招待来访外国大臣的礼节；《觐礼》，记载诸侯朝见天子的礼节；《丧服》，记载人们对死去的亲属，根据亲疏远近而在丧服和服期上有种种差别的制度；《士丧礼》《既夕礼》，记载一般贵族从死到埋葬的一系列详细仪节；《士虞礼》，记载一般贵族埋葬其父母后，回家所举行的安魂礼；《特牲馈食礼》，记载一般贵族定期在家庙中祭祀祖祢的礼节；《少牢馈食礼》《有司彻》，记载大夫一级的贵族在家庙中祭祀祖祢的礼节。

该书所记的仪节制度，不仅反映了当时的社会制度与血缘关系，而且对后世社会组织、文化观念的影响十分深远，冠婚丧祭各种礼节一般都为后世承袭，只是细节上略有增减而已。其中，以《丧服》最为特殊，根据其中“五服制度”的规定，实行了“准五服以治罪”的原则，将礼制介入了法制。可以说，《仪礼》从干预生活的直接性、深刻性、广泛性、持久性等方面来讲，都是无与伦比的。

三、《礼记》

《礼记》，又名《小戴礼记》《小戴记》，是一部阐明礼的作用和意义的书，原未独立成本，因其为解说《仪礼》的资料汇编，故在《仪礼》后流传。据传为孔子及其学生所作，西汉戴圣所编。《礼记》一直受到历代王朝重视，其影响仅次于《论语》，比肩于《孟子》。

《礼记》的重要思想丰富而深邃，主要可以分为以下几个方面：

（一）礼乐文化

《礼记》中有多篇论述礼乐文化，强调礼的重要性及其社会功能。礼被看作是定亲疏、决嫌疑、别同异、明是非的准则，是调节人际关系、维护社会秩序的重要手段。同时，乐也被视为重要的教化工具，能够善民心、移风易俗。礼乐结合，共同构成了儒家思想中重要的社会调节机制。

（二）教育思想

《礼记》提出了比较系统的教育思想，包括教育意义、办学方向、教育制度以及教学原则等。它强调教育对于化民成俗、治国安邦的重要性，提出了“建国君民，教学为先”的理念。同时，它也注重教育的实践性和应用性，“不兴其艺，不能乐学”就是提倡因材施教、循序渐进的教学方法。

（三）伦理道德思想

《礼记》中的伦理道德思想主要体现在对仁、义、礼、智、信等儒家核心范畴的阐述上。它认为，仁是人心之全德，是处理人与人关系的基本准则；义是人做事应当遵循的道理和原则；礼则是外在的行为规范，是实现仁的手段和途径。同时，它也强调智和信的重要性，认为智是明辨是非、认识真理的能力，信则是诚实守信、言行一致的品德。“有其言，无其行，君子耻之。”空有其言，而没有相应的行动，这是君子所感到羞耻的。“临财毋苟得，临难毋苟免。”面对钱财，不随便求取；面临危难，不苟且偷生。它强调个人在面对物质诱惑时应保持节制和自律，不义之利不可取，体现了儒家思想中修身的重要性。

（四）政治思想

“礼之于正国也，犹衡之于轻重也，绳墨之于曲直也，规矩之于方圆也。”礼对于治理国家的作用，就像秤对于衡量轻重，准绳墨斗对于核定曲直，圆规直尺对于规范方圆。《礼记》中的政治思想主要体现在对大同社会、小康社会以及天下为公等理念的阐述上。它认为，大同社会是儒家追求的最高理想社会形态，其特征是天下为公、选贤与能、讲信修睦。而小康社会则是现实社会中可以实现的一种较为理想的社会形态，其特征是百姓安居乐业、社会和谐稳定。同时，《礼记》也强调君主应该以身作则、实行仁政，以实现社会的长治久安。

（五）宇宙观与天人合一思想

《礼记》中还大量记载了儒家的天道观与宇宙观，倡导人与人之间和睦相处、人与自然之间和谐共存。它认为，天地是万物化生的根源，人类应该尊重自然、顺应自然，与自然和谐相处。同时，它也强调人类社会的运行应该遵循天地之道，实现天人合一的理想境界。如“天地之道，寒暑不时则疾，风雨不节则饥。”这句话强调的就是自然规律的重要性，提醒人们按自然规律行事。

综上所述，《礼记》的重要思想涵盖了礼乐文化、教育思想、伦理道德思想、政治思想以及宇宙观与天人合一思想等多个方面。这些思想不仅在当时具有重要的指导意义，而且对于现代社会的发展仍然具有重要的借鉴和启示作用。

四、《孝经》

《孝经》在唐代被尊为经书，南宋以后被列为“十三经”之一。在汉代至清代的漫长社会历史进程中，它被看作是“孔子述作，垂范将来”的经典，对传播和维护社会纲常、社会太平起了很大作用。现在流行的版本是由唐玄宗李隆基注，宋代邢昺疏。全书共分十八章。

《孝经》以孝为中心，比较集中地阐发了儒家的伦理思想。《孝经》首次将孝亲与忠君联系起来，认为“忠”是“孝”的发展和扩大，并把“孝”的社会作用推而广之，认为“孝悌之至”就能够“通于神明，光于四海，无所不通”。

五、《弟子规》

《弟子规》原名《训蒙文》，作者李毓秀是清朝康熙年间的秀才。后来经清朝贾存仁修订并改名《弟子规》。该书是启蒙养正，教育子弟向善防邪存诚、养成忠厚家风，教育孺子的启蒙读物。

《弟子规》以《论语·学而篇》中的“弟子入则孝，出则悌，谨而信，泛爱众，而亲仁，行有余力，则以学文”为中心，分为五个部分，具体列述弟子在家、出外、待人、接物与学习上应该恪守的守则规范。

孝：主要讲述在家如何孝顺父母，如“父母呼，应勿缓；父母命，行勿懒”等，强调了对父母的恭敬和照顾。

悌：讲述如何尊敬兄长，与兄弟和睦相处，如“兄道友，弟道恭；兄弟睦，孝在中”等，体现了家族内部的和谐与团结。

谨：强调在日常生活中要谨慎行事，言语要讲信用，如“事虽小，勿擅为；苟擅为，子道亏”等，培养儿童的责任感和自律性。

信：讲述了诚信的重要性，如“凡出言，信为先；诈与妄，奚可焉”等，要求人们说话要诚实守信，不可欺骗他人。

爱众：提倡广泛关爱他人，如“泛爱众，而亲仁”等，培养儿童的同情心和博爱精神。

亲仁：鼓励人们亲近有仁德的人，向他们学习，如“同是人，类不齐；流俗众，仁者希”等，强调了榜样和学习的重要性。

学文：在完成了以上六项德育修养后，如果还有余力，则应该努力学习各种有益的学问，如“有余力，则学文”等，体现了德智并重的教育理念。

《弟子规》作为一部传统的启蒙教材，具有深远的教育意义。它不仅教导儿童如何做人做事，还培养了他们的道德观念、自律性和责任感。同时，《弟子规》也强调了家庭教育和生活教育的重要性，鼓励家长和教师在日常生活中注重培养儿童的品德和习惯。

尽管《弟子规》是一部古老的启蒙教材，但其教育意义和价值在当今社会依然具有重要意义。它可以帮助人们了解中国传统文化和道德观念，培养人们的品德和素养。同时，《弟子规》也可以作为家庭教育的重要参考书籍之一，为家长提供教育孩子的方法和思路。

第三节　中国古代传统礼仪制度

中国古代礼仪制度内容十分丰富，涵盖了政治、经济、文化、社会生活等各个方面，具有悠久的历史和深厚的文化底蕴，不仅是社会和谐稳定的重要保障，也是中华优秀传统文化的重要组成部分。通过学习和传承中国古代礼仪制度，我们可以更好地了解中华民族的历史和文化传统，增强民族自豪感和文化自信心。

一、事神致福的祭祀礼仪

在古代社会，祭祀被视为国家和民族的头等大事，包括对天神、地祇、人鬼的祭祀典礼，在古代礼仪制度中占有非常重要的地位。“礼有五经，莫重于祭”（《礼记・祭统》），祭祀是“国之大事”，主要内容有：

（一）祀天神

天在古人眼里不仅是自然万物的缔造者，也是社会秩序的维护者。古文献记载，虞舜、夏禹时代已有祭天之礼，称为“类”，天神称“帝”或“上帝”，祀天之礼进一步规范化。周公制礼作乐，使礼日臻完善。周代，天帝的形象被人格化，周王被称为“天子”，作为天的儿子，代表天来统治人民，只有周王才有祭天的资格，其他各级君主虽也崇拜上帝，但只能采取不同形式的助祭。

郊祀祀天是我国古代最隆重的政治宗教活动。圜丘祀天是周代祭天的正祭，于每年的冬至日在国都南郊举行。古人认为天圆地方，所以建圆形的祭坛祭天，建方形的祭坛祭地。据秦蕙田《五礼通考》记载，周代祀天有卜日、择土、斋戒、具陈设、警戒、除道、祭报、出郊、燔燎、作乐降神、迎尸、杀牲荐血、祝号、享牲、送尸、彻告事毕等二十多个环节。

祀天之日，天子身着饰有日、月、星、辰、山、龙等图案的衮服，外着大裘，头戴前后垂有十二旒的冕，腰插大圭，于清晨率百官来到郊外。鼓乐声中，天子手持镇圭，面向西方，立于圜丘东南侧，报知天帝降临享祭。然后，由周天子牵着献给天帝的牺牲，把它宰杀，和玉帛等祭品一起放在柴垛上，天子点燃积柴，烟火高高升腾于天，让天帝嗅到气味，称为“燔燎”。随后，由活人扮演的作为天帝化身的“尸”登上圜丘，代表天帝接受祭享。待“尸”在盛放玉帛等祭品的礼器前就座后，先向其献牺牲的鲜血，随后依次献五种质量不同的酒及全牲、大羹、铏羹、黍稷等。祭毕，天子与舞队同舞《云门》之舞。最后，祭祀者分享祭祀用的酒醴，称为“饮福”，天子把祭祀用的牲肉分赐给宗室臣下，称“赐胙”。在祭天仪式中，通过虔诚地祈福，希望风调雨顺、五谷丰登、国泰民安。

（二）祭地祇

在中国古代，人们以农为本，土地是人们生活唯一可依赖的重要生活资料，被人们视为人和万物的母亲，因此有“父天而母地”的说法，并把它作为神灵来崇拜。对于统治者来说，土地的占有又是获取政治权力的基础，因此，祭地也是国家典章制度中最重要的内容。

古文献中的土地神称“地祇”或“社”，祭礼叫“宜”。方丘，即四周环水的方形祭坛，象征四海环绕大地，每年夏至日在国都北郊水泽之中的方丘举行祭地大典。祭地礼仪与祭天礼仪大致相同，只是祭地不用燔燎而用瘗埋，《礼记·祭法》中明确提到：“瘗埋于泰折，祭地也。”即挖坎穴把祭品埋入土中。祭地所用牺牲取黝黑之色，玉为黄琮，取黄色象土、方形象地之意。

祭祀山川，亲至其地而祭，称为“祭”；因山川距离遥远，远望山川而祭之，则称之为“望”。古代祭祀山川，多在都城四郊各建一坛，望祀一方的名山大川。古代的名山大川主要有：“五岳”（东岳泰山、西岳华山、南岳衡山、北岳恒山、中岳嵩山）、“四渎”（江、济、河、淮）、“四海”（东海、南海、西海青海湖、北海贝加尔湖）。正祭之外，国家遇有大事，如重大军事行动、凶灾变异等，也要举行望祭。

封禅是古代帝王于泰山上祭告天地的典礼。“封”指在泰山上筑土为坛以祭天，报天之功；“禅”指在泰山下小山（指梁父）上除地，报地之功。“封禅”是古代特别隆重而又难得举行的祭祀天地的大典，只有改朝换代或帝王自认为世治国盛之时才有可能举行。历史上行封禅之礼的帝王屈指可数，有确凿史料记载的封禅帝王只有秦始皇、汉武帝、光武帝、唐玄宗、宋真宗等人。

祭社稷也是古代吉礼的一种。《孝经》记载：“社，土地之主也，土地阔不可尽敬，故封土为社，以报功也；稷，五谷之长也，谷众不可遍祭，故立稷神以祭之。”也就是说，“社”代表土地神，“稷”代表谷神。中国古代以农业为本，因此，土地和五谷是最重要的原始崇拜物。在新石器社会中期的母系氏族时代，社稷祭祀已经出现，西安半坡文化和仰韶文化遗址中曾经发现了用陶罐盛满黍稷埋在土中献祭土地神的遗迹。到了周代，社稷神成为仅次于昊天上帝的重要神祇，祭社稷也成为国之大典。《周礼·春官·小宗伯》记载：“建国之神位，右社稷，左宗庙。”建国以宗庙社稷为先，“社稷”成为国家的代名词。天子和诸侯每年春季祭祀社稷，祈求丰年；秋季祭祀，表示报谢。天子社稷坛由五色土组成，中央黄，东方青，西方白，南方赤，北方黑，象征着天子拥有天下广土。诸侯社稷坛按其方位用一色土，历代都是这样。

（三）宗庙祭祀

中国古代社会由于受到宗法制度的影响，敬天祭祖成为其精神生活的大事。在周代，宗庙祭祀制度已经确立：天子七庙，三昭三穆，与太祖之庙合而为七；诸侯五庙，二昭二穆，与太祖之庙合而为五；大夫三庙；士一庙。“昭穆”指的是宗庙中位次的排列，始祖以下，父曰昭，子曰穆，依次左右排列下去。对于除始祖之外的渐渐远去的“亲尽”之庙，实行“毁庙”制度，即将远祖的神主移入“祧庙”，藏在石函或专设的房间里，只有在合祭时才将其拿出和其他的远近祖先一起进行总祭。

昭庙在左，穆庙在右。天子诸侯祭祀宗庙，春曰礿，夏曰禘，秋曰尝，冬曰烝，都在四季的孟月举行，加上夏历十二月的腊祭，每年共五祀，每三年或五年一大祭，称为“祫祭”和“禘祭”。秦汉以后，随着私庙制度的逐渐完善，祭祖不再是全国统一的政治行为。南宋以后，随着宗族祠堂制度出现，祭祖活动更加分散和放宽。清代，庶人可以祭父、祖、曾、高四代祖先。

我国古代祭祀名目繁多，列入国家祀典的重要祭祀还有以下几种：

第一，祀先代帝王。祀先代帝王是指对传说中的三皇五帝等有功于民者的祭祀。汉代始为先代帝王修建陵园，立祠祭祀，后来受享祭的人数越来越多，至清代康熙帝时“凡为天下主，除亡国及无道被杀，悉当庙祀”。

第二，祀先圣先师。祀先圣先师初为立学之礼，没有特定的人，汉魏以后逐渐以周公为先圣，孔子为先师。唐代定孔子为先圣，颜回为先师，唐玄宗追封孔子为文宣王，祀孔升为中祀。元代，孔子之后袭封衍圣公，天下郡学书院皆修孔庙由以时祀之。清同治中，祭孔规制上升为大祀，礼乐仪注拟于君王，阙里有颜、曾、孟、子思四庙。

第三，媒神之祭。媒神传说是主宰婚姻与生殖之神，所以敬祖重嗣必祭高媒。对媒神的敬仰源自远古，因时代和各民族信仰的不同产生差异。夏人所祀之媒神为深山氏（即女娲）；殷商人所祀媒神为简狄；周人所祀媒神为姜源。古代各民族或部落所祀的媒神，几乎都是该民族的先妣，侧面反映了远古母系社会以女性为中心的历史。先秦时代，天子亲自主持对媒神的敬祀，仪式隆重，究其实质，是对祖先拜祭的表达形式。

第四，祀先蚕礼。养蚕及缫丝织绸的技术都源自中国。在我国古代，帝王祭祀农桑是很重要的一环。按照男耕女织的传统习惯，每年春季，皇帝要在先农坛“亲耕”，皇后则要在先蚕坛“亲桑”，以此为天下的黎民百姓作出表率。天子后妃于仲春二月以少牢祭祀先蚕神，三月朔率内外命妇于北郊，躬亲桑事，以鼓励蚕桑生产。历代所祀蚕神各有不同，后齐以黄帝为先蚕，后周以嫘祖为先蚕。

（四）祭五祀

五祀，中国古代祭俗中所祭的五种神祇，通常认为是户神、灶神、土神、门神、行神。关于门神，东汉应劭《风俗通义》云："上古之时，有荼与郁垒昆弟二人，性能执鬼，度朔山上，立桃树下，简阅百鬼，无道理，妄为人祸害，荼与郁垒缚以苇索，执以食虎。于是县官常以腊除夕，饰桃人，垂苇茭，画虎于门，皆追效于前事，冀以卫凶也。"从此，人们在大门上端悬挂苇索，二门上画一只虎，以此避凶驱邪。此外，民间还有以钟馗作门神的做法。据说唐玄宗一次重病，梦一大鬼捉小鬼，挖其眼而食之，自称钟馗，生前乃武举不捷之士，死后决心为玄宗除天下之妖孽。玄宗睡醒后病竟然好了，于是命吴道子画其像，此后，民间便于除夕（元、明为端午），画钟馗像贴在门上祛邪。至于灶神，最初与火有关。《周礼》记载："颛顼氏有子曰黎，为祝融，祀以为灶神。"《淮南子》亦记载："炎帝作火，死而为灶。"炎帝为火德之帝，祝融为火官之神。

二、关怀哀悯的吊恤礼仪

凶礼是有关哀悼吊唁、灾祸赈济等方面的礼仪制度。在古代社会，人们认为死亡和灾祸是不可避免的，因此需要通过礼仪来表达哀悼之情并寻求神灵的庇佑。凶礼的主要内容包括丧礼、荒礼、吊礼、恤礼等。《周礼・春官・大宗伯》记载，"以凶礼哀邦国之忧，以丧礼哀死亡，以荒礼哀凶札，以吊礼哀祸灾，以禬礼哀围败，以恤礼哀寇乱。"随着后世发展变化，丧礼越来越受到国家和民间的重视，系统完整地延续到现在，而另外四种礼仪的运用逐渐减少。

（一）丧礼

丧礼是有关丧事的礼制，其核心是通过对死者遗体的各种处理仪式，来表达对死者的敬爱之情。《礼记・曲礼下》记载："居丧未葬，读丧礼。既葬，读祭礼。"传统的丧葬祭祀可以分为三个部分：一为丧礼，即死者临终直到下葬之前的一系列仪式；二为葬礼，即下葬过程中的各种仪式；三为祭礼，是指下葬之后所举行的一些仪式。

古代对不同身份的人去世都有不同的称呼。《礼记・曲礼下》记载"天子死曰崩，诸侯死曰薨，大夫死曰卒，士曰不禄，庶人曰死。"古代帝王后妃及诸侯大臣等社会地位相对较高的人物死后，朝廷会依据其生前事迹给予一个称号以褒贬善恶，称为谥，所给予的称号称为谥号。谥法是指评定谥号的法则，活着称本名或号，死后称谥号。谥法主要分三类：一是表彰功绩、赞扬德行的美谥；二是批评滥行劣迹、责备悖乱的恶谥；三是寄以同情表示哀悯的平谥。历代对文武百官赐谥都有规定，"生无爵，死无谥"（《白虎通义・谥》）即生为列侯，死后方有谥号。这里都体现了一种等级的差别。

我国自古以来就认为丧葬礼仪是子孙尽孝的最重要的表现，国君和贵族在这方面的要求更加严格。

（二）荒礼

荒礼是指在国家受到饥荒、疫病等自然灾害和不幸遭遇以及天象异常时，天子与群臣采取减膳、撤乐等措施表示同情，体恤民间困苦。孙诒让整理考订的《周礼正义》中记载："遭凶札，贬损赈救之礼，谓之荒礼。"凶，是饥荒的意思；札，是疫病的意思。荒礼包括"贬损"之礼与"赈救"之礼两方面。贬损之礼，是统治阶级在饥荒期间，对自身的行为进行贬损的礼制与礼仪。比如，在"大札""大荒""大灾"期间，根据礼制，君王要减少饮食种类和规格、饮酒时要肃穆、穿戴白色的帽子和衣服等，以表达悲哀痛惜的心情。赈救之礼，是国家为了减轻灾害与饥荒的程度，所实行的礼制与礼仪。一旦发生灾荒，君王便会命使者持珍圭征召诸侯开府库，以赈恤百姓。

（三）吊礼

吊礼是指对遭受水旱、地震等自然灾害地区，表示哀吊，采取救灾措施并派遣使臣前往慰问的礼仪。在这个时候往往会举行祈禳仪式，以此祈求庇佑，除祟去祸。《周礼·秋官·小行人》记载："若国有祸灾，则令哀吊之。"

（四）禬礼

禬礼是指同盟国中某国因内部动乱或遭受外来侵略造成城乡破坏、财物丧失等重大损失时，盟主国会合诸国，筹集财货，送给该国"以更其所丧"。"禬"，即会合财货之义。这与现在的募捐很相似，就是盟国向受灾国捐赠物品，汇集一起送往受灾国家。《春秋》记载，襄公三十一年冬，晋国是诸侯国的盟主，召集各国共商向遭受灾难的宋国捐赠物品，补充宋国因为灾祸而丧失的财物，使之尽快恢复正常的社会生活。禬礼有诸多的程序与礼节，现在国内地区与地区之间也有这样的捐赠行为，体现出了"一方有难，八方支援"的暖心情谊。

（五）恤礼

恤礼是指对遭受外侮或内乱的国家，给予援助和支持，派遣使者表示慰问、抚恤的礼仪，一般不带财物。"恤"是忧的意思。当邻国遇到外寇或生内乱时，一般情况下不出兵干预，而是进行慰问，期望该国能够尽快结束战乱，恢复到正常的社会状态。《周礼·秋官》中的"致恤以补诸侯之灾""若国师役则令槁恤之"都是恤礼。

三、亲邦待客的外交礼仪

宾礼是有关接待宾客的礼仪制度。在古代社会，宾礼是外交活动的重要组成部分，也是国家间友好往来的重要体现。宾礼的主要内容包括朝觐、相见、会同等。

（一）朝觐礼

朝觐礼是诸侯朝见天子之礼仪。意在明君臣之义，通上下之情。《周礼·秋官·大行人》记载："春朝诸侯而图天下之事，秋觐以比邦国之功。"王畿之内的诸侯，每年四次朝觐，春季曰"朝"，以图天下大事；夏季曰"宗"，以陈天下之谟；秋季曰"觐"，以比邦国之功；冬季曰"遇"，以协诸侯之虑。

（二）相见礼

臣见君、诸侯朝见天子为"觐"，诸侯之间、卿大夫之间相见叫"聘"。一般人士的相见拿的见面礼物叫"贽"，又称"质"，有"委质为臣"的意思，在官府中可以确定上下级的身份。士相见礼分两个步骤：一是相见。见者为宾，接见者为主人。宾持贽礼，士阶层冬天用雉，夏天用腒（干雉）。宾先请见，主人则谦言这有辱于您，我将"走见"（意为自往宾处），经过两次推让，又经过两次推辞贽礼，最后主人只好说"某也固辞，不得命，敢不敬从！"于是主人出迎于门外，再拜，宾答再拜；主人揖请，先入门右；宾奉贽，入门左（此处左右均为从门外向门内看）；主人再拜受贽，宾再拜送贽。宾即退出，主人再请见，宾再反见，礼毕，宾退，主人送到门外。二是复见、还贽。这是前次的主人往前次的宾客家相见，并将以前所受的贽礼奉还。这时，宾、主的称谓互换。来宾说："前次，您来见我，使我不得不回谢，特来还贽于您。"主人辞，宾固请，也经过三次辞与请，终于"宾奉贽入，主人再拜受，宾再拜送贽。出，主人送于门外，再拜"，完成还贽仪式。以同一礼物退还，古人并不以为嫌，且认为是"礼尚往来"的谦敬表示，这是士与士对等的相见礼。若是士往见大夫，则大夫在初见之后即辞还贽礼，不再去士家还贽；若是君对臣的贽礼，则纳受而不退还。

在古代社会的社交礼仪当中，通过"贽"这一相见的礼物，借此建立友好关系。周代贽品分等级，天子用鬯（香酒），诸侯用圭（玉礼器，其内又分爵级），孤（比卿高一级的爵位）用皮帛，卿用羔，大夫用雁，士用雉，庶人用鹜（鸭子），工匠、商人用鸡，叫作"以禽作六贽"，而妇女则另以干果、干肉为贽。这些贽品都被赋予各种德行的含义，其实都是由原始社会生产、生活中的常见物转化而来的，如玉器由石器转化而来，皮、禽为猎物，干果为妇女采集的经济产品。

（三）会同礼

会同之礼，即四方诸侯藩主一同朝见天子的礼仪。会同之前要先告祭宗庙、社稷、山川，会同之时天子会先向诸侯三揖行礼，诸侯享献，而后由天子率诸侯拜日、盟誓等。天子在会同之礼结束后，或行宾射之礼，或宴飨诸侯。

四、威慑驯服的军事礼仪

军礼是有关军队出征、校阅、献俘等方面的礼仪制度。在古代社会，战争是国家政治生活的重要组成部分，因此军礼在礼仪制度中也占有一定地位。军礼的主要内容包括出师、校阅、献俘等。诸侯若有不协和、不顺服的行为，或者在遵守王命、执行王制方面有“僭差”，天子就要调动军队，以武力威慑，使其就范。所以说“以军礼同邦国”（《周礼・春官・大宗伯》）。《周礼》所讲的军礼分为大师之礼、大均之礼、大田之礼、大役之礼和大封之礼五项。

（一）大师之礼

大师之礼是指天子或诸侯亲自率兵出征讨伐时的一系列礼仪规范，其军队行止动容，自有其礼法。军队出征前要举行祭天、祭地、告庙以及祭军神等祭祀活动。

在古代，军队出征有天子亲征和命将出征两种。天子亲征前，要举行祭告天地、宗庙、军神等祭祀活动，以示此次征伐受命于天地、祖宗，并祈求得到神灵护佑。祭祀完毕后会举行誓师典礼，告知出征的意义和目的，鼓舞士气，整齐军纪。如果是命将出征，天子要在太庙召见全军将士，并授节钺于大将以节制全军。作战过程中，要将祖庙的木主和社神木主载于军中，立功者受赐于祖庙木主之前，违反军令者要在社神木主之前刑戮。军队凯旋后，天子要出城迎接，并在太庙、太社祭告天地祖先，献捷献俘。若军队败绩而归，则以丧礼迎接。

（二）大均之礼

大均之礼指校正户口、调节赋税等。《周礼・地官・小司徒》记载，古代的军队建制，以五人为一伍，五伍（25人）为一两，四两（100人）为一卒，五卒（500人）为一旅，五旅（2500人）为一师，五师（12500人）为一军。国家根据这一建制“以起军旅”（征兵），同时“以令贡赋”（分摊军赋）。意思是，应征的士兵必须自备车马、盔甲等。这体现了当时兵农合一的社会现状，出则为兵，入则为民。大均之礼意在平摊军赋，使民众负担均衡。唐宋以后，随着社会的变化，军礼中不再有这一条。

（三）畋猎之礼

古代之所以把畋猎之礼列入军礼，是因为古代畋猎是一项具有军事意义的活动。《左传》记载，周代四时畋猎，四时畋猎分别称为春蒐、夏苗、秋狝和冬狩。畋猎须遵守礼规：不捕幼兽，不采鸟卵，不杀孕兽，围猎捕杀要围而不合、留有余地，不能一网打尽。

（四）大役之礼

大役之礼是指国家营造修建王宫、城邑，以及开河造堤等大规模土木工程时的队伍检阅。大役之礼要求根据民力的强弱分派任务，也就是孔子所说“为力不同科”的思想，不能简单划一，应该按照人性化的原则，根据民力的强弱分派任务。

（五）大封之礼

大封之礼是指勘定封疆、树立界标的活动，包括勘定国与国、私家封地与封地之间的疆界，确认原有的疆界等。郑注云：“正封疆沟塗之固。按古者封国各有疆界，若有侵越，或错互不正，则以兵征治之也。故亦属军礼。”若诸侯相互侵犯，争夺对方领土，使居民流离失所，当侵略的一方受到征讨之后，要确认原有的疆界，聚集失散的居民。古代疆界都要封土植树，故称“大封之礼”。

五、往来庆贺的民间礼仪

嘉礼是有关婚冠、宴饮、庆贺等方面的礼节仪式。在古代社会，嘉礼是人民生活中不可或缺的一部分，也是社会和谐稳定的重要保障。《周礼・春官・大宗伯》记载：“以嘉礼亲万民；以饮食之礼亲宗族兄弟；以婚冠之礼亲成男女，以宾射之礼亲故旧朋友，以飨燕之礼亲四方之宾客，以脤膰之礼亲兄弟之国，以贺庆之礼亲异姓之国。”嘉礼最主要的内容为饮食礼、婚冠礼、宾射礼、飨燕礼、脤膰礼、贺庆礼六项。

（一）饮食礼

饮食礼是指天子宗族内部的宴饮礼仪，用来融洽宗族兄弟间的感情，也是宴会的一种形式。《礼记・礼运》有云：“夫礼之初，始诸饮食。”早在西周以前，饮食礼仪已经逐渐形成一套相当完善的制度。据《周礼》记载，饮食礼通常是专指宗族之内的“宴饫”，而不是日常家居的饮食。西周时期，周人在把饮食纳入社稷、宗庙诸祭以及诸侯朝觐等重大的政治、宗教礼仪活动的同时，制定了一整套饮食礼仪，包括鼎食之礼、入席之礼、饮酒之礼等。

（二）婚冠礼

婚冠礼的“婚”指的是婚姻礼仪。婚姻，最初写作“昏因”。“礼，娶妇以昏时。妇人阴也，故曰婚。”（《说文·女部》）古代于黄昏行迎娶之礼，故为“昏”，婚指女家。“妇人因夫而成，故曰姻。”（《白虎通·嫁娶》）女方因男方而来成为妇人，故为“因”，姻指男家。婚礼举行的时间、礼服与礼器的规制，都体现了古人阴阳相合的思想。古代的婚礼仪式分为纳采、问名、纳吉、纳征、请期、亲迎、同牢（包括合卺）、庙见、见舅姑等，前六个步骤合称为“六礼”。

（1）纳采，指男方家请媒人去女方家提亲，女方家答应后再献采择之礼向女方正式求婚。纳采为六礼之首。“纳采者，谓采择之礼，故昏礼下达，纳采用雁也。”（《礼记·昏义》）因为雁是候鸟，取其顺应阴阳往来之意，纳采也叫“委禽”（委，致送也，禽，即雁）。

（2）问名，俗称讨八字、合婚，即求婚成功后男方派人询问女方的姓名和出生年、月、日、时，也就是通常所说的“生辰八字”，请阴阳先生合婚，看男女是否八字相合，然后才决定配婚与否。古代仪式是“宾执雁，请问名”。向女方家要庚帖，上书女方属相、生辰八字、命相阴阳，男方也照例给庚帖，双方通过媒人交换庚帖进行合婚。

（3）纳吉，俗称订婚、定亲。即在问名之后，男方得到女方生辰后在家庙进行占卜。如果卜得吉兆，就会将好结果告知女方，然后定聘，婚事遂定；如果卜得凶兆，那么就会中断婚姻。纳吉也要送礼物，称“订婚礼”，通常是与定帖同时送往女方家。古时纳吉也用雁，后世订婚礼物范围极广，普遍是女子所用的衣饰，如簪珥项戒等，或附衣服布帛等。由于纳吉礼具有极其重要的意义，所以自古及今，在全国各地普遍存在。尽管有所改变，成为订婚、定亲等，但有同样内容的这一仪式始终没有消失，并且成为婚礼过程中的重要一环。

（4）纳征，指男方家向女方家送聘礼，宣告正式订婚，婚姻关系得到社会认可。纳征也称“纳币”，通常与纳吉的礼目并在一起进行。

（5）请期，即由男家择定结婚佳期，用红笺书写男女生庚，此称为请期礼书，由媒人携往女家，和女家主人商量迎娶的日期。经女家复书同意，男家并以礼书、礼烛、礼炮等送女家，女家即以礼饼分赠亲朋，告诉于归日期。

（6）亲迎，又称迎亲，是指新郎亲自率领人马到女家迎娶新娘，这是古代婚姻六礼中最重要的一道程序。亲迎礼始于周代，周王成婚时也曾亲迎于渭水。此礼历代沿袭，为婚礼的开端。婚前一两天女方送陪嫁到男方家，并请人铺新床。新娘临门当日，男家以袋铺地，请新娘行走其上进门，谓之传袋，谐“传代”，富贵家用毡褥代替。亲迎礼形式多样，至清代，新郎亲迎，披红戴花，或乘马，或坐轿到女家，傧相赞引拜其岳父母以及诸亲。新娘由其兄长等用锦衾裹抱至轿内，轿起，女家亲属数人伴送，这一过程称为“送亲”，新郎在家迎候。

除六礼外，古人婚礼还有许多具体的仪节，如女子许嫁，就以五彩丝绳束发，这种丝绳叫作“结发”，结发意味着已经有了对象。再如古代新婚夫妇洞房花烛夜，还要举行共牢、合卺的仪式。合卺到宋代又演变为交杯酒。饮交杯酒前夫妇还要各剪下一绺头发，编在一起，叫作“合髻”，这些都是为了表示“永结同心”。

古代冠礼是男子二十岁时举行的成人礼，“二十而冠，始学礼”（《礼记·内则》）。男子加冠后就被承认为成年男子，从此有执干戈以卫社稷等义务，同时也就有了娶妻生子等成年男子所拥有的权力。加冠在古代是人生一件大事，一般在宗庙里举行，由父或兄主持。冠礼前，要以蓍草占卜，选定加冠的良辰吉日。冠礼时，“宾”（即主持人）要给受冠者加三种形式的冠：先加缁布冠（用黑麻布制成），表示从此有治人特权；其次加皮弁（用白鹿皮制成），表示从此要服兵役；最后加爵弁（用葛布或丝帛做成），表示从此有权参加祭祀等礼仪活动。加冠后，宾还要给冠者取“字”。

古代笄礼是女子十五岁许嫁（已接受男方家的纳征礼）时举行的成年礼，如果一直待嫁未许，则年至二十也行笄礼。女子加笄后表示成年并身有所属。笄，即簪子；受笄，即在行笄礼时改变幼年的发式，将头发绾成一个髻，然后用一块黑布将发髻包住，随即以簪插定发髻。行笄礼时也要取字。《仪礼·士婚礼》：“女子许嫁，笄而礼之，称字。”主行笄礼者为女性家长，由约请的女宾为少女加笄，表示女子成年可以结婚。贵族女子受笄后，一般要在公宫或宗室接受成人教育，授以“妇德、妇容、妇功、妇言”等，作为媳妇必须具备的待人接物及侍奉舅姑的品德礼貌与女红劳作等技巧本领。

（三）宾射礼

宾射礼属于射礼之一，指天子与来朝的诸侯一起，在射宫射箭时所行之礼。《礼记·射义》孔颖达疏曰：“宾射，诸侯来朝，天子入而与之射也，或诸侯相朝而与之射也。”凡诸侯来朝见天子，天子与之同射，以表示欢迎客人的到来。除宾射礼之外，射礼还有大射、燕射和乡射。大射是指天子、诸侯祭祀前选择参加祭祀人而举行的射礼；燕射是指天子与群臣于燕息之日举行的射礼，又叫宴射；乡射是指地方官为荐贤举士而举行的射礼。

（四）飨燕礼

飨燕礼是指国君宴饮及设宴款待宾客的隆重礼仪，规模宏大，重点在礼仪往来而不在饮食。《周礼·春官·大宗伯》记载：“以飨燕之礼，亲四方之宾客。”飨礼是天子招待诸侯的礼仪，场面比较隆重，多选在宗庙中举行，烹太牢（祭祀时使用的祭品）以饮宾客，饮宴中的食物也非常丰富，酒肉尽有，不过飨礼中的酒肉一般只作为摆设使用，牛牲“半解其体”，并不分割成小块，献酒爵数也有一定的规矩。这种宴请通常宾主之间依尊卑次序，目的在于天子和诸侯联络感情，体现以礼治国安邦之意。

燕礼，同“宴礼”，主要是君臣宴礼，以立了功勋的大臣、出使归来的官员等为对象，通常在寝宫举行。

（五）脤膰礼

脤膰礼是指天子和诸侯在重大祭祀活动结束后，向臣工赏赐脤膰来表达对臣属的恩宠和祝福的行为。脤膰是祭祀礼仪中所用的肉，祭祀自然神用脤（生肉），为祭社而设；祭祀人祖神用膰（熟肉），为祭祖而设。“以脤膰之礼，亲兄弟之国”（《周礼·春官·大宗伯》）。随着时间的推移，脤膰礼的形式有所演变，到了秦代演变成了赐胙礼，赐胙礼下的祭肉通常会被切成碎肉，以便更多的人能够分享这份神的祝福。

（六）贺庆礼

贺庆礼是指对有婚姻甥舅关系的异姓之国，在其有值得庆祝、祝贺的喜庆之事时，亲自或派人前往馈赠一定规格的礼物，以示祝贺。《周礼·秋官·小行人》记载：“若国有福事，则令庆贺之。”

五礼是中国古代礼仪的总称，可以称之为中国礼仪的源头，以五礼为主要内容的礼仪制度自西周正式形成以后，历朝历代在沿用的同时，不断地扩大范围，丰富内容。到两宋时期，吉礼所规定的礼仪已达 43 种，嘉礼 27 种，宾礼 24 种，军礼 6 种，凶礼 12 种，共 112 种礼仪，涉及几乎一切社会活动和人们的日常生活。

第四节　中国古代传统见面礼节

古人见面讲究礼，且等级制度森严，在不同的场合，面对不同的人，都有着形式各异、独具寓意的礼节。这些礼节在古代规范着各色人等的日常生活，给人们的行止坐卧提供了准则，同时也是人们思想观念的反映，每一个简单的礼节背后都有丰富的古代人文精神以及历史文化内涵。

一、拱手礼

拱手礼，主要用于人们见面、告别、拜访等场合中，以示敬意和尊重。拱手礼在西周时期就已出现，至今已经有三千年的历史。该手势最初有模仿戴手枷奴隶的含义，意为愿做对方奴仆，后来逐渐演变成了相见的礼节。拱手，亦称捧手，双手合抱举胸前，立而不俯，表示恭敬。

行礼姿势为左右手食指中指无名指小指四指并拢，左掌抚托右掌背交叉或平叠，掌心朝内，左右拇指相扣，两手合抱，拱手为礼。

需要注意的是，拱手礼两手的位置是很有讲究的。行吉礼时，男子左手在外掩右手，称为尚左；行凶礼时，男子右手在外掩左手，称为尚右。而女子与男子相反，吉事尚右，凶事尚左。《礼记·檀弓上》记载："孔子与门人立，拱而尚右，二三子亦皆尚右。孔子曰：'二三子之嗜学也，吾则有姊之丧故也。'二三子皆尚左。"这是说孔子由于遭姊之丧，因而行揖礼时尚右，即把右手放在左手之前。他的学生们不知就里，便也在行礼时模仿孔子尚右。在孔子说明道理后，其学生们便在作揖时改为尚左。拱手和作揖是沿用很久的礼节，一直到近代仍然存在。

近现代，拱手礼已基本成为人们日常交往的主要礼节之一。很多礼学专家都认为，拱手礼才是最体现中国人文精神的见面礼节，因为拱手礼的行礼过程中，并没有像其他礼节那样有较多的身体接触，而是通过人和人之间的距离表现出了"敬"，整个礼节散发着典雅与高贵的气息。与隆重、严肃的跪拜礼相比较，拱手礼简便易行，因而在日常生活中使用最为广泛。

二、揖礼

揖礼大约起源于周代以前，西周建立后，揖礼大行于天下。

图 2-1　作揖礼

若要向对方表示较为隆重的敬意，行礼者在拱手的同时，应躬身致意，即为作揖礼，如图 2-1 所示。揖礼在拱手礼基础上发展而来，两手抱拳高拱，身体略弯，向人行礼。如果是参加追悼会，与人作揖，或进或退都要离开原位，即"揖人必违其位"。《颜氏家训》有云："南人宾至不迎，相率捧手而不揖，送客下席而已；北人迎送并至门，相见则揖，皆古之道也。”由此可见，“捧手”与“揖”是古代两种不同的相见礼仪，这也说明南北朝时期，南方和北方在迎送宾客的礼俗上有所不同。

据《周礼》记载，根据双方的地位和关系，揖礼有土揖、时揖、天揖、特揖、旅揖、旁三揖之分。

（一）土揖（下揖）

拱手前伸而稍向下，用于长辈或上司还礼。身体跪立，双手抱拳，左手在外，右拳在内，俯身约 30 度，推手稍向下。

（二）时揖（中揖）

拱手向前平伸，用于同辈日常见面、辞别礼。

（三）天揖（上揖）

用于正式场合，如祭礼、冠礼时对尊长行此礼。身体肃立，屈身推手时，向上举高齐额，起身时自然垂手或袖手。

（四）特揖、旅揖、旁三揖

特揖是一个一个地作揖；旅揖是按等级分别作揖；旁三揖是对众人一次作揖三下。

（五）长揖

行礼时站立俯身，两手合抱拱手高举，自上而下向人行礼。《史记》记载“郦生不拜，长揖”的故事。《明史·海瑞传》载：“御史诣学宫，属吏咸伏谒，瑞独长揖。”反映了他不媚权贵的性格。后来长揖成了不分尊卑的主客相见礼。

三、叉手礼

叉手礼是我国古代平常生活中打招呼的礼仪，始于西晋。这种行礼方式无论男女老幼都可行使，是地位低者向地位高者行的一种礼，以示尊敬。在唐、宋、辽、金、元时期叫交手礼。宋代《事林广记》载“凡叉手之法，以左手紧把右手拇指，其左手小指则向右手腕，右手四指皆直，以左手大指向上……方为叉手法也。”叉手礼也演变成双手交叉于胸前，左手握住右手，右手置于左手拇指与其他四指之间的简单手法，如图 2–2 所示。叉手礼多在站立时使用，尤其是回话时，常加上这种礼节动作。

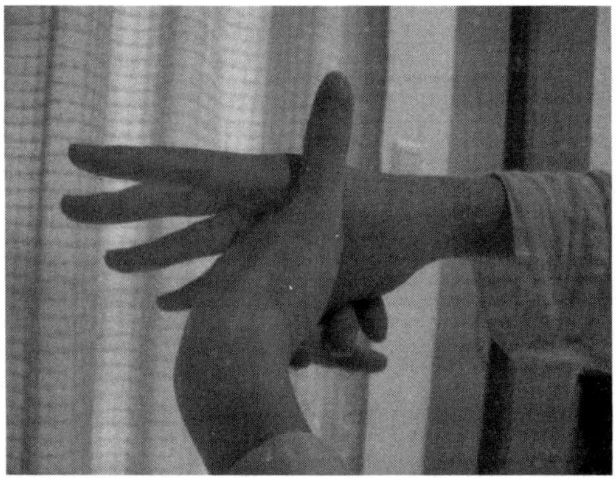

图 2-2　叉手礼

四、万福礼

女子揖礼有所不同，与男子相比，为右手在前左手在后。后又出现女子万福礼，双手握拳交叠，右手上，左手下，放在小腹中线，目视下微屈膝，口称“某某万福”。万福礼分大礼和常礼。大礼为行礼时两手伸平，右手压在左手上，放到左腰处，右腿屈膝，鞠躬低头。常礼为右拳置于左拳之上，放到左腰处，双腿并拢，屈膝躬身以示敬意。

五、跪拜礼

跪拜礼在当今文明社会固然不宜提倡、施用和传承，但作为中国传统文化的一部分，其内在的礼仪精神仍值得现代人了解和学习。

拜与揖均为我国古代通行的敬礼方式，二者的区别主要在于跪与不跪。拜必须跪下，双手拱地而行礼；而揖则不须跪下，只需曲体拱手即可。

跪拜礼是一种隆重的礼仪，是使用年代最长、最频繁的一种礼节，今在拜神、拜祖时仍使用该礼仪。

汉代以前，由于没有正式的凳椅，人们坐在地上铺有用芦苇、竹子等编成的席子，故称“席地而坐”。古人的“坐”要两膝着地，然后将臀部坐于后脚跟之上，脚掌向上。在接待宾客时，为表示尊敬，“引身而起”，也就是伸直上半身，使“坐”变成了“跪”，然后俯身向下，逐渐形成了跪拜礼。“跪”是臀部提起，膝部以上垂直。

到了东汉末以后，渐有高座、凳椅先后问世，人们不再“席地而坐”，原来的“跪坐”发生了很大的变化。但跪拜礼仍然存在，成了等级差别的标志，主要广泛运用于官场之中，如臣子拜皇帝、小官拜大官、奴才拜主子等。在民间，如祭祀、祝寿等风俗中，仍世代相传。

“拜”在古代就是行敬礼的意思。古代的“拜”其实并不是一种，而是有九种之多，即“九拜”。《周礼·春官·大祝》记载：“辨九拜，一曰稽首，二曰顿首，三曰空首，四曰振动，五曰吉拜，六曰凶拜，七曰奇拜，八曰褒拜，九曰肃拜，以享右祭祀。”稽首，九拜中最隆重的见面礼节，上引《白虎通义》“敬之至也”。语出《国语·晋语》：“宣子拜稽首焉。”行礼时，施礼者屈膝跪地，左手按右手，拱手于地于膝前，手不分散，再慢慢伸头到手前地上，俯伏向下直至头碰到地面并且要停留一会，动作舒缓，是下对上见面时表示毕恭毕敬的大礼，古代臣拜君、子拜父、学生拜老师以及拜天、拜地、拜祖先都用这种跪拜形式。旧时给尊长者写信，在开头时常用“某某稽首”的字样，即源于此。

六、鞠躬礼

鞠躬礼，即上身向前弯曲行礼，是一种表示对他人敬重的礼节。鞠躬的起源有两种说法：一是源自古代祭天仪式，祭品牛、羊等不切成块，而是将整体弯卷成圆的鞠形，再摆到祭处奉祭。在祭祀过程中，人们还模仿祭品，缩成一团，跪在地上，进行低头等礼节，表达对祭祀者的恭敬与虔诚；二是源于先秦时代，两人相见，弯腰屈伸相待，不仅缩小个人的视力范围，而且降低身势，减少易受攻击的部位，表示鞠躬者对敌方的惶恐畏惧，显示自己精神的劣势，后来逐渐演变成尊敬对方的礼貌动作。《仪礼·聘礼》记载：“执圭，入门，鞠躬焉，如恐失之。”意思是作为聘使，双手奉着象征本国君主的圭，敛身曲躬，不胜其重的样子，表达至诚而庄敬之意。行礼时，施礼者两脚并拢，两手下垂于股部两侧，弯曲上身以表示敬意。后世演变成弯腰、低头，避开对方视线，表示恭顺和没有敌意，尊敬对方，成为向人致意，表示尊敬、谢意、致歉等方面的常用礼节。

七、趋礼

“趋”是古人日常生活中常用的一种传统礼节，指在一些特定场合，卑者、贱者、后辈、地主，自觉遵照法律的规定或约定的习俗，用低头弯腰、小步快走的方式，向尊者、贵者、前辈、宾客表示恭敬。如《论语·子罕》中所述，孔子遇见穿丧服的人、穿戴礼帽礼服的人和盲人时，尽管对方年轻，也一定会站起来，并在他们面前走过时快走几步，以示敬意。后辈从前辈面前走过，当然更只能小步快走，决不能昂首阔步。

礼是随着时代的变化而不断改变的。时至今日，现代的礼仪与古代的礼仪已然大相径庭，在许多现代人看来，古代有些礼确实带着浓厚的封建色彩，但其实更多的传统礼仪是蕴含着为人该有的温良恭俭让之德，我们自然不能一味复古，但一些寓意深远的待人接物的礼还是应该有所传承的，这是中华民族几千年流传下来的处理人际关系的实践结晶。

第三章　礼仪学的理论基础

第一节　人际认知理论

人际认知是指个体在与他人交往时，根据他人的外显行为，理性分析与判断他人的心理状态、行为动机和意向的过程，包括感知、判断、推测和评价等一系列心理活动。人际认知包括自我认知、他人认知和人际环境认知。自我认知是指对自己存在的认知，包含对自己身体状态、心理状况和社会关系的认知；他人认知是指认知主体对交往对象的认知，包括对他人情感、情绪、能力及个人倾向的认知；人际环境认知是指对自身交往的小环境、小空间进行有目的的观察，包括对自己与他人关系及人与人之间关系的认知。若想建立良好人际关系，树立良好形象，学习并且运用礼仪知识，就必须掌握人际认知理论。人际认知效应是人际认知理论中最重要的部分。

一、人际认知效应

（一）首因效应

首因效应，也称为第一印象效应或最初印象效应，指个体在与他人首次接触时，根据对方的表情、体态、言谈、举止等外显行为做出综合判断和评价而形成的初次印象，即人们在对他人总体印象的形成过程中，最初获得的信息比后来获得的信息影响更大的现象。心理研究指出，人际认知是一个以知觉为主体的认知过程。外界信息输入大脑时的顺序对决定认知效果的作用不容忽视，最先输入的信息作用最大，大脑处理信息的这种特点是形成首因效应的内在原因。

首因效应的产生与个体的社会经历、社交经验的丰富程度有关。如果个体社会经验丰富、社会阅历深厚、社会知识充足，则会将首因效应控制在最小。同时，如果个体能理性地认识到首因效应只是依据认知对象的一些表面而非本质的特征做出的评价，并在后续的人际交往中不断修正和完善这种评价，首因效应也可以在一定程度上得到控制。

与首因效应相关的三个主要层面是：第一印象、心理定势、制约因素。

1. 第一印象

第一印象是首因效应在人际交往和事物认知方面的具体表现和影响。强调第一印象的重要性以及它在人际交往中的影响力，是对首因效应的现象层面的分析。

人们在初次与他人交往或初次接触其他事物时所产生的对于该人、该事物的第一印象通常至关重要。这种印象往往会直接左右着人们对于自己的认知对象的评价，而且还会在很大程度上决定着人际交往中双边关系的好坏。因此，我们应该高度重视并合理利用首因效应，加强个性表现力，力争给人以良好的第一印象。然而，第一印象往往会使人际认知产生片面性和表面性，容易在人际交往中出现“以貌取人”和“先入为主”的情况，阻碍人际关系的正常发展。我们应尽量避免受第一印象的影响，以免对他人产生错误的看法。

2. 心理定势

心理定势是深入剖析首因效应后所产生的心理固化现象。它解释了第一印象为何难以逆转以及如何影响人们后续的认知和判断，是从心理机制的角度对首因效应的进一步探讨。

人们对于某人、某物或某事所产生的第一印象主要是在与对方初次接触时所产生的一种感觉，往往都是非理性的。从某种程度上讲，第一印象主要基于对方在相逢之初的具体表现，以及自己根据以往生活经验对其进行的即刻判断，往往出于一种相当迅速的反应和纯粹的个人感觉，并不一定要循规蹈矩地进行多么复杂的理性思维或逻辑推论。第一印象一旦形成，通常难以逆转，便会形成心理定势。若第一印象较好，那么人们可能便不会介意此后与对方交往和接触中所感知到的某些负面因素。也就是说，即使后来对于对方的深入了解与第一印象存在一定的距离，人们通常也会不自觉服从于自己的第一印象。我们应尽量避免第一印象的固化，在与他人的交往中注重理性思维的发散，避免形成错误的心理定势。

3. 制约因素

制约因素是影响首因效应的各种因素，可以分为个人因素和环境因素两大类。

第一印象主要来自彼此在交往、接触之初所获取的某些重要信息，以及据此所做出的即刻判断。这些重要信息便是第一印象的主要制约因素。在日常生活中，人或事物对他人的第一印象所发挥的制约作用通常是各不相同的。

（1）个人因素

①仪容，一般指人们的相貌与外观。一个人如果仪容整洁、相貌端正，往往会给人以好感。可如果外表邋遢、晦气满面的话，便难以为他人所欣赏。

②仪态，包括人们的举止与表情。人们的“身体语言”所传递的信息，较之于口头语言或书面语言，通常会更为真实、准确。

③服饰，即人们的穿着打扮。在现实生活中，服饰不仅是遮羞、御寒、防暑之物，而且可以体现出一个人的修养、阅历和品位。

④语言，是最重要的一种交际工具。利用语言，除了可以传递信息之外，还可向交往对象表现出自己对其尊重与否。

⑤应酬，不论在工作中还是私人交往时，人们都免不了要接触其他人，应酬时的态度和表现往往会给交往对象留下极其深刻的印象。

（2）环境因素

①观感，在此是指人们在接触某一事物时，对其外观的直观感受。它包括该事物的形态、体积、色彩、质地、质量等。

②氛围，在此主要是指某一事物所处的具体环境，以及它在外景与情调方面所带给人们的特别感受。

③传播，在这里指的是与某一事物相关的信息的广泛散布与交流。有关某一事物的各种形式的传播，特别是在人们接触该事物之前所感受到的传播，常常会影响到人们对于该事物的整体看法与评价。

④人员，人们在接触某一事物时，可能会遇到一些与该事物存在某种联系的人。他们可能是生产商、管理员、解说员等，这些有关人员在涉及该事物时的所作所为与人们对该事物的第一印象关系密切。

从根本上说，首因效应实质上是一种有关形象塑造的理论。在人际交往中，之所以强调第一印象十分重要，目的就在于要塑造好形象、维护好形象。

（二）近因效应

近因效应，又称新颖效应，是指最新出现的刺激物促使印象形成的心理效果。1957年，心理学家卢钦斯根据实验首次提出，近因效应是指在人际认知中，因最近或最后获得的信息而对总体印象产生最大影响的效应，最后的印象可以冲淡在此之前产生的各种印象。一般来说，近因效应给了人们改变形象、弥补过错和重新来过的机会，但是也容易形成人际认知偏差。因此，在人际交往中，不能只看一时一事，而要全面观察，这样才能消除由于近因效应产生的认知偏差。

有这样一个例子：面试过程中，主考官告诉考生可以走了，可当考生要离开考场时，主考官又叫住他，对他说，你已回答了我们所提出的问题，评委觉得不怎么样。你对此怎么看？其实，考官做出这样一种设置，是对考生的最后一考，想借此考察一下应聘者的心理素质和临场应变能力。如果这一道题回答得好，大可弥补此前面试中的缺憾；如果回答得不好，可能会由于这最后的关键性试题而使应聘者前功尽弃。

首因效应和近因效应在人际认知过程中都起着重要作用，但在不同条件下作用有所不同。其主要规律为：

1. 关于某人的两种信息连续被人感知时，人们总倾向于相信前一种信息，并对其印象较深，此时起作用的是首因效应；这两种信息断续被人感知时，起作用的则是近因效应。

2. 与陌生人交往时，首因效应起重要作用；与熟人交往时，近因效应起重要作用。

3. 首因效应和近因效应的作用还取决于认知主体的价值观念。

（三）晕轮效应

晕轮效应，又称光环效应或月晕效应，指在人际交往中，对个体的某种特征形成固定看法后，会泛化到个体的其他特征，并推及个体的总体特征的现象。晕轮效应的具体表现包括遮掩性、表面性和弥散性。

1. 遮掩性

遮掩性是指人们只抓住了事物的个别特征，而忽视了事物的本质或全部特征。有时个别特征并不能反映事物的本质，可人们仍习惯于以个别推及一般、由部分推及整体，这势必牵强附会地误推出其他特征。随意抓住某个或好或坏的特征就断言这个人完美无缺或一无是处，都犯了片面性的错误。“一见钟情”就是一个典型的例子，青年恋爱中的男女仅仅由于对象的某一方面符合自己的审美，就对其他方面的不相配之处都视而不见。为避免被遮掩性左右，我们在评价他人或事物时，不能仅凭某一突出表现或特征就轻易下结论，要从多个角度去观察和了解，收集多方面的信息。

2. 表面性

表面性是指当处于感觉和知觉阶段时，人们容易受其表面性、局部性和选择性的影响，仅依据一些表面特征就去判断认知对象的整体品质，把实际上并无内在联系的个性品质或外貌特征等强行关联，从而形成片面认知。比如选购商品时，看到包装精美的产品，就容易认为它质量上乘，而忽略了对产品实际性能的考察。为避免受表面性误导，我们要养成深入探究的习惯。与人交往时，不能仅依据第一印象或外在表现就对其进行评判，要通过长期相处、沟通交流，了解其真实的性格、能力和价值观。面对事物，要深入了解其内在原理、机制等实质内容。

3. 弥散性

弥散性是指对一个人的整体态度会连带影响到与这个人或这个人的具体特征相关的人或事物上。成语中的“爱屋及乌”“厌恶和尚，恨及袈裟”就是晕轮效应弥散性的体现。《韩非子·说难篇》中讲过一个故事：卫灵公非常宠幸弥子瑕。有一次弥子瑕的母亲病了，他连夜偷乘卫灵公的车驾回家。按照卫国的法律，偷乘国君的车驾要处以刖刑。但卫灵公得知后却夸奖弥子瑕孝顺母亲。又有一次，弥子瑕与卫灵公同游桃园时摘了个桃吃，觉得很甜，就把咬过的桃献给卫灵公尝，卫灵公又夸他有爱君之心。后来，弥子瑕年老色衰而不受宠幸，卫灵公由此也不再喜爱他的其他品质，甚至以前被他夸奖过的两件事，也成了弥子瑕的“欺君之罪”。因此，为避免被弥散性影响，在面对与他人相关的人或事物时，要将其与这个人本身区分开，进行客观评价。

晕轮效应形成的原因与知觉整体性的特征有关，即个体在知觉客观事物时，并不是对知觉对象的个别属性孤立地进行感知，而总是倾向于把具有不同属性、不同部分的对象知觉为一个统一的整体。多数情况下，晕轮效应会使人出现“以偏概全”的认知错误。晕轮效应除了与人们掌握对方的信息太少有关，主要还是个人主观推断的泛化、扩张和定势的结果。这提醒我们，在人际认知过程中，要善于倾听和接受他人的意见，尽量避免感情用事，全面评价他人，理性与人交往。

（四）社会刻板效应

社会刻板效应，又称刻板印象，是指在某种社会文化环境中，对某一类人或事持有固定不变、概括笼统、简单评价的现象。社会刻板效应的表现形式分为三种：角色刻板效应、区域刻板效应和国民刻板效应。角色刻板效应是指人们对不同社会阶层、社会地位和职业的人的一些固定看法，如认为工人豪爽、农民质朴、军人雷厉风行、教师文质彬彬、商人精明；区域刻板效应是指人们对不同区域的人形成的固定看法，如认为山东人豪爽、江苏人机敏；国民刻板效应是指人们对某一国家的人的固定看法，如认为美国人开放、法国人浪漫。

从心理过程来看，刻板印象具有三个特征：

1. 对社会上的人群只是过分简单地根据行为特征分类。

2. 在同一社会文化或同一团体中，刻板印象具有相当的一致性。

3. 由于印象过于笼统、忽略个别差异，或者是基于同一种团体感情，刻板印象多与事实不符，甚至是错误的。

刻板印象的分类多趋向于两种极端，或是偏好，或是偏恶。刻板印象的形成大多与知觉者所受的社会教育有关，是认知者通过归类、概括而产生的人际认知，既有积极的一面，也有消极的一面。它的积极面在于将群体的主要特征典型化，帮助人们认知各群体的差异，简化了人们的认知过程，帮助人们迅速有效地适应社会环境；而消极面表现为在有限经验的基础上做出带有普遍性的结论，不仅会使人在认知过程中忽视个体差异，同时容易使人的认识僵化、停滞，导致对某些群体成员产生偏见和歧视。因此，要纠正刻板印象的消极作用，关键是努力学习新知识，不断扩大视野，开阔思路，更新观念，培养良好的思维方式。

（五）投射效应

投射效应，即以己度人，是指将自己的特点归因到其他人身上的倾向。投射效应使人们忽视认知对象的真实情况，倾向于按照自己是什么样的人来知觉他人，认为自己具有某种特性，他人也一定会有与自己相同的特性。比如，一个心地善良的人会以为别人都是善良的；一个经常算计别人的人就会觉得别人也在算计他，等等。

投射效应的表现形式多种多样，其中典型的两种是情感投射和愿望投射。情感投射是指认为别人的好恶与自己相同，如自己喜欢某一事物，认为别人也会喜欢。愿望投射是指把自己的主观愿望投射到他人身上，认为他人也如自己所期望的那样，把希望当成现实，这种投射容易产生猜疑心理。

投射效应是一种严重的认知障碍。在人际交往过程中，我们要秉承客观公正的原则，认清别人与自己的差异。克服这种心理倾向的关键在于既要客观地认识自己、接受自己、完善自己，也要客观了解对方、看待对方、理解对方，尽量避免以己之心度他人之腹。

（六）亲和效应

亲和效应的主要含义是人们在交际应酬中往往会因为彼此之间存在着某些共同之处或近似之处，从而感到相互之间更加容易接近。而这种相互接近，通常又会使交往对象之间萌生亲切之感，并且进一步接近与体谅。这种交往对象由接近而亲密、由亲密而进一步接近的相互作用，有时被人们称为“亲和力”。

亲和效应的特点主要体现在以下几个方面：

1. 共同性与相似性：亲和效应的核心在于人们之间的共同之处或相似之处。这些共同之处可以是血缘、姻缘、地缘、学缘、业缘等社会关系上的联系，也可以是志向、兴趣、爱好、利益等个人特质上的相似。

2. 吸引性与亲近感：由于共同性或相似性的存在，人们之间会产生一种相互吸引的力量，进而产生亲近感。这种亲近感不仅体现在心理上的相互接纳和认同，还体现在行为上的相互接近和互动，人们会倾向于与那些让自己感到亲近的人建立更深入的关系。

3. 动态性与变化性：亲和效应是一个动态的心理过程，它随着交往的深入而不断发展变化。人们如果在交往过程中出现更多深层次的共同之处或相似之处，将会进一步加深彼此之间的亲近感。反之，如果在交往过程中出现了一些不愉快的事情或矛盾冲突，则可能会削弱甚至破坏原有的亲近感。

总之，亲和效应的这些特点共同构成了其在人际交往中的重要作用和意义。当两个人之间存在共同之处或相似之处时，他们更容易找到共同话题和兴趣点，加深彼此之间的亲近感，从而展开深入的交流和对话。这种交流有助于增进彼此之间的了解和信任，为进一步的合作和互动奠定基础。

亲和力的提高技巧：第一，要注意微笑。微笑能够化解对方的不信任，迅速拉近双方的距离。微笑还是一个人素质的反映，使人显得特别有礼貌，体现了对人的尊重。无论从哪个方面来看，保持微笑都是一个非常好的习惯。第二，要亲切地与人打招呼。对于陌生人来说，建立和谐人际关系的一个很重要的方法就是注重礼貌礼仪。第三，要有眼神的交流。低着头，反映了缺乏自信；而眼睛乱瞟，反映了傲慢或者过于随便。因此，和人打招呼时一定要有眼神交流。

二、人际认知途径

人际认知是个体在交往中观察、了解他人的外在特征和外显行为，形成印象并推测、判断其心理状态、人格特征、行为动机和意向的过程。

人际认知的途径主要包括以下几个方面：

（一）观察外在特征

1. 相貌与服饰：表情是一个人内心世界最直观的外在表现形式，一般包括动作表情、面部表情和言语表情。通过观察他人的相貌、表情、服饰打扮、仪表风度等，可以初步判断其性格特点和内在状态。例如，穿着随意的人可能比较放松，不太在意外在形象；而穿着整洁、讲究的人则可能更注重细节和形象。

2. 体态与行为：体态语言和行为举止是了解他人的重要途径。通过观察他人的坐姿、站姿、步态、手势以及面部表情等，可以推测其情绪状态、自信心和社交能力等方面的信息。虽然外表和表情是人际认知的重要途径，但是更为直接有效的信息还是个体的行为，因为许多行为和某些人格特征有着密切的联系。如吃饭的速度，实践证明，个人的办事效率与其吃饭速度的快慢存在一定的相关性。

（二）分析语言交流

1. 言语内容：通过倾听他人的言语内容，可以了解其思想观点、兴趣爱好、价值观等信息。同时，还可以通过分析他人言语的逻辑性、条理性等，判断其思维能力和表达能力。

2. 语言风格：语言风格也是了解他人的重要窗口。通过观察他人的语言习惯、用词偏好、语调语速等，可以推测其性格特点、文化背景和社会地位等方面的信息。

（三）关注人际关系

1. 社交圈子：观察他人与周围人群的关系和互动，可以了解其社交能力和社交地位。例如，一个善于与他人建立良好关系的人，可能具有较高的社交技能和影响力。

2. 阅历背景：是指通过考察一个人的生活环境、受教育经历、工作经历及社会角色等来认知他人。生活环境对个人性格的形成影响重大，如逆境造就一个人孤僻倔强或软弱顺从的性格；而生活在温暖安定的家庭环境中的人，其性格多半乐观友好。教育及工作背景决定了个人的学识才能、行事经验以及思维等。另外，社会角色对个人的心理也会产生影响，通过对他人角色的认知，有助于了解其内心活动和行为表现。

综上所述，人际认知是一个复杂而细致的过程，需要综合运用多种途径和方法。通过观察外在特征、分析语言交流、关注人际关系等方式，可以更加全面、准确地了解他人，促进人际关系的和谐发展。

第二节　人际吸引理论

人际吸引，又称人际魅力，是人与人之间产生的彼此注意、欣赏、倾慕等心理上的好感，从而促进人与人之间的接近，以建立感情关系的过程，是影响人际关系的基本因素。

一、人际吸引的形成和发展阶段

人际吸引是人际关系的一种肯定形式，人际吸引的程度反映了交往双方心理距离的远近。人际吸引的形成和发展一般要经历四个阶段。

（一）注意阶段

注意是指在交往初期，交往主体根据自己的需要、兴趣和价值观对交往对象的选择，是对某一交往对象的喜欢和感兴趣的表现。

（二）认同阶段

认同是指通过知觉、想象、思维、记忆等认识活动，接纳和内化交往对象的行为及表现，并对其给予积极和正面的评价。当我们专注于某一交往对象并对其产生好感时，就会主动接近他，加倍地关注有关他的信息，进而通过信息量的增加强化对他的认同。

（三）接纳阶段

接纳是指在情感上接受对方，常以喜欢、亲切、同情、热心等形式表达与对方的情感联系。凡是能驱使人们之间接近、合作、联系的情感，都称为结合性情感。结合性情感越强，彼此之间就越相容，越相互吸引。

（四）交往阶段

交往是注意、认同、接纳的必然结果。一般来说，交往初期，双方会尽力约束自己，并努力通过行为来显示自己的诚意，表明自己愿意与对方交往。随着交往水平的提高，双方的关系就会发展到心理上相互依附的高级阶段，相互的吸引力进一步增强。

二、人际吸引的规律

了解人际吸引的规律可以提高个人在人际交往中的吸引力，正确判断人际关系状态，调节不融洽的人际关系结构。根据心理学家的研究和人际交往的经验，可将人际吸引的规律概括如下：

（一）接近吸引律

接近吸引律是指在人际交往过程中，交往双方存在着接近点，导致相互之间的时空距离和心理距离缩小，使得彼此之间容易相互吸引并成为知己的一种规律。人际吸引的接近点很多，主要包括以下几个方面：

1. 时空接近

时空接近是指在人际交往中，若双方生活在同一地区或有共同的生活经验，会增加他们之间的相互吸引力。俗话说“远亲不如近邻”“近水楼台先得月”，这都说明人们生活的空间距离越小，时间上越接近，彼此之间越容易相互吸引，比如同乡、邻居、同学、同事等。

2. 兴趣、态度接近

兴趣、态度接近是指在人际交往中，如果双方志趣相投、性格特点相似、态度观点一致或价值取向相同，就容易相互吸引，结成知己。我们平时说的“情投意合”“惺惺相惜”“酒逢知己千杯少”“话不投机半句多”“物以类聚”等都说明了相似的人易结交成友。这是因为每个人都有自我评价的倾向，而他人的认同是支持自我评价的有力依据，具有强化作用，因而产生很强的吸引力。

3. 职业、背景接近

职业、背景接近是指在人际交往中，专业、国籍、民族等背景接近的人更容易找到共同语言，缩短彼此之间的距离，进而相互吸引。古诗中的“同是天涯沦落人，相逢何必曾相识”表达的就是这层意思。因此，在与他人初次交往时，应多交谈些双方感兴趣的话题，努力寻找双方的接近点和共鸣点，能够深化关系，促进交往。

（二）互惠吸引律

互惠吸引律是指在人际交往过程中，如果双方能够给对方带来收益、酬偿，就能增加相互之间吸引力的一种规律。这种收益和酬偿包括知识、生理、心理（喜欢、尊重、赞扬）、政治（权力、地位）等方面的满足。一般来说，收益与付出的比值越大，估计得到报酬的概率越大，吸引力就越大。因此，要增强自己的人际吸引力，必须在与他人交往时，尽力使自己的付出大于收益，使自己的言行给他人带来愉快和好处。

互惠吸引律的主要表现形式有以下几种：

1. 感情互慰

感情互慰是指交往的双方都以自己的表情、姿态和言语动作给他人带来愉快的感情体验，从而增加相互的吸引。在人际交往中，如果一方真情实意，另一方却怀有戒心、工于心计，会使对方产生失信之感，从而造成心理隔阂。正如北宋理学家程颐所说：“以诚感人者，人亦以诚而应；以术驭人者，人亦以术而待。”

2. 人格互尊

人格互尊是指得到他人尊重、信任和认可是每个正常人的需要。因此，真诚地尊重他人，是获得人际吸引的最佳方法。你愈尊重和关心他人，你在他人生活中的重要性也就愈大，他人就会以同样的态度回报你。反之，必然会伤害对方自尊心而引起他人反感甚至气愤，从而造成交往的障碍。

3. 目标互促

目标互促是指人们之间的交往如果有助于双方有关目标的实现，则双方的吸引力就会增强。在交往中，若一方有“听君一席话，胜读十年书”之感，那么交往的水平就会提高。这就需要培养自己成为博学广识的人，让与你交往的人感到受益匪浅。

4. 困境互助

困境互助是指在人际交往中，当其中一方遭遇坎坷、困难或失败时，往往对人情世态最为敏感，此时另一方若能雪中送炭，及时给予一定的帮助，双方的人际吸引力就能得到增强。正如人们常说的“岁寒知松柏，患难见真情”“患难识人，泥泞识马”。

5. 过失互谅

过失互谅是指在人际交往中，当他人出现过错时，应以宽宏大量的态度谅解他人，这样当自己有了过错时，他人才会以同样的度量容忍谅解你。“人非圣贤，孰能无过”，我们在人际交往中应当更加宽容理解他人。

除了以上五个方面，互惠吸引律还表现在物质上的“礼尚往来”、利益上的“欲取先予”、道义上的“知恩必报”等方面。

（三）对等吸引律

对等吸引律是指在人际交往过程中，如果一方对另一方的喜爱显著增加，另一方也相应地增加了对前者的喜爱，这涉及人际关系的动态平衡。在现实生活中，人们倾向于喜欢那些对自己表现出相同程度喜欢的人。“爱人者，人恒爱之；敬人者，人恒敬之”，这句话反映的正是这种对等吸引律。在对等吸引律的影响下，双方对各自的喜欢或吸引往往会共同增强。因此，在运用对等吸引律时，应该积极提升自身价值与魅力，以对等甚至更优的特质去吸引与之相匹配的人、资源或机会，实现更和谐且稳固的相互联结。

（四）互补吸引律

互补吸引律是指在人际交往过程中，当双方的个性特质、需求及满足需求的途径正好成为互补关系时，就会产生强烈的吸引力。互补吸引的范围主要包括能力特长、人格特征、利益需要以及思想观点等几个方面。互补吸引律在地位不等、角色不同的上下级关系和家庭关系中体现得最突出。在互补吸引律的作用下，交往双方能够相互吸引并共同进步，不仅适用于个人的社交互动，还适用于团队协作、恋爱关系等各种社会关系。比如男女之间由于性别和个性上能相补相悦，容易形成异性吸引。

（五）诱发吸引律

诱发吸引律是指在人际交往过程中，如果人们受到某种诱因的刺激，而这种刺激正好投其所好，就会引起对对方的注意和交往兴趣，从而相互吸引。根据诱发的因素和形式大致可分为自然诱发、蓄意诱发和情感诱发三种。自然诱发是指由人的外貌、气质和风度等自然因素诱发的吸引力，如在初次交往时，人们更容易被五官清秀、衣着整齐、举止从容的人所吸引。蓄意诱发是指有意识关注某些诱发因素来引起对方的注意，从而产生吸引力，如人们通过妙语惊人的谈吐和讲述风趣幽默的故事等行为增强自己的吸引力。情感诱发是指在特定时机，通过真诚的关怀和帮助等因素激发对方的情感，如安慰失败者、祝贺成功者等。

第三节　服务礼仪基本理论

服务礼仪，通常指的是礼仪在服务行业之内的具体运用。一般而言，服务礼仪泛指在自己的工作岗位上所应当严格遵守的行为规范。行为规范是指人们在特定场合之内进行活动时的标准化、正规化的做法，而服务礼仪的实际内涵则是指在自己的工作岗位上向服务对象提供服务时的标准的、正规的做法。

具体来讲，服务礼仪主要以仪容规范、仪态规范、服饰规范、语言规范、岗位规范为基本内容。在其中的各个具体问题上，服务礼仪对于在其工作岗位上究竟应该“怎么做”与“不应该怎么做”，都有详尽的规定和特殊的要求。离开了这些由一系列具体做法所构成的基本内容，服务礼仪便无规范性与可操作性可言，而且也将无从谈起。

与此同时，必须学习并掌握一定的有关服务礼仪的基本理念。服务礼仪的基本理念在此主要指的是运用服务礼仪的一般要求，它既是对服务礼仪及其运用过程的高度概括，又是服务礼仪的指导思想。一旦学习并掌握了服务礼仪的基本理念，便可以更好地领会、运用服务礼仪，并且在实践中将其融会贯通。服务礼仪涉及社会公德、职业道德、角色定位、双向沟通和“三 A 法则”五个理念，以下对此进行一一介绍。

一、社会公德

通常认为，社会公德是指人们在公共性的社会生活中所需要共同遵守的基本行为准则。平时它主要通过社会舆论对人类的社会生活发挥一定的约束作用。就我国而言，社会公德实际上是社会主义核心价值观，即“富强、民主、文明、和谐、自由、平等、公正、法治、爱国、敬业、诚信、友善”的具体体现。

当前，讲究社会公德最重要的就是要在维护秩序、关心他人、讲究卫生、保护环境四个具体方面身体力行。

（一）维护秩序

秩序，在此指的主要是社会秩序。良好的社会秩序是避免社会生活与公共秩序混乱的基本保证和基本规范。只有全体公民自觉维护社会秩序，一个社会才有安定与祥和可言，公共场合里的各种活动才得以正常进行。在维护秩序方面，个人应当努力做好以下四点：

1. 遵纪守法

众所周知，法律是指由立法机关制定、国家政权保证执行的行为规则。我国是一个依法治国的国家，作为合法公民，一定要自觉地做到有法必依、认真守法。纪律则是指一个团体或者组织为了维护其集体利益并保障其正常运作而制定的、要求它的每一名成员必须遵守的规章、条文。毋庸置疑的是，在学校里，作为一名学生，必须遵守学校纪律；而在企业内，作为一名组织成员，则必须遵守组织纪律。

2. 爱护公物

公物，通常指的是公有、公用处所之中为大众提供服务的、属于社会的一切公共设施和物品。每一位社会成员，对于任何公物都要加倍爱惜，并且自觉地予以保护，尽量避免有意或无意之中损坏公物。任何公物都不可窃为己有，也不应当以任何形式对其独占或者私用。在公共场所进行活动时，不要四处乱刻、乱画、乱涂、乱抹，不要破坏公有建筑物，不要随意攀爬公有园林之内的树木，或者偷折偷采其树枝、花卉、果实，不要对公用的桌椅、电话、电脑以及其他用具不加爱惜。

3. 礼让有序

在需要与其他人同时使用公用设施或是进行某项活动时，务必讲究先来后到、有先有后。除了按照规定可以给予某些特殊人士一定照顾，维护现场秩序的最佳方案就是大家都要自觉排队。在某些不需要排队但又必须分出先后的情况下，切勿争先恐后，要懂得，在这类场合里礼让别人，本身就是一种美德。

4. 无碍于人

在日常生活中，必须时刻注意不要因为自己的粗心大意，而对别人造成某种程度上的妨碍。不在公共场所大声喧哗，不尾随或围观其他人士。同时，还要注意不与其他人相距过近。人与人之间相处的关系不同时，他们彼此之间的具体距离往往会有所不同。正常情况下，与亲密者相处，双方距离可小于0.5米；与一般人打交道，双方距离宜在0.5～1.5米；在公共场所里与陌生人共处时，若非环境十分拥挤，则双方距离不应当小于1.5米。若无任何原因而与陌生人相距过近，会令人感到不快。

（二）关心他人

在社会生活中，人与人之间应当相互关心，互助友爱。对别人的关心，既要出自真心、发自诚意，又要重在实际行动。在关心别人时，要力戒过犹不及，不要因为自己对别人的关心而有碍于对方的私生活，或者直接干涉到对方的个人行动和自由。从讲究社会公德方面来讲，在社会生活中，要关心别人需要将重点主要放在下述四个方面：

1. 照顾老人

对每个人来说，老人既是长辈，又是需要被关心的弱者。照顾老人具体而言，有以下三点必须加以注意：

（1）敬重老人

孟子曾说过：“恭敬之心，礼也。”在日常生活中，一定要以自己的实际行动去敬重老人。对老人不恭不敬，其实就是没有教养的表现。敬重老人，实际上就是在敬重将来的自己，正所谓“老吾老，以及人之老”。

（2）礼待老人

与老人相处，务必注意时刻对其待之以礼。在任何情况下，都要在自己的心目中和实际行动上将老人置于“上位”，而自己身居“下位”，执礼以事之。

（3）关照老人

由于生理原因，老人往往需要人们给予更多的照顾。在必要之时，应当挺身而出，在日常生活中主动而耐心地照料老人。

2. 尊重女性

尊重女性，就是在尊重自己的母亲，就是在尊重自己。在尊重女性方面，有以下三点一定要自觉做好：

（1）体谅女性

女性在社会生活与家庭生活中贡献良多、负担甚重，所以不要难为女性、苛求女性，不要对女性求全责备或缺乏基本的体谅。

（2）平等相待

《中华人民共和国宪法》规定，妇女在政治的、经济的、文化的、社会的和家庭的生活等各方面享有同男子平等的权利。因此，要在思想上、行动上坚持男女平等，在任何情况下都不容许搞大男子主义或男尊女卑，不容许歧视女性。

（3）积极保护

保护女性不仅应当表现为保护女性的正当权益，还应当表现为以自己的实际行动保护女性不受任何形式的伤害。

3. 保护儿童

在具体的人际关系中，古人曾要求：“幼吾幼，以及人之幼”。儿童是人类的明天和希望，保护儿童，从广义上来讲，就是在保护人类的未来。在保护儿童方面，主要应当注意以下两点：

（1）以身作则

儿童的可塑性与模仿性极强，在儿童面前必须注意检点自己的言行举止，为自己身边的儿童树立一个正面的榜样。如果言行过于随便，不仅会对儿童造成误导，而且很有可能因此误人子弟。

（2）悉心维护

作为未成年人，儿童缺乏自主意识，而且在生活中难以保护自己。因此，维护儿童，一是要对其进行正面教育；二是要对其进行全面保护；三是要维护其正当的权益；四是要同对其进行伤害的人和事坚决斗争。

4. 帮助病残

在社会生活里，病人、残障人士都是最需要别人帮助照顾的弱者。在力所能及的前提下，应当对病人、残障人士给予热情的帮助。在帮助病残人士时应注意以下两点：

（1）尊重人格

病人、残障人士，通常是在其生理上、心理上出现某些具体问题的人。而在人格上，他们与其他人则是完全平等的。因此，即使在对其进行帮助时，也应当首先尊重对方的人格，切勿居高临下、出言不逊，或者在口头上或行动上对其造成侮辱或伤害。

（2）鼎力相助

在社会生活中，对于病人、残障人士，一定要及时而且热情地伸出援手，并且在帮助对方时一定要尽心尽力。

（三）讲究卫生

卫生，一般是指有益于常人健康生活的一种状态，也是提高人们生活质量的一种必然要求。个人要养成注意身体卫生的良好习惯，尤其是要养成平日勤于洗澡的习惯。平日所使用的服饰必须讲究卫生，并勤于换洗。一个人所使用的服饰不论多么高档，如果不够卫生、肮脏不堪，那么往往都会令人对其产生不好的印象。

（四）保护环境

保护环境，一般是指每一个人在其日常生活中都有义务对人类所赖以生存的环境自觉地加以保护和爱惜。自然环境，是人类生存和发展的基础。人们应当自觉地成为保护环境的卫士，还要自觉地维护生物的多样性，不滥捕、滥杀动物，尤其是珍稀动物；不虐待动物、残害动物，或是随意殴打动物。此外，我们也应该保护好我们所处的生活环境，包括公共卫生场所等。例如，随地吐痰是一种极不文明的恶习，既会破坏环境卫生，又有害于他人的身体健康，所以我们必须做到不随地吐痰。

二、职业道德

职业，通常是指个人在社会上所从事的作为本人主要生活来源的工作。从实质上看，职业是社会职能专业化和个人角色社会化之间的统一。道德，则是指人们生活及行为的共同准则，也是用以对人们的思想和行为进行评价的标准。职业道德指的就是从事某一具体职业的人在其工作岗位上所必须遵循的与其职业活动密切相关的行为准则。

各种职业所固有的社会性质和社会地位不尽相同，决定了每一种职业在道德上往往都有着自己的特殊要求，各行各业都有与本行业的性质相一致的道德准则。例如，经商要有商德，行医要有医德，执教要有师德，从艺要有艺德，等等。因此，完全可以将职业道德称为一种高度社会化的角色道德，一种软性的行为规范。

倡导职业道德，是服务礼仪的基本理念之一。服务行业的职业道德，是指服务人员在服务过程中，接待自己的服务对象，处理自己与服务对象、自己与所在单位和国家之间的相互关系时所必须自觉遵守的职业行为准则。

服务行业的职业道德的核心思想是为社会服务，为人民服务，对服务对象负责，让对方对我方的服务质量满意。同时，通过服务人员的一言一行，传达出本单位对对方的体贴、关心与敬意，反映出本单位积极进取、报效国家与社会的精神风貌。

服务行业的职业道德的具体内容主要包括对于服务人员在思想品质、服务态度、经营风格、工作作风、职业修养五个方面的规范化的要求。它们都是用以调节其在工作中的各种人际关系的行为准则。下面将从服务礼仪的角度，对服务行业的职业道德的具体内容分别予以概述。

（一）思想品质

要做好本职工作，在思想品质方面，就必须对自己有一定的规范化的要求。在当代中国，对于思想品质方面的规范化要求主要涉及下述两个方面：

1. 热爱祖国

作为国家的一名公民，首先必须热爱自己的祖国。每一名公民都要自觉自愿地在思想上、行动上热爱祖国，热爱人民，热爱本民族的优秀文化遗产，热爱本民族的优良传统，坚决维护祖国的统一、独立、主权和民族尊严。

当前，我国的爱国主义在现代化进程中的具体要求主要是：拥护中国共产党的领导，积极投身社会主义现代化建设事业；维护社会的稳定与祖国的统一；从自己身边的点滴小事做起，努力奉献，为国效力，为国分忧，为实现中华民族伟大复兴的中国梦而奋斗；永远热爱自己的祖国，永远忠于自己的祖国。

2. 热爱本职工作

热爱本职工作，具体应当体现为爱岗敬业、忠于职守。要做到爱岗敬业，就要努力做到热爱自己所从事的具体职业，热爱自己所在的具体工作岗位；维护本职业的利益，担负本岗位的责任；在工作上认真负责，在技术上精益求精，力求掌握最好的职业技能；勤勤恳恳，踏踏实实，始终如一，不计名利，认真做好本职工作。要做到忠于职守，就必须充分认识到自己所从事的具体职业对国家、对社会、对他人所应履行的义务，真正树立起高度的职业责任感，积极发扬职业献身精神。

（二）服务态度

要做好本职工作，在服务态度上必须对自己有一定的规范化的要求。在我国，对于在服务态度上的总的要求是：热情服务、礼待宾客、以质见长。正确的服务态度具体体现在为服务对象进行服务时的表现。

1. 热情服务

在服务过程中从精神上满足服务对象，就是要求对服务对象热情服务，即在为服务对象进行服务时，要以“情”见长、以“情”动人。在为对方进行服务的具体过程中，要积极、主动、耐心、细致、周到并且充满热情。最重要的是：这一切都必须出自真心，而绝非虚情假意。

2. 礼待宾客

礼待宾客，就是要求在接待服务对象时要以礼待人，要向对方提供礼貌服务，运用规范而得体的言语、动作、神态，“正仪容，齐颜色，修辞令”，以此表示对于对方的尊重与友善，努力做到尊重宾客、关心宾客、热爱宾客并重，对所有的服务对象一视同仁。

3. 以质见长

以质见长，就是要求在为服务对象服务的过程中，不仅要重视数量问题，还要对质量问题倍加关注，通常需要从如下两个方面抓起：

（1）确保服务项目齐全、经营具有特色、物资储备充足、技术精益求精、符合社会需求、供应充分及时、服务周到细致。

（2）使服务内容现代化、系列化、规范化，具体表现为服务应有正常服务、专项服务、多功能服务与现代技术服务之分。正常服务，指的是在常规情况下所进行的服务。专项服务，指的是满足服务对象的特殊需求的服务。多功能服务，指的是在进行正常服务的同时，提供相关的连带服务，以满足服务对象的多种需要。现代技术服务，则是指随着服务行业技术设备的不断改进，相应扩大服务的科技含量。

（三）经营风格

经营风格，通常是指某一服务单位在其筹划、运营与管理的整个过程中所体现出来的总体特色与基本特征。在我国，对于服务行业在经营风格方面的总的要求是：必须切实维护消费者的权益，从而有利于社会的发展与稳定。要实现这一目标，通常要求服务行业在以下两个方面多下功夫：

1. 货真价实。就是要求服务品种名副其实，价格公正公开。

2. 依法计量。在需要对商品或服务进行计量时，必须依法采用国家法定的度量衡，做到分量准、数量够、尺码足。

（四）职业修养

职业修养，通常指的是某一行业的从业人员，在自己的工作岗位上通过经年累月的锻炼，在思想和业务上达到的一定的水准，以及由此而形成的待人处世的基本态度。在日常生活中，一个人的修养往往体现于其所作所为的具体细节之上。而这些细节，则通常又真切地展示着个人素质的高低。因此，必须与一切不拘小节的行为划清界限，通过个人修养的提高来展现自己良好的个人素质。具体来讲，要求在职业修养方面不断提高，主要应当从以下两个方面入手：

1. 树立崇高理想

《中华人民共和国宪法》序言中指出，我国将长期处于社会主义初级阶段。国家的根本任务是，沿着中国特色社会主义道路，集中力量进行社会主义现代化建设。中国各族人民将继续在中国共产党领导下，在马克思列宁主义、毛泽东思想、邓小平理论、“三个代表”重要思想、科学发展观、习近平新时代中国特色社会主义思想指引下，坚持人民民主专政，坚持社会主义道路，坚持改革开放，不断完善社会主义的各项制度，发展社会主义市场经济，发展社会主义民主，健全社会主义法治，贯彻新发展理念，自力更生，艰苦奋斗，逐步实现工业、农业、国防和科学技术的现代化，推动物质文明、政治文明、精神文明、社会文明、生态文明协调发展，把我国建设成为富强民主文明和谐美丽的社会主义现代化强国，实现中华民族伟大复兴。这是我国各族人民的共同理想，必须在自己日常的平凡工作中，为这一理想的最终实现而进行不懈的努力。

对于个人而言，需要树立正确的人生观。人生观，通常指的是人们对于人生的看法。应树立正确的人生观是既要充分认识到服务工作的重要意义，又要甘做社会的“齿轮”与“螺丝钉”，全心全意地做好本职工作。遇事要以大局为重，以国家、集体和人民的利益为重。要明确人生的真正目的不在于索取，而在于奉献。

2. 努力钻研业务

要真正做好本职工作，仅有为人民服务的思想还不够，还必须有为人民服务的过硬本领。也就是说，必须既红又专、德艺双馨。这就要求我们努力学习各项有关的业务知识，不断地提高自己的服务水平。

三、角色定位

角色定位，主要是要求服务人员在为服务对象提供服务之前，必须准确地定位好在特定的情况下彼此扮演的角色。只有明确了双方各自所扮演的特定角色，为服务对象所提供的服务才能比较符合要求和到位。

具体而言，角色定位是由以下四个要点所构成的。这些要点相辅相成、互为表里、不可分割、缺一不可。

（一）确定角色

根据角色定位的相关理念，每一个人在日常生活中都扮演着一定的角色。而在不同的场合，人们往往又需要扮演不同的角色。

1. 社会角色

人们在日常生活中受社会分工所制约，往往会处在某一特定的位置上，为社会的正常运转发挥一定的作用，这就是人们所扮演的社会角色。例如，工人、农民、军人、学生、教师、歌星等，都属于不同的社会角色。由于工作环境、职业习惯、专业知识、社会地位等多方面的原因，不同的社会角色在性情、志趣方面经常会有不同的表现。

2. 生活角色

人们在生活中，有时因为自己所处的具体地位不同，而被要求必须有适当的表现。例如，一个男人在父母面前，应当是一名孝子，而在子女面前，应当是一名称职的慈父；一个年轻的女孩，在友人面前，其所作所为可以表现出淑女的风范，而在恋人面前，她应当首先是一位令对方怦然心动的“亲密爱人”。凡此种种，实际上就是人们所必须扮演的生活角色。在实际生活中，同一个人往往需要扮演多种不同的生活角色。这一点，与相对而言较为稳定的社会角色是有所不同的。

3. 性格角色

人们的性格各不相同，因而有不同的性格角色。常见的性格类型有暴躁型、活泼型、稳重型、敏感型等，以性格角色来直接对人加以区分，有时更为直观形象。

如前所言，人们在日常生活和不同的场合中往往扮演着不同的角色。所谓社会角色、生活角色或者性格角色，实际上是在不同的场合，或者依据不同的标准，对人们所进行的一种定位。定位，一般是指将人或者事物放在一定的位置上，并据此作出相应的评价，相对来讲是比较稳定的。由此可见，角色定位，实际上就是社会舆论对于处于某一特定位置上的人的常规要求、限制和看法。

（二）设计形象

根据角色定位的相关理念，任何一个人要想在社会上取得成功，都有必要首先为自己进行正确的角色定位。然后，再按照社会舆论对于自己所要扮演的既定角色的常规要求、限制和看法，对自己进行适当的形象设计。对于人们来说，为自己所进行的形象设计，实质上就是要将本人的角色定位具体化、明确化、形象化。

1. 服务于人

俗话说“干什么，就要像什么”，所指的其实就是角色定位问题。毋庸置疑，在自己的工作岗位上服务他人时，明白自己此时此地所扮演的具体角色是非常必要的。假如一名员工在上班时打扮得花里胡哨、油头粉面、珠光宝气、环佩叮当，根本不像是在工作，会让服务对象因此而产生反感。

服务人员在进行工作中的自我形象设计时，必须清楚地认识到，自己应当被定位为服务于人的角色，即自己在工作岗位上所要扮演的角色是要为人民服务、为社会服务、为社会主义现代化建设服务。

2. 设计要旨

将自己正确地定位于“服务于人”的角色之后，进行相应的形象设计时，就必须恪守本分，以朴素、大方、端庄、美观为第一要旨，在工作岗位上的一切所作所为，包括仪容、仪态、服饰、语言乃至待人接物等，均不得与之背道而驰。

（三）特色服务

根据角色定位的相关理念，如果打算做好本职工作，那么在为服务对象服务之前，就有必要首先对对方进行准确的角色定位，然后再以此为依据，向对方提供他所扮演的那一类角色所需要的特色服务。

1. 特色服务

特色服务，是指有别于常规服务的、具有某种特点的服务。特色服务之所以取得成功，关键就在于它能够了解人们的特殊需求，并给予适当的满足。成功的特色服务一定是建立在准确的角色定位基础之上的。

2. 投其所好

在实际工作中，即使是为服务对象提供常规服务，也有必要首先对对方进行一定程度的角色定位。只有这样做了，彼此才容易互相沟通，服务对象的实际需求才能较好地得以满足。在为服务对象提供常规服务之前针对对方所做的角色定位，往往直接表现为前者对后者的察言观色，以及彼此之间所进行的双向沟通。

具体说起来，对服务对象进行角色定位，除了取决于自己的经验、阅历、教养与判断，主要是基于自己对于对方的性别、年龄、气质、教养、仪容、仪态、服饰、语言等方面所进行的综合观察。例如，建议一位初中学生在剪发时染上前卫的色彩，如同建议一名前来购鞋的大学生挑选一双世界顶级的名牌皮鞋，均属角色定位不准确，恐怕都难以取得成功。

（四）不断调整

根据角色定位的相关理念，在服务过程中，服务人员对于自己与服务对象所进行的角色定位并非一成不变，而是不断地有所变化、有所调整，并应坚持与时俱进。

1. 与时俱进

"礼，时为大"，人们对于任何事物的认识，通常都是由浅入深、由此及彼、由表及里的。因此，在服务过程中对于自己与服务对象所进行的角色定位，需要根据交往对象的变化与事态的发展而与时俱进。例如，通常认为中国人的饮食口味具有一定的地域性特征，即南甜、北咸、东辣、西酸。但是事实上，这只是相对而言的。人们一般都知道，上海人在烹制菜肴时不喜欢以葱、蒜进行调味，不过对于一位久居山东或河北的上海人来讲，他的生活习惯却很有可能有所改变。也就是说，他有可能接受以葱、蒜进行调味的菜肴，甚至还有可能"就好这一口"。一位餐厅的员工在向这样一位口味特殊的上海食客介绍菜肴时，如果知其一不知其二，只是从口音上听出来对方是上海人，而不知晓对方同时拥有长期生活在北方地区的生活经历，显然就难以使自己的服务质量令对方满意。

2. 适时调整

在服务过程中，对自己所进行的角色定位要有所变化、有所调整，主要是因为随着自己与服务对象相互接触的不断深入和服务工作的不断进行，自己所处的具体位置需要不时变动，不过，所处的"服务于人"的基本位置则是大抵不变的。例如，在一个高端美容院，美容顾问小李接待新顾客王女士。起初，小李依流程介绍服务、产品，是专业信息传递者，王女士只当他是普通服务人员。而在皮肤检测时，小李凭借专业知识，精准指出王女士肌肤问题并定制长期护理方案，王女士认可其专业素养，便视他为肌肤护理专家，主动分享护肤经历、寻求建议。随着服务推进、接触深入，小李在王女士心中的定位从信息传递者变为专业顾问。这一例子诠释出角色定位变化与调整的必要与合理性。

四、双向沟通

双向沟通的核心内容是相互交流、相互理解。具体而言，双向沟通是由下述四个要点所组成的一个整体。

（一）理解服务对象

理解服务对象，主要就是对服务对象的实际情况与实际需要尽可能掌握清楚。当一对成年男女一同前来餐馆用餐时，其实际情况与实际需要的不同，往往决定了他们在消费上有着不同的要求。如果他们是一对热恋中的情侣，所寻求的可能会是一顿充满柔情蜜意的烛光晚餐；如果他们是一对成婚多年的恩爱夫妻，所要求的或许只是一顿经济实惠的便餐；如果他们是一对因公方才相识的生意上的合作伙伴，则需要的大概是一顿既有档次又收费合理的便宴。餐馆在向对方介绍菜肴时，倘若不分具体情况一概而论，“以不变应万变”，往往难以满足对方的实际需要，不能够提供令对方满意的服务。例如，向一对恋人推荐一款独具特色的高档菜肴，对方大都会欣然接受。而向一对老年夫妻这样推荐，在正常情况下，成功的概率则不会太高。

（二）加强相互理解

相互理解，也就是双向沟通。假如没有交往双方之间的相互理解，就很难使双方的交往融洽而成功。例如依照西餐的用餐礼仪，就餐者如果对自己所品尝的某一道菜肴并不欣赏，或是不打算再吃的话，只要将自己所使用的餐刀与餐叉，按刀放右、叉放左、刀刃向内、叉齿向上，并排摆放在盛放菜肴的餐盘两侧即可。这一做法，在世界各国都是一种约定俗成的西餐用语，它的含义是告诉侍者：“这道菜我不想再用了，请收去。”然而某些人由于平时真正接触西餐的机会不是很多，随手便将刀叉并排摆放在餐盘上，他们不知道此举意味着提醒侍者收去此菜。此时此刻，侍者要是一言不发地将他们面前的那道菜肴撤掉的话，往往会使他们目瞪口呆、大惑不解，甚至会因此而认为侍者捉弄自己，这种情况一旦发生，会让双方都陷入不愉快的境地。其根本原因就在于，双方都只是从自己的认知角度出发，没有主动去了解对方的想法和习惯，缺乏有效的沟通和相互理解。

（三）建立沟通渠道

双向沟通理念主张要想在人际交往中真正地使交往双方实现相互理解，主要依赖于建立一种约定俗成的、相对稳定的、有助于交往双方相互理解的沟通渠道。通常认为，沟通渠道的建立实际上需要满足以下两个基本条件：

1. 约定俗成

沟通渠道的约定俗成，是指在人际交往中，某种沟通渠道往往是在一定的地域、行业之内，由人们经过长期的社会实践逐步认定、逐步习惯，并且相沿成习的。

在餐厅里，当侍者为一对夫妻或恋人上菜时，按照规矩，应当先为女宾上菜，然后方可为男宾上菜。这一先后顺序，是侍者表示自己尊重妇女的一种沟通渠道，其中并无刻意讨好女方之意。

但是，任何一种约定俗成的沟通渠道，都具有明显的地域性、行业性特征。在一定的范围内约定俗成的沟通渠道，到了另外一个范围里则完全可能会失效。这就是人们平常所言的“十里不同风，百里不同俗”。在人际交往中，尤其是在为服务对象服务时，假如不了解此点，而处处“以不变应万变”，往往会难以实现沟通，甚至造成不良后果。

近年来，不少年轻人在结婚之际，往往其他仪式都可以简化，但拍上一套西式的婚纱照，则必不可少。中国人在拍婚纱照时，除了绝大多数女性选择各式的白色婚纱之外，也有一些人喜欢选择那些在中国传统上象征着喜气洋洋的彩色婚纱，如红色、粉色、紫色的婚纱都会遇到自己的“知音”。然而她们或许不知，在发明婚纱的西方国家里，受文化、宗教等因素影响，婚纱的具体色彩可能直接与其穿着者成婚的次数相关。身穿粉色婚纱结婚的女性，往往表明自己已非初婚。

2. 相对稳定

任何一种形式的沟通渠道都应当具有相对稳定的特性，只有这样才容易使人们对其予以认可、接受，否则可能会成为沟通的一道障碍。当然，沟通渠道绝非一成不变。随着社会的进步、人际交往的进一步发展变化，沟通渠道实际上也在不断地充实、完善、更新。“古调虽自爱，今人多不弹”，历史上的不少沟通渠道，今日看来早已不复存在。

五、三 A 法则

当一名员工在自己的工作岗位上为顾客提供服务时，能够非常规范地运用服务礼仪，固然最好。如果做不到这一点，比如说，他不知道到底应当怎样做，或者他已经做错了，只要他能让对方感受到自己不是刻意而为，并且能够表现得对对方不失敬重之意，对方一般不会对他进行非难。

在国内的不同省份里，宴会上的座位排列顺序并无统一之规。有的地方讲究请主宾坐在主人的右侧；有的地方讲究请主宾坐在主人的左侧；有的地方讲究请主宾坐在主人对面；有的地方则讲究请主宾居中而坐；等等。倘若主宾所在的省份与主人所在的省份在宴会座次的具体排列上大相径庭，而主宾又不了解这一点，万一主人请主宾就座的位置在后者看来并非上座，往往无意之中就会得罪了主宾。其实，此时此刻主人在为主宾让座时，只要顺便多讲上一句话，难题就会迎刃而解。这时，他应该告知对方："您现在所坐的这个座位，在我们这里可是上座呀。"这样一来，便会使对方倍感主人的敬重之意。即便他原先也曾因为宾主双方对宴会座次的理解不同而心生疑惑，甚至不满，那么当他听到主人的以上表白之后，可能还会为此而感到愉快。

根据服务礼仪的规范，欲向服务对象表达自己的尊敬之意时，必须善于抓住三个重点环节，即接受对方、重视对方、赞美对方。由于在英文里，"接受（Accept）""重视（Appreciate）""赞美（Admire）"三个词汇都以"A"字母开头，所以它们又被称为"三A法则"。

在服务实践中，要真正做到对于服务对象的接受、重视与赞美，三A法则又有一系列的具体规定和要求：

（一）接受服务对象

1. 具体的表现

接受服务对象主要应当体现为对对方热情相迎、一视同仁，不应当怠慢服务对象、挑剔服务对象，而应当积极、热情、主动地接近对方，淡化彼此之间的戒备、抵触和对立的情绪，恰到好处地向对方表示亲近友好之意。

2. 态度与行动

接受服务对象，意味着必须尊重对方的选择。要真正将消费者视为自己的"上帝"和"衣食父母"，诚心诚意地意识到消费者至上，认可对方、容纳对方、接近对方，在内心里必须确认客人通常都是正确的。为服务对象提供服务，切勿毫无缘由地对服务对象上上下下地反复打量，或者斜着眼睛、翻着眼睛注视对方，那样的眼神，显然是对服务对象的不尊重。

在同服务对象进行交谈时，即使见解与对方截然相反，也要尽可能地采用委婉的语气进行表达，而不宜直接与对方针锋相对。绝不要用"你们这种人""知道吗？您""你见过么""谁说的，我怎么不知道""真的吗""有这么一回事吗""骗谁呀"这一类怀疑、排斥他人的话语去跟服务对象讲话，更不要任意指出服务对象的种种不足之处，特别是不应该明言服务对象生理上、衣着上的某些缺陷。

（二）重视服务对象

重视服务对象是对服务对象表示敬重之意的具体表现。重视服务对象，应当做到招之即来、有求必应、有问必答、想对方之所想、急对方之所急、认真满足对方的要求、努力为其提供良好的服务。与此同时，以下几点也应认真地学习和运用。

1. 牢记服务对象的姓名

对于每一个人来说，自己的姓名都是很重要的。牢记服务对象的姓名这件事情本身，就直接意味着对对方重视有加。牢记服务对象的姓名，往往会带来种种良好的回报。

一般而言，对于自己直接服务或接触过的以下四类人员的姓名，尤须牢记不忘。

（1）非常非常重要的服务对象（英文缩写为 VVIP）。泛指国宾或本国的国家领导人。

（2）非常重要的服务对象（英文缩写为 VIP）。通常是指重要的外宾、政府的高级官员和社会各界知名人士。

（3）重要的服务对象（英文缩写为 IP）。一般包括与本服务单位关系密切的其他单位的负责人、决策者，以及政界、商界、军界、学术界和新闻界人士。

（4）特殊的服务对象（英文缩写为 SP）。主要指的是经常前来消费、曾经有过投诉或有特殊要求、需要特别关照的客人。

上述四个等级的人员，虽然重要的程度有所不同，但是均应被视为必须重点照料的重要服务对象。

要牢记服务对象的姓名，还有两个问题必须注意：一方面，千万不要记错服务对象的姓名，将服务对象的姓名张冠李戴，无疑使双方都会感到尴尬；另一方面，绝对不要读错服务对象的姓名，可以通过事先练习或询问对方来避免读错。

2. 善用服务对象的尊称

对于交往对象表示尊敬的一种常规做法，就是要对其采用尊称。在应当采用尊称时而并未这样做，自然不会让被称呼者感受到尊重之意。例如，将一位上了年纪的老先生称为“老头儿”，或者直接把自己的服务对象唤作“哎”“五号”“七床”“下一个”。应当指出的是，在以尊称称呼自己的服务对象时，首先必须准确地对对方进行角色定位，力求使自己对对方所使用的尊称可以为其所接受。不然的话，即使采用了某种尊称去称呼对方，也不会令对方高兴起来。例如，以“师傅”去称呼一位政府官员、以“老板”去称呼一位大学教授、以“小姐”去称呼一位两鬓如霜的家庭妇女、以“老先生”去称呼一位上了年纪的外籍男子，等等，都很可能弄巧成拙。

3. 倾听服务对象的要求

当服务对象提出某些具体要求时，最得体的做法是：认真倾听，并尽量予以满足。倾听，大都是指在他人阐述见解时，专心致志地认真听取。由此可知，倾听的实质，就是对于被倾听者最大的重视。

“言宜少，心宜专”不但是常人须知的处世之道，而且也是服务人员必须掌握的服务技巧，唯有耐心地倾听服务对象的要求或意见，才能充分理解对方的所思所想，才能更好地为对方服务。在倾听服务对象的要求或意见时，应当暂停其他工作，目视对方，并以眼神、笑容或点头来表示自己正在洗耳恭听。

（三）赞美服务对象

赞美服务对象，实质上就是对对方的接受与重视，也是对对方的肯定。从某种意义上说，赞美他人实质上就是在赞美自己，就是在赞美自己的虚心、开明、宽厚与容人。所有的正常人都希望自己能够得到别人的欣赏与肯定，而且别人对自己的欣赏与肯定最好是多多益善。一个人在获得他人中肯的赞美之时，内心的愉悦程度常常是任何物质享受均难以比拟的。

赞美服务对象，要善于发现对方之所长，并且及时地、恰到好处地对其表示欣赏和称赞。有些时候，即使需要婉转地批评一下服务对象，或者是有必要否定对方的见解，倘若适当地辅以一些对于对方的赞美之词，恐怕收效就要好得多。因此，有人早就明言：进行七分批评，也要加上三分赞美。

在赞美服务对象时，必须谨记以下三点：

1. 适可而止

虽说赞美可被视为服务过程之中一种有效的人际关系润滑剂，但是在具体对其运用时，必须适可而止。若是对服务对象所讲的每一句话都是赞美之词，使赞美充斥于整个服务过程之中，不但会令人觉得肉麻，而且也会使赞美本身贬值。点到为止，是赞美服务对象时必须认真加以把握的重要分寸。

2. 实事求是

赞美与吹捧是有所分别的。真正的赞美是建立在实事求是的基础上的，是对于他人所长之处的一种实事求是的肯定与认同。吹捧，则是指无中生有或夸大其词地对别人进行恭维和奉承，是为了讨好他人而成心要给对方“戴高帽子”。

3. 恰如其分

对服务对象的赞美要想被对方所接受，就一定要了解对方的情况，力求赞美对方确有所长之处。例如，赞美一位皮肤保养得不错的女士时，说她“深谙护肤之道”，一定会让她非常高兴。可要是用这句话去赞美一位皮肤黯然失色的女士，自然就不合适了。

尤其要注意，切勿自以为是地用他人不爱听的话语去对其进行赞美。例如，赞美一位学者口才好，可以说他“妙语连珠”“十分幽默”，但要是说他“真能侃”“讲话跟说相声一样”，没准在对方听起来就同辱骂他、讽刺他一样。

第四章　个人礼仪

第一节　仪容礼仪

几千年的人类文明史证明，人们对文雅的仪风和悦人的仪态一直孜孜以求，而今，随着现代社会人际交往的日渐频繁，人们对个人的礼仪更是倍加关注。从表面看，个人礼仪仅仅涉及个人穿着打扮和举手投足等小节小事，但它作为一种社会文化，却是事关全局。若置个人礼仪规范而不顾，自以为是，必然授人以柄，小到影响个人的自身形象，大到足以影响社会组织乃至国家和民族的整体形象。强调个人礼仪，倡导现代文明，旨在提高个人礼貌素养，强化公民的文明观念。

仪容包括人的容貌、形体、发型等方面。它是一个人精神面貌的外观体现，与一个人的道德修养、文化水平、审美情趣和文明程度有着密切的关系，影响着人的感觉、情绪、印象以及他人对自己的评价。

强调仪容美理由有三：一是良好的仪容能给人较好的第一印象；二是良好的仪容体现着对别人的尊重；三是良好的仪容有利于维护自身形象。

一、仪容礼仪基本要求

仪容整洁、仪容端正、服饰得体是仪容礼仪的基本要求。人们通常用容貌俊秀、着装得体、举止潇洒、风度翩翩等来赞扬一个人的仪容美。整洁是仪容美的关键，也是仪容礼仪的基本要求。每个人都应该养成良好的卫生习惯，努力做到身体无异味。

仪容礼仪的基本要求包括：发美、面洁、手净、体整。

（一）发美

发美是指保持头发的清爽整齐。通常情况下，人们观察一个人往往是“从头开始”的，头发经常会给他人留下非常深刻的印象。因此，头发必须保持秀美、干净、清爽、卫生、整齐的状态。要达到这些要求，就必须在头发的洗涤、梳理、养护等方面恰到好处。头发松软亮泽，发型梳理整齐，衬出光洁的面容，才能展现出一个人良好的素养和气质。注意不要在肩、背上落有头皮屑和散落的头发，否则就会给人一种不洁的感觉。

（二）面洁

面洁是指面容应当润泽光洁。要注意口鼻卫生，必须保持牙齿和鼻腔清洁卫生，注意鼻毛不能过长。注意脸上不要有眼屎、鼻涕、耳屎。一个连脸面都收拾不好的人，人们很难认为他是一个精明干练的人。另外，润泽光洁的面容让人具有良好的精神状态，保持积极健康的心态和乐观向上的情绪。众所周知，一个有教养的人，绝不会是那种不修边幅、蓬头垢面、萎靡不振的人。

（三）手净

在人的仪容中，手占有重要的地位，常被称作“人的第二张脸”。做手势、握手、递物、伏案工作时，自己的手常被人看到或触及，如果伸出的手不洁净，美好的印象一下子就会被打破。一个仪容风度不凡的人，绝不会留着又黑又长的指甲。此外，指甲也不宜过度修饰，尤其是青年学生，若将指甲涂得大红大紫，与身份、年龄都是很不协调的。同时，一定要注意手部卫生，及时修剪指甲和清洁双手。

（四）体整

要注意不能在别人面前修指甲、剔牙齿、挖耳朵、搓污垢、抠眼屎、掏鼻孔、打哈欠、搔痒、脱鞋袜等。要养成良好的卫生习惯，做到勤洗澡、勤换内衣裤，以免身上发出汗味或其他异味。另外，在上班前应尽量避免喝酒和吃大葱、大蒜、韭菜等刺激性食物。

南开衣冠镜

南开大学创始人张伯苓校长曾专门在校门的一侧设立一面衣冠镜。镜子上刻着严修书写的“容止格言”：面必净，发必理，衣必整，纽必结，头容正，肩容平，胸容宽，背容直，气象勿傲、勿暴、勿怠，颜色宜和、宜静、宜庄。1913 年秋，15 岁的周恩来考入南开学校，自始就被这“镜箴”所吸引，并自觉地以此规范自己的衣着、仪容。后来，周恩来成为世界公认的最富有风度的国家领导人和外交家之一，他的一举一动都给世人留下了深刻难忘的印象。人们用“富有魅力”“无与伦比”等优美的词语来赞美他的翩翩风度。

二、表情礼仪

表情是心情的体现，也是人性的镜子。一位外国学者提出“相互理解 = 语调（38%）+ 表情（55%）+ 语言（7%）”，可见表情的重要性。拥有良好的亲和力是至关重要的，而亲和力的营造主要是在和蔼可亲的表情上。在与人沟通交流时，要善于运用表情语，主要包括目光语和微笑语。

（一）目光语

1. 目光语的概念及特点

目光语，又称眼神，是面部表情的核心，指的是人们在注视时，眼部所进行的一系列活动以及所呈现的神态。人的眼神能表达他的思想感情和对人及事物的倾向性，而且人们普遍对目光语具有一定的解读能力。

目光语在交际中是通过视线的接触来传递信息的。眼睛被认为是人体传递信息的一个最重要、最清楚和最正确的部位，因为外界的信息约有 80% 通过眼睛传入大脑。

2. 目光语的分析指标

目光语的分析指标有多种，通常从目光的投射方向、聚焦度以及注视的区域来分析。

（1）从目光的投射方向看，一般分为平视、上视、下视、旁视等类型，不同的投射方向有不同的语义。平视是视线平行接触，即正视，这种目光主要含义是显示地位的平等，也表示思考、理性、评价等含义。上视，视线朝上，即仰视，可表达的含义是尊敬、谦逊、期待、哀求、悲痛等。下视，视线往下，即俯视，可表示爱护、宽容、傲慢、激愤、自卑等。旁视，视线斜行，可能表示怀疑、疑问的意思。单纯的旁视，一般用来表达非正面的情绪，如轻视、敌意、厌恶、不经心等。

（2）从聚焦度来看，目光的典型状态大致可以分为注视、散视和移视三种。注视，目光集中于一点，表现出人的注意力和兴趣所在，亦可反映其深处的心理内容。散视，目光虚灵，似视非视，一般反映出一个人的心慌意乱、神思不定、漫不经心或精疲力竭。移视，视线流转，如回顾、四顾、瞥视、左顾右盼等，所表达的意味较为复杂。

（3）目光注视的区域可分为公务注视区、社交注视区和亲密注视区三种。不同的注视区域所传达的信息不同，并且能被人们所普遍感知。公务注视区的位置在以双眼连线为底边，前额中心点为顶点所构成的三角形区域。此区域的注视能够造成严肃、可信、有某种权威性的气氛，适用于公事活动和初次会面。社交注视区的位置在以双眼连线为底边，嘴的中心点为顶点所构成的倒三角形区域。该区域的注视介于严肃与亲密之间，普遍适用于各种社交场合。亲密注视区的位置在以双眼连线为底边，胸部中心点为顶点所构成的倒三角形区域。注视该区域的目光语效果是产生亲密的气氛，也表示对对方的某种特殊兴趣，适宜于恋人、配偶及亲朋好友之间，否则将会被视为一种“准侵犯行为”。不过，由于生理和心理原因，人们的注视是和视线的移开交替进行的。

3. 目光语的运用技巧

目光语表情内涵丰富，使用领域广泛，服务行业工作者的目光语应该是热情、礼貌、友善和诚恳的。注视、环视、虚视是常用的几种目光语，我们应该很好地利用它们来调节交际现场的气氛。

（1）运用注视，表达你对客人的尊敬和关注

在日常工作中，常通过目光的正视、平视和注视结合的方式来表达尊重，正视会使人感受到你的自信和坦率。视线停留在对方双肩和头顶所构成的一个正方形的区域内，以示态度的真诚。

值得注意的是，除关系十分亲近的人，一般连续注视对方的时间是在 1 ~ 2 秒钟。在许多文化背景中，长时间注视对方都是失礼的行为，被认为是对对方占有空间或势力范围的侵犯，这往往会使对方把目光移开，以示退让，造成心理上的不舒坦，从而影响交际效果。

（2）运用环视，表现你对每一位客人的一视同仁和同等重视

环视是一种频繁而固定地缓慢扫视听众的目光运用方法。环视能够使每一个接受者感到自己没有被忽视，这就在一定程度上满足了其交际需要。

（3）运用虚视，减轻心理压力，展现自己的勤勉和机敏

虚视是一种似视非视的目光投射技巧，常穿插在注视和环视间，既可削弱注视可能带来的呆板感，又有助于调整环视可能带来的飘忽感，同时通过这种目光语的变化可以给别人留下勤勉、机敏的印象。虚视也常用来平复紧张心理，减轻心理压力。要注意虚视并不是茫然若失、游移不定。如果注视是“点”，环视是“线”，那么虚视就是“面”。

（二）微笑语

微笑语是通过不出声的笑来传递信息的。微笑是仅限于脸部肌肉运动的收敛的笑，由从嘴角往上牵动颧骨肌和环绕眼睛的括纹肌的运动所组成，并且左右脸是对称的。微笑语在人类各种文化中的含义是基本相同的，能超越文化而传播，是名副其实的“世界语”。

微笑语在体态语中是运用最广、最具魅力的一种形式。美国喜剧演员博格说：“笑是两个人之间的最短距离。”人际关系学大师卡耐基的“被人喜爱的六个秘诀”之一，就是用微笑对待他人。微笑在传达亲切温馨的情感、有效地缩短双方的心理距离、增强人际吸引力等方面的作用显著，因而在服务行业，微笑服务尤其受到推崇。在旅游工作中，微笑

是最富有吸引力、最有价值的体态语。微笑能强化有声语言沟通，增强交际效果，还能与其他体态语相结合，代替有声语言的沟通。

1. 微笑程度分类

微笑可以分为三度：一度微笑是指嘴角微微翘起，自然轻度微笑，表示友好，适用于社交场合的初次见面；二度微笑是嘴角明显上弯，肌肉较明显舒展，表示亲切，适用于社交场合与熟人亲友见面；三度微笑是嘴角大幅上扬，即“八颗牙微笑”，表示热情，如礼仪小姐、空乘人员常常在工作场合中会采用三度微笑。

2. 微笑训练法

不是每个人都懂得如何去微笑，我们可以学习以下几种微笑训练法：

（1）基础训练法。训练面呈“王”字的微笑。“王”是三横一竖，第一横是眉毛，将食指放在眉毛下方眉骨的位置，让眉毛上下活动，尽量往上提，然后放下来，舒展眉心。第二横是苹果肌，把两个食指放在苹果肌（眼睛下方二厘米处呈倒三角状的脂肪组织）上，让苹果肌带动嘴角上下移动练习。第三横是嘴，找到你觉得自己笑得最美的位置，用两个食指带动嘴唇嘴角练习。

（2）情绪记忆法。闭上眼睛，回忆美好的往事，发自内心去微笑。睁开眼睛，保持笑容。

（3）发声训练法。面对镜子，衣装整洁，保持愉快轻松的心情，调整呼吸，保持呼吸自然顺畅，静心3秒钟后，深呼吸，然后慢慢地吐气，嘴里发出“一”“茄子”“田七”“前”等声音。练习时要将嘴角两侧对称，经耳根部提拉，让眉、眼、面部肌肉和谐统一。

三、发型礼仪

人们在互相打量时，通常是从头到脚。发型的适当与否，直接影响到对方对你的印象。因此，美发就成为人们塑造仪容美的重头戏。

（一）发型的基本要求

1. 男士：发型应大方、得体。头发长度要适中，前不及眉，旁不遮耳，后不及领，不留长发和大鬓角，不留络腮胡子和小胡子，是商务人员和服务人员都比较适用的发型。

2. 女士：活泼开朗、朝气蓬勃、干净利落、端庄持重。要求做到发不遮脸，不可将头发染成五颜六色，发型也不可过于前卫时尚，还要避免使用色泽太鲜艳的发饰。

（二）选择发型时应考虑的因素

1. 发型与脸形

通过梳理，使头发起遮盖、衬托、填充的作用，力求使各种不够匀称的脸形变得和谐一些，给人以近似椭圆形的感觉。

（1）圆脸形的人，五官集中，额头与下巴偏短，双颊饱满，选择发型时应尽量从两侧鬓角向下拉长做文章，如垂直向下的发型就能使脸形显长。

（2）方脸形的人，在设计发型时，应重点侧重于以圆破方，以发型来增长脸形。可采用不对称的发缝、翻翘的发帘来增加发式变化，并尽量增多项发。但勿理寸头，耳旁头发不宜变化过大，额头不宜暴露。

（3）长脸形的人，选择发型时应加重脸形的横向，可适当地用刘海遮盖前额，使脸看上去丰满些。如果下颌骨窄长，耳区的头发应尽量厚而蓬松，以分散脸形的窄长感，而披肩长发不适合这种脸形。

（4）三角形脸的人，在设计发型时，应力求上厚下薄、顶发丰隆。双耳之上的头发可令其宽厚，双耳之下的头发，则可限制其发量。

（5）倒三角形脸的人，在做发型时，宜选短发发型，并露出前额。双耳以下发量宜适当增多，但切勿过于丰隆或垂直。选择不对称式的发型，效果通常不错。

2. 发型与体形

一般来说，高瘦身材的人比较适宜留长发、直发，应避免将头发修剪得太短薄，或高盘于头顶上。头发长至下巴与锁骨之间较理想，且要使头发显得厚实、有分量。个子矮小的人发型应以秀气、精致为主，避免粗犷、蓬松，否则会使头部与整个形体的比例失调，给人头重脚轻的感觉。身材矮小者也不适宜留长发，因为长发会使头显得大，破坏人体比例的协调。烫发时应将花式、块面做得小巧、精致一些，盘头也有身材增高的错觉。身材高大型给人一种力量美，但对女性来说，缺少苗条、纤细的美感。为适当减弱这种高大感，发式上应以大方、简洁为好，一般以直发或大波浪卷发为好，头发不要太蓬松。总的原则是简洁、明快，线条流畅。短胖者显得健康，要利用这一点打造一种有生气的健康美，譬如选择运动式发型。此外应考虑弥补缺陷，短胖者一般脖子显短，因此不要留披肩长发，显露脖子以增加身体高度感，头发应避免过于蓬松或过宽。

3. 发型与年龄

在年龄方面，20 ~ 35 岁的人群比较注意仪容的整洁和美观，各种新颖、别致而又健康、大方的发型都相宜；40 岁上下的女性，头发排列也趋向于正规化，刘海已不多见，留长发一般多喜大块面束发髻；50 岁以上的女性，其发型一般要求简朴、端庄、稳重，长发者梳成发髻显得庄重，短发者以紧贴的短波浪为宜。

四、化妆礼仪

俗话说“三分长相，七分打扮”，即便是“花容月貌”，也总会有“美中不足”之处，美容化妆能够弥补这个缺陷。可以说，化妆美容是追求健康、追求成功、追求美的表现。它不但可以使自己变得更漂亮，同时也是对他人尊重的一种表现。

（一）化妆的基本原则

1. 应符合审美原则

化妆不仅仅是描眉、涂眼影、抹口红，而且要借助这些化妆技术，体现化妆者的形象。所以，每个人化妆前，对自己要有一个整体和理想的形象设计。具体来说，就是要符合自己的年龄、工作性质、职业身份、面容特征和色彩搭配，做到浑然天成、恰到好处。因此，化妆要考虑不同的面容脸形，以改善面容的缺陷，具有个性美。

一般说来，圆脸形的人化妆重在面部的立体塑造，可以用偏深的粉底涂在面部两侧，在额部、鼻梁、下巴处涂些亮色，眼影不宜用浅亮色，应用深色眼影以加强脸部轮廓；长脸者化妆可选择较淡的自然型粉底，腮红用淡红色，在下巴、额头上略施暖色调阴影色；脸形小的人采用浅色粉底可使脸部面积显得宽阔，腮红可选用浅桃、淡红色，眉毛、眼睛、嘴唇的颜色以明丽为佳；脸庞大的人，选用深色粉底做底色，面部两侧可涂一些能与底色衔接的阴影色，额部、鼻梁、下巴涂上明亮色。

2. 应讲究色彩的合理搭配

应充分运用色彩的造型原理以及视觉和幻觉等效应。最常用的是明暗起伏、凹凸变化、色彩的引导分割、线条变化的错觉等。色彩对人的视觉会产生冲击效果，因此，化妆时应根据自己的肤色，追求各种色彩的和谐配合，不宜对比太强烈、太夸张。化妆最好在自然光线下进行，这样色彩才能调配合理。

3. 应与时间、地点、场合相适应

（1）不同时间，化妆应该有所区别

白天，自然光强烈，晨妆脸部不宜过浓，可着重在眼部、脸颊、唇部化妆。夜晚，光线暗淡，在考虑灯光的前提下，可化成浓妆。还可以适度使用珠光色眼影和有光泽的唇膏，相映成趣，产生较醒目、艳丽的色调。另外化妆要注意季节的变化，夏季出汗多，宜淡妆，同时淡妆与浅色服装显得协调。冬季穿深色服装，化妆可以稍浓些。春秋季着柔色服装，化妆也应随之变化。

表 4–1

时段	化妆要点
白天	不宜过浓，着重化眼部、脸颊、唇部
夜晚	宜化浓妆，使用珠光色眼影和有光泽的唇膏

表 4–2

季节	化妆、着装要点
春秋季	根据天气、光线等应变，着柔色服装
夏季	宜淡妆，着浅色服装
冬季	化妆可稍浓，着深色服装

（2）不同场合和环境，化妆应该有所区别

生活、工作妆宜淡。清淡的妆容，能给人以友好、热情、开朗、健美的好印象，是与家人、邻居、同事、客户等增进情感的催化剂。清淡妆要持之以恒，不可“三天打鱼两天晒网”。

社交妆宜雅。不论是公关活动、洽商公务、出差公干，还是走亲访友、赴约聚会、度假旅游，化妆均应“雅”。优雅的淡妆与得体的着装、成熟的风韵、良好的文化修养交相辉映，烘托出现代知识女性的气质。切忌腮红涂得像“红脸关公”，粉底厚得似“白脸曹操”，或打扮得如戏曲舞台上花枝招展的花旦。

盛会妆宜浓。宴会、舞会大都安排在晚间，隆重热烈，不乏名媛淑女，竞相展示美的神韵。按照礼仪，要求浓妆艳抹，使容貌明艳亮丽、光彩照人，以表示对宾客的尊重。由于厅堂内特殊而又强烈的灯光照射，会使皮肤发青、灰暗，花容失色，因此粉底要厚、腮红要重、唇膏要红、眼线要明、眼影要深，塑造整体和谐美，并可薄施无色光亮涂层，以增强面部对灯光的适应性，使之更加明媚动人。

（二）化妆的基本步骤

1. 清洁面部。用洁面乳等清洁类产品清洗面部，用水冲净，然后涂以护肤类产品。使用这类产品的目的既在于可以滋润皮肤，还在于起隔离作用，防止带色彩的化妆品直接进入毛孔。

2. 抹匀粉底。建议选用粉底膏或粉底霜，容易涂抹均匀。扑打粉底时，可将粉底霜放在手背上，用海绵等工具蘸霜打匀，在脸上从里到外、由上至下涂一层。注意要涂均匀，不可造成斑驳的花脸效果，也不要使用不符合肤色的粉底。

3. 画眼妆。为了增加整体睫毛的合理浓密程度，增强眼睛的神采，在画眼妆时应先勾眼线。眼影的一般描法是从眼角开始一点点地在眼睑到眉毛间涂上颜色适合的眼影，一般最好用较深色，类似阴影的色调，如浅棕色、深蓝色，以形成层次感。若戴了近视眼镜，最好使用同色系的三种深浅眼影，这样显得眼睛大而有神。

4. 描眉毛。一般从眉头开始，按照眉毛的自然生长方向描画。眉尖最长画到鼻翼与眼尾的延长线上为止。用眉刷轻刷双眉，使眉毛显得自然。

5. 涂抹腮红。上腮红的目的，一是表现皮肤的健康红润，二是利用腮红的位置和方向来矫正脸形。涂腮红时，用刷子轻扫腮红，从瞳孔底下往发际轻轻地抹匀，再顺着发际往下点一点，形成一个三角形。涂抹的范围高不过眉，低不过嘴角，内不过眼长的 1/2 处。颜色要涂匀，使之显得自然。

6. 涂口红。唇部是面部最灵活的部分，俗话说“眼取其神，唇取其色”。美丽的朱唇是女性风采和个性魅力的突出特征。对唇部化妆时，首先要湿润唇部，用唇线笔描画出理想的唇型，唇型线条要柔和、圆润，富有曲线美。然后用口红在轮廓内涂抹，注意唇边与唇内的颜色要略有区别，若嘴唇过大、过小，或过厚、过薄，应注意修饰。口红颜色的选择应注意和年龄、服装、场合、职业、季节等协调。

7. 美甲。手指也是化妆的一个重要的部位，手指部位的化妆主要是集中在指甲部分。指甲上涂抹指甲油是最主要的化妆方式，现在也有在指甲上勾画、画花等各种化妆形式。参加商务活动，一般只应在指甲上涂抹同一色彩的指甲油，且颜色以偏红或无色为主，不应以其他色调装饰。

第二节　服饰礼仪

服饰是人形体的外延，包括衣、裤、裙、帽、鞋、包等，它们共同起着遮体御寒、美化人身的作用。“人靠衣装马靠鞍”，服饰对人的美化作用毋庸置疑。服饰也是一种无声的语言，它展示着一个人文化素质的高低、审美情趣的雅俗，反映着人的精神与品位。正如莎士比亚所说：“服饰往往可以表现人格。”一个人的服饰，直接关系着他人对其个人形象的评价。

一、服饰礼仪基本原则

（一）适体性原则

仪表修饰要与个体自身的性别、年龄、容貌、肤色、身材、体形、个性、气质等相协调。中国人认为仪表修饰要符合年龄特征，少年的服装可以色彩鲜艳、活泼可爱；青年的穿着可以色彩丰富、造型时尚；中年人则应往成熟的韵味上去装扮自己；老年人穿着则应干净、稳重。

其次，仪表修饰要和形体相协调，大多数人的形体都不是十全十美，穿着应尽量掩盖自己的缺点。体形瘦小的人适合穿色彩明亮度高的浅色服装，这样显得丰满。而体形肥胖的人用明亮度低的深色则显得苗条。大多数人体形、肤色属中间混合型，所以颜色搭配没有绝对性的原则，重要的是在着装实践中找到最适合自己的搭配颜色。

另外，在着装配色选择上必须考虑到个人的肤色、年龄、体形等因素。如肤色黑的人，不宜着颜色过深或过浅的服装，而应选用与肤色对比不明显的粉红色、蓝绿色等，最忌用色泽明亮的黄橙色或色调极暗的褐色、黑紫等。皮肤发黄的人，不宜选用半黄色、土黄色、灰色的服装，否则会显得精神不振和无精打采。脸色苍白者不宜着绿色服装，否则会使脸色更显病态。而肤色红润、粉白的人穿绿色服装效果会很好。白色衣服对于任何肤色的人效果都不错，因为白色的反光会使人显得神采奕奕。

（二）适度性原则

中国有句成语叫作“过犹不及”，意思是做人做事要保持一个合适的“度”，要“适度”，超过了这个度就会适得其反。适度性原则，要求仪容修饰无论是在修饰程度，还是在饰品数量和修饰技巧上，都应把握分寸，自然适度，追求雕而无痕的效果。

1．适当的修饰程度

修饰不是矫饰，应以仿照自然为本，突出人的美和独特的气质，而不是本末倒置，只见化妆不见人，只见服饰不见人。应遵循该简则简，该繁则繁，使经修饰后的人以自然美的姿态出现。

2．适量的饰品数量

饰品也是一种文化，它也能成为人的象征和外在表现，饰品的选择和佩戴能体现一个人的内在涵养和素质。恰到好处的缀饰，似点睛之笔，如锦上添花，让人更具风采和魅力。但若不控制数量，反而给人轻浮浅薄、庸俗不堪的印象。一般而言，全身上下所佩戴的饰品总数，包括项链、戒指、手链、脚链、胸针等，选择搭配时不宜超过三种。

（1）项链。在工作中，一般允许女性佩戴项链，所戴项链不应多于一条。注意项链不能太长，因为太长的项链容易被其他物品钩住而影响工作效率。而男性通常在其工作岗位上不宜佩戴项链，即使佩戴的话，也只能将其藏于衣服内，不能显露在外。

（2）耳环和耳钉。与耳环相比，耳钉小巧而含蓄，也比较庄重。一般情况下，职场人员在工作岗位上，不宜佩戴耳环，可以佩戴耳钉，但男性不宜佩戴耳环和耳钉。

（3）戒指。戒指已成为世界各国男女的一种装饰品。礼仪性的戒指是不能随便戴的，因为它戴在各个手指上所包含的意义是不同的，这是一种沉默的语言，暗示着佩戴者的婚姻和择偶情况。例如，戴在食指上，表示无偶或求婚的意思；戴在中指上，表示已有意中人，正在恋爱中；戴在无名指上，表示已订婚或结婚；戴在小指上，则暗示自己是一位独身主义者；一般情况下，大拇指不戴戒指。在社交场合中，一只手上只戴一枚戒指，戴两枚或两枚以上都不适宜。

（4）胸针。胸针是西服裙装最主要的饰品，一般别在左胸襟。胸针的大小、款式、质地可根据每个人的爱好决定。美国前女国务卿奥尔布莱特据说就很喜欢根据出席的场合佩戴不同的胸针，为了接受时任香港阳光卫视主持人的杨澜的采访，她专门挑了一个中国红颜色的大胸针戴上。

（5）手袋。由于裙装一般没有太多的兜袋可以放置女士的各种随身用品，因此，手袋成为女士裙装的必需搭配单品。由于商务活动的公务性质，在日常商务中使用的手袋以接近公文包形状的款式为佳。而出席庆典及宴会活动时，社交成分更多，因此，着装时可以根据爱好决定手袋的款式、质地。

（6）帽子。在日常的商务活动和正式的谈判、会议中，一般不戴帽子。但在庆典和社交活动中，女士则可以根据自己的喜好，佩戴具有装饰效果的帽子。

（7）丝巾。丝巾是女士裙装的一个重要搭配饰品。丝巾的大小、颜色和质地可以根据自身情况进行决定，结系手法相对于领带更容易。

佩戴饰品时应注意寓意及习俗。如戒指是饰品中最明确的爱情信物，在佩戴时必须了解佩戴在不同手指的不同含义。佩戴饰品还应和服装相协调，一般穿考究的服装时，才佩戴昂贵的饰品，服装轻盈活泼，饰品也应精致玲珑。穿运动装、工作服时则不适宜佩戴饰品。佩戴饰品还应讲究“同色同质”，若同时佩戴两件或两件以上首饰，应使其主色调保持一致、质地相同。戴镶嵌首饰时，应使其被镶嵌物质地一致，托架也应力求一致。这样的好处在于，能令其总体上显得协调一致，不会看起来太过烦琐。

（三）整体性原则

整体性原则要求仪表修饰先着眼于人的整体，再考虑各个局部的修饰，促成修饰与人自身的诸多因素协调一致，使之浑然一体，营造出整体风采。如男士着正装时的皮带、皮包、皮鞋颜色质地要统一，西服应配西装裤和皮鞋，裙装应配高跟鞋等。

在注意类型统一的同时，还应注意服装各部分之间款式的统一以及服装与配件的协调。比如穿西服正装，如果需要提包，最好是公文包或文件包，而不适宜提旅行包或软布包。一般着装时，从里到外可以分为五层，即第一层为贴身内衣裤；第二层为衬衫衣裤；第三层为马甲（夹袄、毛衣裤）；第四层为外衣裤；第五层为大衣。这五层的穿着应遵循的原则有：第一，从里到外的层次不能变；第二，贴身内衣裤、衬衫裤、毛裤不能外露。从外观上，如果不穿大衣，上装部分应只看到衬衫的衣领、部分马甲和外衣，且每一层只能有一件。

（四）适合职业身份原则

每一位员工的个人形象均代表其所在单位的形象及规范化程度，也反映了个人的修养和见识，因此着装必须与其所在单位形象、所从事的具体工作相称，做到身份有别、职业有别、岗位有别，才会使着装恰到好处地反映自身的素质，反映单位的形象。

职业服装一般指职业及表现团体身份的服装，因此它受一定规则和穿着范围的限制，具有很强的标识性。例如军人、警官、医生、学生、乘务员、招待员、职员等，都是根据各自的职业特征和社会活动范围，穿着特定的服装。职业服装的设计要注重考虑其形态、材料、色调与职业特征和工作环境相吻合的着装效果，并可以相应配备必要的装饰。同时由于受其职业的限制，它又应具有统一协调的外观美，在设计中要注意不能过多地强调个别装饰。

咨询专家的着装

有位咨询专家，她有很好的学历背景，常能为客户提供很好的建议，在公司里的表现一直很出色。但当她到客户的公司提供服务时，对方主管却不太注重她的建议，她发挥才能的机会也就不多了。一位时装大师发现，这位咨询专家在着装方面有明显的缺憾：她，26 岁，身高 147 厘米，体重 43 公斤，看起来机敏可爱，喜爱穿鲜艳的少女装，像个 16 岁的小女孩，其外表与她所从事的工作相去甚远，所以客户对于她所提出的建议缺少信服感，因此她难以实现自己的创意。这位时装大师建议她用服装来强调学者专家的气度，用深色的套装，对比色的丝巾、镶边帽子来搭配，以及戴上黑边的眼镜。女咨询专家照办了，结果，客户的态度有了较大的转变。很快，她成为公司的董事。

（五）TPO 原则

TPO 原则，即着装要考虑到时间（Time）、地点（Place）、场合（Occasion）。它的含义是要求人们在选择服装、考虑其具体款式时，首先应当兼顾时间、地点、场合，并应力求使自己的着装及具体款式与着装的时间、地点、场合协调一致。

从时间上讲，一年有春、夏、秋、冬四季的交替，一天有 24 小时变化，显而易见，在不同的时节里，着装的类别、式样、造型应有所变化。比如，冬天要穿保暖、御寒的冬装；夏天要穿通气、吸汗、凉爽的夏装。白天穿的衣服需要面对他人，应当合身、严谨；晚上居家穿的衣服不为外人所见，可以宽大、随意等。从地点上讲，置身在室内或室外、驻足于闹市或乡村、停留在国内或国外、身处于单位或家中，在这些变化不同的地点，着装的款式都应当有所不同，切不可以不变而应万变。例如，穿泳装出现在海滨、浴场，是人们司空见惯的，但若是穿着它去上班、逛街，则会引起哗然。在国内，一位少女只要愿意，随时可以穿小背心、短裙，但她若是以这身行头出现在着装保守的阿拉伯国家，就会显示出对当地人的不尊重。

一般而言，所涉及的主要场合有：公务场合、庄重场合、社交场合、休闲场合。

公务场合，主要指在上班、社交、休闲等场合。上班时的着装应遵循端庄、整洁、稳重、美观、和谐的原则，能给人以愉悦感和庄重感，基本要求为注重保守，宜穿套装、套裙以及制服。除此之外还可以考虑选择长裤、长裙和长袖衬衫。

庄重场合，是指庆典仪式、正式宴请、会见外宾等场合。这种场合，一般有比较严格的礼仪要求，在服饰方面自然也不能随便。如请柬有穿着礼服的要求，一定要按要求穿着。男子可以穿上下同色、同质的毛料中山装、西装或民族服装，女子可以穿各式套装、晚礼服、旗袍、长裙等，要从服饰上显示出自己的气度和教养。有时，请柬上即使并没有明确规定着装要求，赴宴时也要注意着装。如参加殡葬仪式则应以深色、素色为主，忌穿新潮的时装或鲜艳的服装，以免与现场悲哀、肃穆的气氛不协调。

社交场合，指工作之余在公众场合和同事、商务伙伴友好地进行交往应酬的场合。其着装的基本要求为时尚个性，宜着礼服、时装、民族服装。社交场合一般不适合选择过分庄重保守的服装。参加晚会或喜庆场合，服饰则可明亮、艳丽。

休闲场合，指在工作之余一个人单独自处，或者在公共场合与其他不相识者共处的场合。其着装的基本要求为舒适自然，适合选择的服装有运动装、牛仔装以及各种非正式的便装，如 T 恤、短裤、凉鞋、拖鞋等。

二、礼仪场合服饰选择

服饰包括服装和饰品。服饰是一种文化，一种文明，是一个人的身份、气质、内在素质的无言介绍信。它是仪表美的重要因素，对一个人的第一印象常常来源于其衣着打扮。

从大的方面而言，服饰可以分为四类：礼服、职业正装、便装、运动服。

（一）礼服

礼服是在庆典或重要活动场合穿着、最具装饰效果的服装，也是人们表达敬意、快乐，甚至哀伤等特别情感时穿着的服装，同时也是一个人遵循礼仪规范，尊重礼仪习俗和民族文化的一种表现。

历史上，中外都很重视礼服的穿着，并有严格的规定。在西方，礼服还分为晨礼服、晚礼服，晚礼服又分为大礼服、小礼服等不同类型，分别适用于不同时间段和场合。

对于男士，现在一般要求穿着晚礼服中的小礼服，这种礼服最经典的套装包括：平整光亮外翻领（绸缎或者类似面料）的西服上衣，搭配色彩和质地与外套一样或相似的西服马甲或宽大平滑的绸缎腰封，小角翻领的衬衫，带有装饰条纹、相同面料的西裤，蝴蝶领结和漆皮皮鞋。传统的色彩选择是外套、马甲、领结和皮鞋都以黑色为主，衬衫则选择白色。

女士的礼服一般以晚装（无袖裙装）为主。传统的女士晚礼服往往裙摆长及脚踝，上衣领口和腰身的设计考虑凸显女性的身材。现在女士晚礼服裙摆的长短、上衣前后领口的高低已经没有严格的限制，主要强调设计感，同时搭配长袖手套、帽子和各种珠宝等饰品、饰物。

以上谈到的是西方国家对晚装礼服的要求。其实，很多国家和民族都有自己特色鲜明的礼服。比如，阿拉伯人有自己特色的民族服装和在庆典节日穿着的礼服，东南亚和太平洋岛国的人们也有特色非常鲜明的民族服装。现在的商务活动要求着装礼服时，也可以将这些具有强烈装饰效果，可以展示自己民族文化和性格特点的民族服装当作礼服。

中山装、唐装是富有中国特色的服装，也可以作为中国人出席重要礼仪场合的礼服，以区别于平时穿着的西服套装。

绝大多数国家的军队、警察都有专门的礼服。礼服除了有装饰作用外，往往还有通过军阶、警衔、军功章、勋章等来标识身份的作用。

一些有制服的行业、协会、民间组织，往往也有自己的职业礼服或礼服标志的饰品。

出席活动是否需要穿着礼服，主办方一般会在请柬或在活动的通知中注明。英文标注礼服的方式，往往写的是正装（Formal Dress、Formal Attire）、白领结（White Tie）、黑领结（Black Tie）、晚礼服（Dinner Jacket）或民族服装（National Costume）等字眼，这些标注都是在要求出席人穿着礼服出席活动。

（二）职业正装

在一些正规的生产或服务企业，以及一些行政执法部门，要求员工必须穿工作服。比如公安、监察、工商、法院等部门，工作人员要穿特殊的制服。

职业正装的穿着要求，首先是大小合身。工作制服应量体裁衣、量身定做。需要注意四长和四围。四长即袖至手腕、衣至虎口、裤至脚面、裙至膝盖，四围即领围、胸围、腰围、臀围。领围以插入一指大小为宜，上衣的胸围、腰围及裤裙的臀围以能插入一只手为宜。

其次是外观整齐。第一，清洁。要特别注意袖口和领子的清洁，做到衣裤无污渍、油渍、异味，给人以干净、清爽之感。第二，挺括。做到上衣平整，裤线笔挺，款式简洁、高雅，线条自然流畅。第三，无损。不漏扣掉扣，无破损。

最后是穿着得当。第一，要文明。避免过分裸露，胸部、腹部、腋下和大腿是公认的身着正装时不准外露的人体四大禁区，同时应注意内衣不能外露、不挽袖卷裤。第二，要规范。按规定在工作场合必须着工作制服，不可随意穿着，工号或标志牌要佩戴在左胸的正前方。第三，要协调。工作制服穿着不可过分杂乱，随便混穿、不配套，会给人以杂乱无章的感觉，显得极为不规范和没有礼貌。

除了职业制服以外，男性的正装一般是西服套装，这种西服套装最传统的标准是要求上装和下装最好是相同质地颜色的面料。女士则以西服套裙为主。一般而言，男士正装要配正装皮鞋，女士正装要配裙装和高跟鞋。正装具有职业状态中的礼服性质，是出席商务正式礼仪活动最合适的服装，尤其是在迎送接待、正式宴请、参观交流、签约揭牌等活动中。除此之外，商务活动中的各种会议谈判等也是穿着正装的合适场合。和客户交流较多的服务行业也会要求其工作人员在日常工作中穿着正装，包括金融、保险、律师、会计等咨询服务行业。

（三）便装

便装，又可称为休闲装，一般是在工作及运动时间以外穿着的服装。休闲装款式多样，色彩丰富，以穿着舒适、美观、实用和反映个性为主要标准。

了解服装的分类有助于形成一个良好的着装概念。从着装礼仪角度讲，不管是哪种服装，在平时着装时都应该统一服装的类型，这样会给人以统一、整齐的印象。同时也要注意不同的色彩有着不同的象征意义，不同颜色的服装穿在不同人的身上会产生不同的效果，因此，服装色彩的搭配也是很有学问的。基本搭配方法有四种：

第一，同色搭配法。这种搭配法被称为最保险的配色法，它既包括上下装同色——即套装，如男士西装、女士职业套装等，也包括把同一种颜色按照色系中深浅、明暗度不同进行搭配，以造成一种统一、和谐的审美效果，如墨绿色配浅绿色、红色配深红色等。

第二，相似搭配法。是指两个比较相似的颜色进行搭配的方法，如橙配黄、黄配草绿、白配灰、红配橙红等。相似搭配由于富有变化，色彩有差异，服装更显活泼与动感。

第三，主辅搭配法。是以一种色彩为整体的基调，再适当辅之以其他色彩的搭配，各种颜色不失各自特点，相映生辉。但在搭配时要注意对比效果，既鲜明又不要太刺眼。

第四，对比色搭配法。专业术语叫“撞色搭配”，这种搭配法色彩对比强烈，在舞台上视觉冲击力强。但在生活中，这种搭配法可能容易出错。

无论采用哪一种搭配方法，都应掌握一条共同的基本原则：协调。协调不等于没有对比，没有变化。全身着装颜色搭配最好不超过三种颜色，而且以一种颜色为主色调，颜色太多则显得乱而无序，不协调。灰、黑、白三种颜色在服装配色中占有重要位置，几乎可以和任何颜色相配并且都很合适。

（四）运动服

运动服装指从事各种体育运动与活动时所穿着的服装。进入信息时代，脑力劳动所占的比重越来越大，劳逸结合、倡导运动成为一种时尚。运动的种类不同，服装的款式结构各有特点，但都强调运动的机能性，如滑雪服要保温防水耐寒，连衣裤和组合性套装较为常见；普通溜冰服是毛衣与裤子组合；花样滑冰时的紧衣短裙可以减少表演时的阻力；网球服是通用的白色上衣与超短裙的搭配；骑马服的上衣后片开衩及裤裆肥大是便于骑马的动作等。其他运动服还包括狩猎服、登山服、旅游服、徒步旅行服、自行车郊游服及海滨服等。

三、男士西装礼仪

西服是目前世界上最流行的正统服装，也是现代社交活动中最得体的服装。一套合体的西服，可以使着装者显得潇洒、精神、风度翩翩。人们常说“西服七分在做，三分在穿”，可见，怎样穿西服也是很有讲究的。

（一）讲究规格

西服有两件套、三件套之分，正式场合应穿同质、同色的深色毛料套装。两件套西服在正式场合里不能脱下外衣。按习俗，西服里面不能加毛背心或毛衣。在我国，至多也只能加一件 V 字领羊毛衣，否则会显得十分臃肿，以致破坏西服的线条美。

（二）讲究配套

穿西服时应注意四个配套：

1. 与衬衫配套。衬衫为单色，领子要干净、平整、挺括，不能有污垢、油渍。衬衫下摆要放在裤腰里，系好领扣和袖扣。衬衫衣袖要稍长于西装衣袖 2 ~ 3 厘米，领子要高出西装领子 1 厘米，以显示衣着的层次。

2. 与领带配套。领带、领结的颜色和图案，应与衬衣和西装搭配协调。领带的领结要饱满，与衬衫的领口吻合。领带的长度以系好后下端正好触及腰上皮带扣上端处为最标准。领带夹一般夹在衬衫第三粒与第四粒扣子间为宜，西装系好纽扣后，不能使领带夹外露。

3. 与皮鞋配套。没有一双比较合适的皮鞋，西服的整体效果就会骤然下降，适合与西服相搭配的皮鞋是薄底素面的西装皮鞋。如图 4–1 所示。西装皮鞋分为皮底和胶底两种不同鞋底。对于在铺有地毯的办公环境中工作的人而言，皮底比较健康舒适，也显档次；对于在其他环境中工作的人员，胶底的皮鞋是一种经济实惠的选择。一般而言，商务活动中，黑色系带的西装皮鞋是一种比较理想的皮鞋类型。因为黑色是一种最稳定的底色，给人以稳重和踏实感。而系鞋带，一是可以调整皮鞋与脚之间松紧度，使鞋更合脚，二是需要动手系结，给人以勤奋、麻利之感。西装皮鞋的鞋面最好是素色无图案花纹。皮鞋一定要经常擦拭，保持光亮清洁。穿西服也不能穿白色袜子和色彩鲜艳的花袜子，男士宜着深色线织中筒袜，切忌穿半透明的尼龙或涤纶丝袜。

图 4–1　正装鞋

4. 与公文包配套。穿着西服参加商务活动一定要注意使用硬质公文包（如图4–2所示），不能用软布包、旅行帆布包等。公文包最好是皮质，颜色最好与皮鞋、皮带的颜色相统一。密码箱、手包都可以代替公文包。

图 4–2　公文包

（三）讲究扣子的扣法

西服有双排扣、单排扣之分，单排扣西装又常有两粒扣和三粒扣之分。双排扣的西服一般要求把全部纽扣都系上，以示庄重。单排两粒扣，只扣上面一粒纽扣，三粒扣则扣中间一粒，坐下时可解开。单排扣的西服也可以全部不扣。

（四）讲究西服口袋的用法

西服上衣两侧的口袋只作装饰用，不可装物品，否则会使西服上衣变形。西服上衣左胸部的衣袋只可放装饰手帕，如票夹、名片盒等物品可放在上衣内侧衣袋里，裤袋亦不可装物品，以求臀位合适，裤形美观。

四、女士套装礼仪

女性在着装要求上应干净整洁、大方得体。服装式样不能太暴露，色彩不宜太过鲜艳夺目，更不能珠光宝气。在穿着不同种类服装时应注意以下内容：

（一）职业正装套装

对于职业女性来说，首选服装是西装套裙，西装套裙以其端庄、典雅、美丽及流畅的线条美而广受现代社会职业阶层女性的青睐。穿上一套得体的西装套裙，会使着装者看起来干练、成熟、洒脱、优雅和神采奕奕。

西装套裙的穿着要得体，首先要使上装与裙子的色调统一而稳重，具有成熟感。裙长不宜太短和太长，太短则不雅，太长则无神，最好以不短于膝盖以上15厘米为底线。其次，着装时应成套穿着，并配上与之协调的衬衣、高领羊绒衫等。与衬衣搭配时，领口应系上领结、领花、丝巾或领带。西服裙装要避免有碎花、小格子图案，最好素色无明显花纹图案。另外要注意与套裙配套的鞋子应是皮鞋，并以黑色的牛皮鞋为佳，和套裙同一色彩的皮鞋也可以选择，样式应该是高跟或半高跟的皮鞋，穿布鞋、旅游鞋、凉鞋都显得不适宜。用来和套裙配套的袜子，可以是尼龙丝袜或羊毛袜，颜色可以是肉色、浅灰色、浅棕色、黑色等常规色彩，最好是单色。通常情况下，高筒袜和连裤袜是与套裙的标准搭配。中筒袜和低筒袜一般不适宜和套裙进行搭配穿着。在室内参加活动时，应脱去罩在西服裙装外的大衣和风衣。

女士服装的选择面非常广，款式、颜色、质地也多种多样。商务活动中，女士的最佳服装是裙装，其中尤以长裙和半长裙为主。女士在不同场合应穿着不同的裙装，日常的商务活动中，应穿着西服裙装，在庆典活动、晚宴、文化娱乐活动中可以穿着质地柔软的连衣裙。女士也可以穿着裤装，但以西服裤装为主。

女士正装穿着禁忌包括：正式场合尽量系上上衣扣，不穿领口开得太大的上衣，上衣最短齐腰，不穿超短裙。夏季裙装应配上衬裙，衬裙颜色应与外装颜色协调一致，以免透出内裤，显得不雅。穿裙子一定要穿长丝袜，切记袜口露在裙摆之下。冬天穿裙子，如果棉毛裤露在外，或者裙子里加一条健美裤，都是不得体的。休闲装、牛仔服、健美裤等为日常生活装，在正式场合穿都不适宜。配裙子的丝袜以肉色、黑色最常用，不要穿有挑丝、有洞或用线自己补过的袜子外出。穿着上衣时要注意领边、肩头和衣袖口，如果内衣外现、文胸肩带或衬裙边外露，都是女士着装的大忌。

（二）女士套装配件

1. 衬衣：女士西服裙装的衬衣非常重要。衬衣领口有开领、花领、圆领、V 领等。衬衣领口的大小可以根据外套决定，一般小于外套的领子。颜色与外套颜色统一协调即可，没有一定之规。日常工作着装，尽量避免有小褶边（蕾丝边）的花领。颜色最好是素色，不要用混色、杂色，衬衣上的图案也应避免复杂的花样。

2. 马甲：女式西服马甲的穿着要求与男士西服马甲的穿着方式相同，如果系领带则一般不穿马甲。

3. 领带：女士西服领带常见的是箭头形、翼状（领结）形、缎带形、巾状形四种。其中缎带和巾状的领带最常见，也最适合女性。领带的系法各式各样，女性可以根据自身的喜好选择合适的系法。

4. 袜子：女性不管是穿西服裙装还是连衣裙，一定要注意袜子的选择。一般穿着裙装时最好穿着高腰丝袜或者连裤袜，以肉色为最佳。除非穿着黑色裙装，否则一般不用黑色。冬季可以穿着较厚的棉毛高腰袜或者连裤袜，用以保暖。

5. 高跟鞋：穿着裙装必须穿高跟鞋。美国电视 Discovery（发现）频道曾经播放一部关于高跟鞋的专题片，认为高跟鞋是人类文明史上最伟大的发明之一，这一发明改变了女性很多生理和心理方面的特征。生理方面，由于高跟鞋把身材垫高，改变了重心位置，因此必须调动全身大部分肌肉重新获得平衡，特别是大腿和腰部肌肉必须紧张才可以维持新的重心位置。这一说法有可能有夸张之嫌，但一个不争的事实是女士裙装配高跟鞋，更显朝气和挺拔。至于选择何种质地、款式和高度的高跟鞋则可由个人决定，以美观、舒适和高度适中为最主要标准。

6. 大衣：女士西服外套大衣要求比西服上装长。大衣的质地、款式等没有具体的要求，大衣的主要目的是防风和保暖。

第三节　仪态礼仪

仪态，指的是人们在外观上可以明显地被觉察到的活动、动作，以及在活动、动作之中身体各部分所呈现出的姿态。有时也叫举止、动作、仪姿或姿态。一般情况下，它主要是由人的肢体所呈现出的各种体态及其变动所组成的。在现实生活之中，人们正是通过身体的种种不同姿势变化，来完成自己的各项活动的。人的仪态，可以展现人类所独有的形体之美。平日人们所推崇的风度，其实指的就是训练有素的、优雅的、具有无比魅力的举止。人的仪态，在日常生活里时刻都在表露着人的思想、情感以及对外界的反应。它可能是自觉的，也可能是不自觉的。达·芬奇说过："从仪态了解人的内心世界，把握人的本来面目，往往具有相当的准确性和可靠性。"

一、站姿

（一）站姿的基本要领

头正，颈直，下颌微收，双目平视前方，面带微笑；双肩放松向后展并向下压；挺胸，收腹，立腰，提臀；双臂放松，自然下垂于体侧，虎口向前，手指自然弯曲；两腿并拢立直。女性双膝和两脚跟靠紧，脚尖分开似"V"形；男性可两脚分开，与肩同宽。身体的重心应放在两脚中间，从正面看，重心线应在两腿中间向上穿过脊柱及头部，要防止重心线偏左或偏右，如图 4–3 所示。

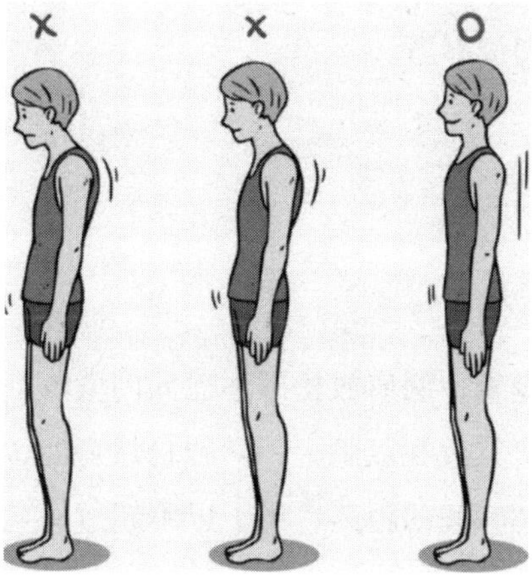

图 4–3　站姿

（二）服务性站姿

服务行业人员在工作中，为客人提供服务时的站姿一定要合乎规范，严格按照要求去做。以下几种服务行业工作者在工作中的站姿规范，分别适合于不同的部门和场合。

1. 前腹式。男性在立正站姿的基础上，左脚向左横迈一小步，两脚打开与肩同宽，约 20 厘米。两脚尖与脚跟距离相等，两手在腹前交叉，左手握成拳头状，右手握左手于手腕部位。身体立直，身体重心放在两脚上。女性在立正站姿的基础上，两脚脚尖略展开，左脚在前，将左脚跟靠于右脚内侧前端，成左丁字步。两手在腹前交叉，身体重心置于两脚上，也可以置于一脚上，通过两脚重心的转移减轻疲劳。

2. 后背式。双目平视，下颌微收，挺胸立腰，两手在身后交叉。男性两脚跟并拢，脚尖展开 60 度至 70 度，而女性则脚成丁字步。

3. 单臂式。单臂式站姿有以下四种类型：

（1）两脚尖展开 90 度，左脚向前，将脚跟靠于右脚内侧中间位置，成左丁字步。左手单臂后背，右手下垂，身体重心置于两脚上。

（2）两脚尖展开 90 度，右脚向前，将脚跟靠于左脚内侧中间位置，成右丁字步。右手单臂后背，左手下垂。身体重心置于两脚上。

（3）两脚尖展开 90 度，右脚向后，将脚内侧贴于左脚跟处，左手手臂下垂，右臂肘关节屈，右前臂抬至横膈膜处，右手心向里，手指自然弯曲。

（4）两脚尖展开 90 度，左脚向后，将脚内侧贴于右脚跟处，右手手臂下垂，左臂肘关节屈，左前臂抬至横膈膜处，左手心向里，手指自然弯曲。

（三）站立禁忌

在工作岗位上，要尽量做到“挺（身体挺拔）、直（脊柱笔直）、高（重心提高）”。忌身躯歪斜、弯腰驼背；忌双手抱胸或叉腰；忌半坐半立、趴伏倚靠；忌身体在站立时频繁地变动体位，或是手位、脚位不当。

二、坐姿

（一）坐姿的基本要领

坐姿的要领为：上半身挺直，两肩放松，下巴向内微收，脖子挺直，挺胸收腹，并使背部和臀部成一直角。双手自然放在双膝上，两腿自然弯曲，小腿与地面基本垂直，两脚平落地面。如图 4-4 所示。两膝间的距离，男子以不超过肩宽为宜，女子则不开为好。

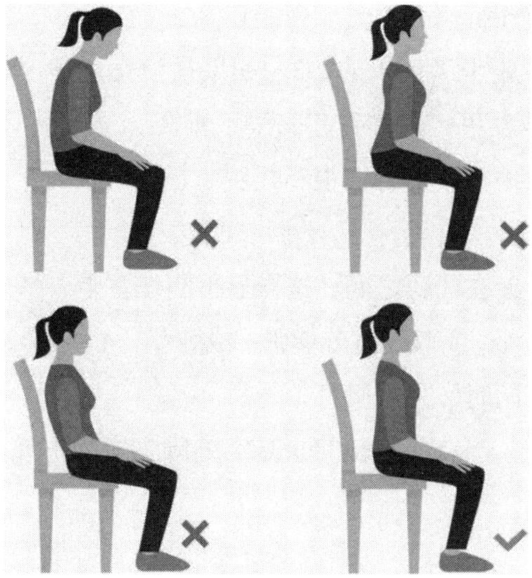

图 4-4 坐姿

1. 两手摆法。有扶手时，双手轻搭或一搭一放；无扶手时，两手相交或轻握或呈八字形置于腿上，或左手放在左腿上，右手搭在左手背上。

2. 两腿摆法。凳高适中时，两腿相靠或稍分，但不能超过肩宽；凳面低时，两腿并拢，自然倾斜于一方；凳面高时，一腿略搁于另一腿上，脚尖向下。

3. 两脚摆法。脚跟、脚尖全靠或一靠一分，也可以一前一后（可靠拢也可稍分），或右脚放在左脚外侧。

除上述坐姿外，还有“S”形坐姿，即上体与腿同时转向一侧，面向对方，形成一个优美的“S”形坐姿；叠膝式坐姿，即两腿膝部交叉，一腿内收与前腿膝下交叉，两脚一前一后着地，双手稍微交叉于腿部。

需要强调的是，女性在乘坐小汽车时还应注意坐车的姿势。要想在上车时显得稳健、端庄、大方，做起来并不难。上车前应首先背对车门，款款坐下，待坐稳后，头和身体进入车内，最后再将并拢的双腿一并收入车内，方才转身，面对行车的正前方向，同时调整坐姿，整理衣裙。坐好之后，两脚亦应靠拢。下车的姿势也不能忽略，一般应待车门打开后，转身面对车门，同时将并拢的双腿慢慢移出车外，等双脚同时落地踏稳，再缓缓将身体移出车外。

（二）坐姿的注意事项

1. 入座时，走到座位前，转身后，右脚向后撤半步，从容不迫地慢慢坐下，然后把右脚与左脚并齐。女性入座要娴雅，坐下前应用手把裙子向前拢一下。起立时，右脚先向后收半步，立起，向前走一步离开座位。在社交场合，入座要轻柔和缓，离座时要端庄稳重，不可猛起猛坐，制造紧张气氛。

2. 坐在椅子上，至少应坐满椅子的 2/3。如果是沙发，座位较低，又比较柔软，应注意身体不要下滑而陷在沙发里，这样看起来很不雅观。与人面对面会谈时，前 10 分钟左右不可松懈，开始就放松地靠在椅背上很不礼貌。正面与人对坐会产生压迫感，应当稍微偏斜，这样双方都会感觉轻松自然。

3. 坐下时，勿将双手夹在两腿之间，这样显得胆怯害羞、缺乏自信，也显得不雅。

4. 坐时，双腿叉开过大，或双腿过分伸张，或腿呈“4”字形，或把腿架在椅子、茶几、沙发扶手上，都不雅观。同时，忌用脚打拍子。

5. 坐时应避免内八字，当跷二郎腿时，悬空的脚尖应朝下或朝向他处，切忌朝天或指向他人，并不可上下抖动。

三、走姿

（一）走姿的基本要领

正确的走姿基本要领是：步履自然、轻盈、稳健，抬头挺胸，双肩放松，提臀收腹，重心稍向前倾，两臂自然摆动，目光平视，面带微笑。走姿有以下规范要求：

1. 方向明确。在行进的过程中，应保持明确的方向，尽可能走在一条直线上。做到此点的具体方法是行走时应以脚尖正对前方，所走的路线形成一条虚拟的直线。

2. 步位标准。步位，即脚落在地面的位置。男性工作人员两脚跟可保持适当间隔，基本前进在一线上，脚尖稍微外展；女性两脚跟要前后踏在同一条直线上，脚尖略外展，也就是所称的“一字步”，也称“柳叶步”。

3. 步度适中。步度也叫步幅，是指在行走时两脚之间的距离。生活中步度的大小因人而异，但通常应与本人一只脚的长度相近，男性每步大约 40 厘米，女性每步大约 30 厘米。同时，服装和鞋子也会影响一个人的步度。如女性身穿旗袍，脚穿高跟鞋，步度必定比平时穿长裤和平底鞋要小。

4. 姿态优美。走路时膝盖和脚腕都要富于弹性，两臂自然轻松地前后摆动。男性应具有阳刚之美，展现其矫健、稳重、挺拔的特点；女性应显得温婉动人，体现其轻盈、妩媚、秀美的特质。

5. 速度均匀。在一定的场合，一般应当保持相对稳定的速度。在正常情况下，成年人每分钟走 60 ~ 100 步。

6. 重心放准确。行进时，尤其在起步时，身体要向前微倾，身体的重心要落在前脚掌上。在行进过程中，应注意使身体的重心随着脚步的移动不断地向前过渡，切记不要让其停留在自己的后脚上。

7. 身体协调。走路时身体各部位应保持动作的和谐。走动时要以脚跟先着地，膝盖在脚落地时一定要伸直，腰部要成为重心移动的轴线，双臂在身体两侧一前一后地自然摆动。

（二）不同场合中走姿规范

在具体的实践工作中，走姿在不同情况下有着不同的要求和规范，需要特别给予关注。

1. 与客人迎面相遇时

在行进过程中，当客人从对面走来，员工应放慢步伐，在离客人大约 2 米处，目视客人，面带微笑，轻轻点头致意，并且伴随“您好”等礼貌问候语言。在与客人擦肩而过时，员工的头和上身应同时转动并向客人问候，不能斜视他人。在路面较窄的地方，或是在楼道上与客人相遇，应面向客人让客人先行，而不是将后背转向客人。

2. 陪同引导客人时

在服务工作中，陪同指的是陪伴客人一同行进。引导指的是在行进中引领客人，为客人带路。服务工作者在进行陪同引导时，要注意：

（1）与客人同行时，应遵循“以右为尊”的原则，自己应处在左侧。若双方单行行进时，则应居于客人左前方约 1 米左右的位置。当客人不熟悉行进方向时，不应让其走在外侧。

（2）在陪同引导客人时，行进速度须尽量配合客人的步幅，如果太快或太慢，都会显得我行我素。

（3）陪同引导时，应及时给予客人关照和提醒。在经过拐角、楼梯、道路坎坷、昏暗之处时，须请对方加以留意。

3. 上下楼梯时

在上下楼梯时，应坚持右上右下原则，以方便对面上下楼梯的人。另外还要注意礼让客人，出于礼貌，可以请对方先行。在陪同引导中，如果是一位男士和一位女士同行，则上楼梯时男士行在后，下楼梯时男士行在前。如果是和客人同行，则应为上楼梯时行在后，下楼梯时行在前。

另外，还要注意，见尊长时要“进必趋”，即快步走上前，显示对长辈的尊重。从尊长身边告退时要“退必迟”，即缓慢退出，显示对长辈的不舍和敬重。走入无人的房间要提醒自己“入虚室，如有人”，即行为与进入有人的房间一样谨慎，不乱走乱动。

（三）不良走姿及忌讳

1. 走路时，应避免不雅观的步态。

2. 走路时，应避免体位失常。

3. 三人或更多人一起行走时，应避免排成横队或勾肩搭背。

4. 有急事要超过前面的行人，不得跑步，可以大步超过，并在超越时向被超越者致意道歉。

四、蹲姿

（一）蹲姿的基本要领

1. 高低式蹲姿。下蹲时一般是左脚在前，右脚稍后。左脚应完全着地，小腿基本垂直于地面，右脚则应脚掌着地，脚跟提起。右膝须低于左膝，右膝内侧可靠于左小腿的内侧，形成左膝高、右膝低的姿态。女性应靠紧两腿，男性则可以适度分开。这种蹲姿的特征是双膝一高一低，选用这种蹲姿既方便又优雅。

2. 交叉式蹲姿。下蹲时，右脚在前、左脚在后，右小腿垂直于地面，全脚着地。右腿在上，左腿在下，两者交叉重叠。左膝由后下方伸向右侧，左脚脚跟抬起，并且脚掌着地。两腿前后靠近，合力支撑身体。上身略向前倾，臀部朝下。这种蹲姿通常适用于女性，尤其是身着裙装的女性。它的优点是造型优美典雅，基本特征是蹲下后双腿交叉在一起。

（二）蹲姿的注意事项

1. 下蹲时，切勿速度过快，并注意与他人保持一定的距离，避免彼此迎头相撞。

2. 在他人身边下蹲时，最好是与之侧身相向。正面面对他人或是背部对着他人下蹲都是不礼貌的。

3. 在大庭广众之下下蹲时，身着裙装的女性一定要避免个人隐私暴露在外。

4. 蹲姿是在特殊情况下的姿势，所以不可随意乱用。另外，不可蹲在椅子上，也不可蹲着休息。

五、手势

手势，主要指手的位置和手部的各种动作，具有表情达意的作用。一个人优雅的手势动作不仅能表现出个人的高雅与风度，有时还能产生意想不到的效果，给个人形象的塑造增添光彩。

（一）手势原则

1. 手势宜少不宜多。与人交谈的时候，手部动作宜少不宜多，恰当地表达你的意思和情感即可。手势过多，容易分散他人的注意力，也会给人留下装腔作势、缺乏涵养的印象。

2. 手势不宜过快。与人交谈时，手势过快会给人一种紧张感，给人留下不自信的印象。

3. 手势幅度不宜过大。一般来说，在人际交往过程中，手势的幅度过大会缺乏美观。手势的高度上界一般不超过对方的视线，下界不低于自己腰部。手势左右摆动的范围不要太宽，应在胸前或右方。

（二）常见的服务性手势

手势在商务交往和日常生活中的使用频率都比较高，使用范围也比较广泛。手势是人们表情达意和展示个性风度的有效工具。以下将介绍几种常用的服务性手势：

1. 介绍式手势。在不同的人际交往场景下，我们可以采用介绍式手势。比如，在与人交谈过程中，为他人做介绍时，手势动作应文雅。将右手四指合拢，大拇指自然放松，然后手心朝上，右手指向被介绍的一方。同时，要注意自己的面部表情，最好是保持面带微笑的状态，并且在与他人交流时候要注视着他人的眼睛。

2. 斜下式手势。在引领宾客坐在座位上时，一般用这种手势，手势应指向座位所在的地方。首先，伸手先从身体的一侧抬起，到高于腰部，四指自然靠拢，大拇指放松；其次，从上向下摆动到距离身体45度处，手臂向下形成一条斜线；最后，上身微微前倾，面带微笑，向对方说道："您好，请入座。"

3. 横摆式手势。横摆式和斜下式手势有区别，在做横摆式手势时，可以想象自己是在轻轻地翻开一本书。在迎接宾客做"请进""请"时采用横摆式手势有着指引的作用。具体操作步骤是：右手从腹前抬起到身体的右前方，不要将手臂摆至体侧或身后，腕关节要低于肘关节，手需要有一定的力度，切勿慵懒软绵，手指与斜下式相同。脚站成丁字步或双腿并拢，左手自然下垂放在小腹上。头部和上身向伸出手的一侧倾斜，目视宾客，面带微笑，表现出对宾客的尊重。

4. 双臂横摆式手势。当举行重大庆典活动或接待较多宾客，做"诸位请"或指示方向的手势时，采用双臂横摆式。将双手掌心向上，由前抬起到腹部，再向两侧摆到身体的两侧前方，这是面向宾客时的手势。若是站在宾客的侧面，则两手从体前抬起，同时向一侧摆动，两臂之间保持一定的距离。指向前进方向一侧的手臂应抬高一些、伸直一些，另一只手臂稍低一些、弯曲一些。

5. 直臂式手势。为宾客指引方向，做"请往前走"手势时，采用直臂式手势，五指伸直并拢，手心斜向上，曲肘由腹前抬起，向应到的方向摆去，摆到肩的高度时停止，前臂伸直，用手指向宾客要去的方向，身体侧倾，眼睛要兼顾所指方向和来宾。要注意指引方向时不可用手指指出，显得不礼貌，同时还需要加上礼貌用语。

（三）递接物品的手势礼仪

1. 递送物品时，双手递送最佳。如果不方便双手并用时，则可以采用右手递送。如果双方相距较远，递物者应方便他人，主动走近接物者。在递送物品给他人时，应该给他人留出便于接取物品的空间，不要让其感到接物时无从下手。将带有文字的物品递交给他人时，需要将文字正面面对对方。如果要递送尖锐物品给他人，应将尖刃朝向自己或他处。

2. 注意手势的文化差异

同样一种手势，在不同的国家、不同的地区可能有不同的含义。接待不同国家、民族、地区的客人时，要懂得他们的手势语言，以免闹出笑话，引起误会。

几种手势在不同国家的差异：

（1）伸出食指向下弯曲。在中国表示数字“9”；在日本表示“偷窃”；在东南亚一带，表示“死亡”；在墨西哥则表示“钱”或询问价格。

（2）竖大拇指手势。在中国，竖大拇指表示赞同、敬佩或嘉奖的意思。在其他国家，竖大拇指则代表了不同的含义。例如，在美国，竖起大拇指表示“干得好”，旅行者若想在路边搭便车，也可以通过竖大拇指来表示；在德国，竖大拇指代表数字“1”；在日本，竖大拇指代表“男人”或“您的父亲”；在伊朗以及伊拉克等很多中东国家，竖大拇指是一个挑衅的行为，其含义和西方国家常用的竖中指相似；在希腊、撒丁岛或非洲西部，竖大拇指含有“滚开”的意思。

（3）“V”字手势。食指和中指上伸成V形，拇指弯曲压于无名指和小指上。现代广泛认知的“V”字手势是第二次世界大战期间英国首相丘吉尔首先使用的，表示“胜利”的意思，在表达时，手掌一般向外，如果手掌内向，就是侮辱人的意思了。在中国，“V”字手势表示胜利或者开心；在美国有代表和平的意思；在英国，这种手势具有挑衅意味。

第五章　礼宾序列和位次排列

第一节　礼宾序列

在正式场合，来宾顺序的排列是一件非常重要的工作。在当今社会中，多边交往日益频繁。在多边性质的接待工作中，作为东道主的接待人员，经常会面对如下情况：在同一时间、同一地点之内，需要接待来自不同国家、不同地区、不同单位、不同部门、不同组织，具有不同职级、不同人数的来访人士。此时此刻，对东道主而言，最为棘手的问题莫过于如何根据有关各方来宾的职位高低，合情合理地安排接待的先后顺序或者基本位次。如与会领导有甲市和乙市的市长，介绍他们两位和来宾认识时，介绍的顺序是先介绍哪位市长？这种情况很常见，政务、商务交往中都很重视。

在具体的接待工作中，接待人员倘若对上述问题处置不当，往往不仅会使自己的接待工作徒劳无功，而且还有可能导致接待对象的误会，甚至得罪对方，由此损害己方与对方的关系。根据惯例，在接待工作中，处置此类问题最佳也是唯一可行的做法，就是要求接待人员必须坚决按照礼宾次序行事。

一、礼宾序列的概念

礼宾序列，指的是在同一时间或同一地点接待来自不同国家地区、不同单位、不同身份的多方来宾时，接待方依照约定俗成的方式，对其尊卑、先后顺序或位次所进行的具体排列。

常见的礼宾次序排列方式有两种：一种是旨在明确区分参与者的高低、上下、长幼等方面的关系，以便给高者、上者、长者相应的尊重和礼遇；另一种是为了显示所有参与者在权力、地位上是一律平等的。具体应按哪一类排定次序，应根据具体情况确定。

二、礼宾次序的排列依据

在政务和商务交往中，对于礼宾排序的问题要高度重视。首先应明白接待多方客人时需要进行礼宾次序排列；其次，应清楚该如何排列，并按照惯例和国内的现行做法进行礼宾次序排列。

一般来讲，礼宾次序的主要排列方式包括：

（一）按照行政职务高低排列

在正式场合接待多方来宾时，往往会依据来宾具体的行政职务的高低进行排列。进行正式的官方交往时，如进行正规的政务活动、商务活动、学术活动乃至军务活动时，均应采取此种方式进行礼宾次序排列。在这种情况下，礼宾次序排列只讲究具体人员行政职务的高低，并不需要考虑其男女、长幼之别。如在政府交往中，接待来自外省的省长和某地市级市长，就应把省长排在市长的前面。同样，如同时接待美国的商务部副部长和非洲某国总统，虽然非洲某国综合实力比不上美国，但总统身份高，是国家元首，应把非洲总统排在美国商务部副部长前面。值得注意的是，在接待团队客人时，应不以人数的多寡论先后，而以团体的领队或者团长的行政职务高低来排序。如地区代表团参加某一展会或全国性会议，其中一个团队仅有四人，领队是省长，另一个代表团有五六十个人，但领队是副省长。不言而喻，省长领队的代表团级别更高，因为团长或领队的行政职务更高。

所以在进行行政职务高低排列时应遵循以下原则：

1. 单位正职的名次排列：以党内职务排先，行政职务次后。

2. 单位副职的名次排列：常务副职排先，不设常务副职的，以党内副职或在同一级别中兼有党内副职的排先，然后按级别大小为序。排名次序一般为：常务副书记（副局长、副主任）、副书记、副局长（副主任）、纪委书记（纪检组组长）、党委委员（党组成员）。

3. 同一级别、同一职务，以任同一级别时间的先后为序。同一级别、同一职务，并在同一时间任职的，以到本单位工作的先后为序。同一级别、同一职务、同一任职时间，并同时到同一单位工作的，以姓氏笔画为序。

4. 如果组织上有明确的排名次序，则以组织上发文或宣布的次序为准。

5. 特殊情况：接待的客人，有的是原职，有的是现职。如出席活动的有现任校长和前任校长，这种情况该如何排序？

（1）原职低于现职

在接待不再担任现职的来访人士时，一般可依据其所担任的最高或最后的行政职务进行排序。但若该人士与担任现职的人士同时到场，则应位列后者之后，以示“现任高于原任”。如前任校长与现任校长同时到场，排序一般要把现任校长排在前任校长前，因为现任目前主持工作，责任和权力更大，所以是原职低于现职。

（2）原职比照现职

若需要接待曾经担任过某职位但是现在不再任职的同志时，应该比照现职安排位次。

譬如接待退休的省委书记，就是按照省委书记的位次安排，但是低于现任省委书记。

（3）同一职务排序

同时排列多位曾任同一职务者时，一般应以对方任职时间的早晚为序，将任职较早者排列在前。如座谈会来了三位担任过相同职位的离退局长，假设第一位局长于1985年任职，第二位于1989年任职，第三位于1995年任职，则应将1985年任职的局长排第一，1989年任职的排第二，1995年任职的排第三。值得注意的是，应按照其担任该职务的时间进行排序，而不是退职时间。

（二）按照礼宾的所在单位，或者所在国家的字母顺序或汉字笔画排列

一般而言，在国际组织进行活动，或者举行国际会议、进行体育比赛时，进行礼宾次序排列的最佳方法就是按照各方来宾所在国家、地区、组织或者所在单位的名称拼写字母的先后顺序进行排列。在此需要进行必要的说明：

其一，按照国际惯例，此处所说的字母顺序通常是指拉丁字母顺序，而非某国法定文字的字母顺序。这样做，是为了维护国与国之间的平等。

其二，如果进行排列的两个或者两个以上的国家、地区、组织、单位名称的字母相同，则应以其第二个字母作为排列依据。若其第二个字母依旧相同，则应以其第三个字母作为排列依据，以此类推。

国内活动一般则是按照汉语拼音字母或姓氏笔画数进行排列，如候选人的差额选举等。

（三）按照先来后到的顺序或者报名的先后顺序排列

对于驻外机构的负责人，或各类非正式活动的参加者，可以依照各方来宾正式抵达活动现场的具体时间的早晚顺序进行排列。此种排列方式，通常称为“以先来后到为序”，主要适用于一些特定场合或非正式场合，以及上述两种排列方式难以运用的场合，如好友聚餐等。

当举办大型招商会、展示会、博览会等商贸类活动，或者是上述几种方式难以采用时，也可以依据来宾正式报名参加活动的早晚进行排列。此种排列方式，俗称“以报名早晚为序”。

（四）按照约定或法定的机构顺序排列

政府有关部门的排列顺序是法定的。如国务院各部委的排序，往往排在第一位的是外交部，第二位是国防部。美国政府各部门内阁排序也是如此，排在第一位的国务院，美国的国务院相当于外交部，外交部是代表国家对外的，因此排第一。历史上，英国首相最初是财政大臣来担任，因为在过去资产阶级革命时期，最重要的部门是财政部，财政部统理天下，外交部是后设的。因此，各级政府部门的排序是固定的，国务院、省政府、市政府、区政府、各部委办局是有标准排序的。

在政府机关的排序中，党委、人大、政府、政协被称为“四大家”，同等职级一般按照这个顺序排列。但在出席会议排序时，人大常委会主任、政协主席均应排在党委书记后。人大副职和政府副职同时出席会议，一般都是人大副职在前，政府副职在后。而政府主持常务工作的副职，虽是常委，却应排在人大副职前。

（五）不排列

不进行任何正式的顺序排列，一般也称为“不排列”或者“不排序”。实际上，它也是一种特殊形式的排列。在多边接待中，此种排列主要适用于如下两种情况：其一，没有必要进行排列；其二，实在难以进行任何方式的排列。

三、礼宾次序的重要意义

在安排礼宾次序时，接待人员必须充分认识其重要意义。只有做到这一点，才能在思想上真正重视这项工作。安排好礼宾次序的重要意义主要有以下四点：

（一）可妥善地解决多方来宾的排序问题

有经验的接待人员都清楚，在多边交往中，同一时间到场的人数越多，排列其顺序、位次的必要性就越突出。在这一细节上稍有闪失，就有可能会招致某方不满或是某些人士的猜疑。如果照章办事，此类问题便可以避免。

（二）可间接地反映接待方的接待水准

接待工作犹如一个窗口，可以恰到好处地向外方展示接待方的风貌。通过它，接待方可以介绍自己，了解对方，与对方发展友好关系，促进与对方的友谊。遵守礼宾次序，不仅有助于接待方接待工作的顺利开展，而且也可使外方进一步了解接待方接待工作的实际水平。

（三）可真正地体现接待方对待来宾的公正

在多边活动中，参与活动的各方往往都会十分在意东道主对待自己和对待他方的态度是否友好、是否公正。按礼宾次序办事，其公正性有目共睹，自然会使来宾心悦诚服。

（四）可客观地促进接待方与来访方关系的发展

在多方接待过程中，遵守既定的礼宾次序而非随心所欲，显然有助于接待方做好接待工作。接待来访方的工作真正做好了，将有力地推动双边关系的发展。

四、礼宾序列排列注意事项

不管采用哪种特殊方法，实际上在排列礼宾次序时特别要注意按照规矩来，不能随便破格。在礼宾次序操作的具体过程中，作为其核心内容，有一些相关注意事项必须为有关的接待人员所高度重视：

（一）细致周到

在具体拟订或执行礼宾次序排列时，接待人员一定要力求细致入微、面面俱到，对有关细节以及己方可能面临的种种突发性问题，考虑得越全面、越充分越好。

（二）认真执行

任何一位接待人员，不论其具体行政职务高低，在执行礼宾次序排列时，都必须不讲个人好恶，不谈个人见解，不凭个人兴趣，而是应当认认真真地令行禁止，上传下达，一切照章办事，同时要严格按照礼宾序列标准执行。

（三）提前通报

不论接待方在多边接待中具体确定采取何种礼宾次序，比如政务活动按照行政职务高低，商务交往按照先来后到，或者按照不排列，或者按照报名的早晚排列，通常都应当向有关各方进行通报，以便对方对此事先心中有数。假如缺少了这一道程序，来访人士就有可能对接待方的具体做法缺乏了解，甚至怀疑接待方不讲规矩、随意而为。

（四）轻易不变

在具体的接待过程中，用以接待多方来宾的礼宾次序一旦确定，尤其是在其已被通报给有关各方以后，通常就不宜再作重大变更，否则就会降低其稳定性与权威性，或者令来访人士感到接待方不守规矩。

第二节 位次排列

位次，是在先权的次序，即谁先谁后的问题。这种顺序是一种优先权的获得和体现，即排列或者选择在先的人比后的人具有各方面的优先权。因此，位次的排序实际是礼仪在利益尊重和确认方面的社会功能的一种直接体现。在正式的政务和商务活动当中，位次排序主要是依据利益关系而定的。位次的排序是一件比较严肃，技术性较强，而且很敏感的一个问题。如果处理不当，特别容易引发一些不必要的纠纷和矛盾。英国的萨道义在其1917 年出版的《外交实践指南》一书中，就记载了在关系史上，由于位次排序混乱而发生的多起外交惨剧。因此，应该格外重视位次的概念和位次的排序。

一、尊位的概念和特征

在古代社会，尊位通常指的是高位、重要而显赫的职位，是权力与地位的象征。在现代社会，尊位虽然不再直接与具体的权力职位挂钩，但依然是表达礼节、感恩之情以及尊敬他人的重要方式。通过确定尊位，人们能够更好地理解和尊重彼此在社会结构中的地位和角色。因此，尊位的概念及其在实践当中的确认是礼仪活动当中最重要的一环。

（一）尊位的概念

尊位，也称上位，实际就是一场活动当中最重要、最尊贵的位置。这种位置既可以是座位，也可以是站位、行位。这种位置在不同的场所、不同的文化和不同的历史阶段有着不同的确定标准。在历史上，人们曾把东西南北四个方向当作确定尊位的依据，曾经有过坐北朝南、坐西朝东等不同的尊位划分方法，也曾有过根据门的位置确定尊位的做法。尊位又分主方尊位和客方尊位两种，这两个位置一般在一条平行线上。正常情况下，公认主方尊位又比客方尊位更重要，因此，有时主人将主方尊位让于客方，以示其更进一步的敬重和尊崇之意。将主方尊位出让的情况一般只在餐饮宴请、会议演讲等可以交叉排序的活动当中出现。大多数情况下，一场礼仪活动的尊位只有一对主、客尊位，但如果参与活动的来源方多，或安排的小块区域很多，尊位可不限于一对，可以有多对、多个尊位。

（二）尊位的特征

当前，总体而言，尊位具有以下三个特征：

第一，尊位应该居于中心意义的位置，其他位置对该位形成众星捧月之势（如图 5–1 所示）。

第二，尊位应该具有视野上的最佳位置，也就是说从尊位上放眼望去，其观察的结果，比其他位置范围更大，清晰度更高（如图 5–2 所示）。

第三，尊位应具有行动上的最便利条件，坐在尊位上的人能够轻松进出或行动，而不受其他位置干扰。

这三个特征在会谈、会见、宴请、乘车、出行、观看演出等各种不同礼仪场合中的尊位位置上都有很好的体现。

图 5–1　中心意义尊位

图 5–2　视野最佳尊位

（三）中西方尊位差异

关于主方尊位和客方尊位的位置如何安排，我国传统观念和当前国际通行的做法有所不同。我国传统的做法是“以左为贵”，而目前国际通行的做法是“以右为尊”。

1. 中国文化——以左为贵

在饭局上，常常有这样一种现象：人们一般将左侧的位子留给尊敬的人或是有地位的人。其实这种做法不仅限于当今，在古代，它是一种人们日常的礼仪，是区别尊卑高下的一种标志。

中国人和西方人一样，都有视东为尊贵的习俗。在古代，供奉祖宗牌位的太庙，要建在皇宫的东侧。由于中国的皇宫都采取面南背北的原则，因此，东宫在皇宫的左侧，西宫则在右侧，左高于右。古代的宫殿、府第、牌坊等建筑也多以左为尊。

那么，中国古代以左为尊的传统，其根据是什么呢？我国古人认为“左吉右凶”“吉事尚左，凶事尚右”。认为左代表阳，右代表阴。“左为阳，吉也；右为阴，丧所尚也”（《礼记》）。因此，相对而言，左贵右贱。另外，中国古代社会崇尚男尊女卑。《荀子·号令》中记载：“男子行左，女子行右。”这也是古人“以左为尊”的依据。大致而言，春秋、唐、宋、明、清等朝代尊左。《机关文明礼仪手册》里明确，目前国内排定主席台位次有三个基本规则：一是前排高于后排，二是中央高于两侧，三是左侧高于右侧。

其实，在中国五千年的文化中也有朝代认为“以右为尊”。《史记·廉颇蔺相如列传》：“相如功大，拜为上卿，位在廉颇之右。廉颇曰：‘我为赵将，有攻城野战之功，而相如徒以口舌之劳，而位居我上。且相如素贱人，吾羞，不忍为之下。’”《汉书·百官公卿表》：“十左庶长，十一右庶长，十二左更，十三中更，十四右更……皆秦制，以赏功劳。”秦国的爵位共二十级，第一级最低，第二十级最高，左庶长是第十级，右庶长是第十一级，左更是第十二级，右更是第十四级，可见，秦右尊于左。汉承前尚右，《汉书·高帝纪下》：“贤赵臣田叔、孟舒等十人，如见与语，汉庭臣无能出其右者”，这就是成语“无出其右”的来源。《元史·仁宗纪三》载：“延祐（1317 年），仁宗任命合散为右丞相，合散言：‘故事丞相必用蒙古勋臣，合散回回人，不厌人望’，遂恳辞。制以宣徽使伯答沙为中书右丞相，合散为左丞相。”因此，殷商、战国、秦、汉、元等朝代尊右。

2. *西方文化——以右为尊*

西方文化中，对左右的看法却与我们的传统不一样，他们认为右贵左贱。

现代国际政治体系发源于欧洲大陆，因此，欧洲人常常以欧洲为中心来看待世界，例如欧洲人按距欧洲的远近，发明了近东（东欧）、中东（西亚）、远东（东亚）等概念。从欧洲的视角来看，太阳是从东方升起，朝气蓬勃，东方在地图上则在欧洲的右侧。而日落西山，所以西边是不吉利的。英文有一句俗语：“伸出吉利的那只脚！”实际上就是指右脚。所以在西方文化（尤其是英美文化）中，走路要先伸出右腿的。其实试看“Right”这个词的用法，便可以知道西方文化对“右”的青睐了。“Right”除了译为“右”之外，最常使用的意思则为“适当的、对的、正确的”。在英语里有“Right this way”的说法，中文意思为“这边请”，并且在为客人引路的时候，都是抬起右手以示方向。“Right”没有特定说明是“右边的路”，这里只是对尊贵客人的一种礼貌。

之所以产生这种观念，有两种渊源说：

一种认为，古代君主为防暗杀而不许近臣带刀，但君主本人腰间佩剑，一来显示其威武，二来保护自己。此时，如果有人紧抓其剑柄，不让其出剑，这样就可能被其他人行刺。

由于佩剑手柄都向右。因此，君主为了安全，总是将自己最信任的人安排在自己的右手边。这样就产生了“以右为贵”的习俗。谁被安排在主人的右手边，就等于获得了主人信任。

另一种说法是，“以右为贵”的习俗源于基督教义中基督耶稣的预言。他在临死前，在罗马犹太总督和希律王面前，对审讯他的法官们说：“从现在开始，人之子（指耶稣本人）将会被安排坐在伟大的上帝右手边。”这样就形成了“以右为贵”的习俗。这种习俗在《圣经》中描述很多。

值得注意的是，这种“以右为尊”是从主方尊位的视角而言的。也就是说，这里的尊位是参加者的左右，而不是观察者的左右。

不管哪种说法是西方文化中“以右为贵”的起源，这种做法都已经被广泛运用在活动中，并已发展为国际惯例。甚至在我国的绝大多数商务活动中，也都使用这种原则，特别是餐饮活动的位置安排。

二、位次及其排序

（一）位次排序原则

1. 主客双方对等原则

主客双方在地位上应该是平等的。在具体的排序过程中，一般将这种平等的关系转化为在相同和相似职位上的对等排序原则。相同和相似职位上的主客双方在商务活动中的礼仪位次是基本平行的。总经理与副总经理在一个位次平台上，部门经理与部门经理在一个位次平台上。这种排序实际上也是为同一种决策层面的人提供了一个有共同语言的交流平台，这是在位次排序横切面上的一种排序原则。

2. 职位排序原则

主客方对等排序的原则是建立在各方内部按职位排序的基础上的，而按职位排序是一种纵切面上的排序方法。如图 5-3 所示。

在社交礼仪当中，位次的排序往往会遵照女士优先、资历优先等方法来排。但由于政务、商务活动的严肃性，按职位排位是一个突出的特点。在具体的实践中，由于各国的习俗不同，各个商业企业内部的结构不一，最容易碰到的难点是不知道客方人员的职位排序。遇到这种情况时，最好的办法是让对方拟出一个按职位排序的名单，再照此名单排序就可以避免出现问题。

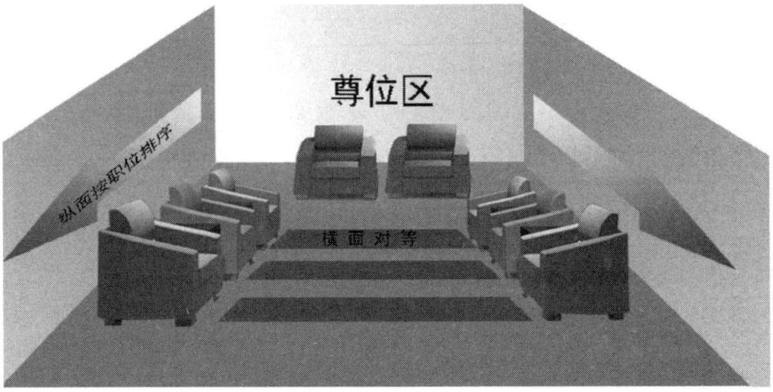

图 5-3

3. 利益排序原则

现在的商务活动，往往不是一对一的简单交往，而是涉及社会各方面，包括政府部门、教育机构、组织、民间社团的复杂活动。因此，商务活动当中的主、客双方往往都混有不同的成分。这时，单纯地用“按职排位”方法是行不通的，往往需要考虑按利益关系排序。比如一个从事旅游业务的单位，想要开辟一项新的、具有教育性质的、与境外机构共同合作开发的旅游项目，这个新项目就不仅仅是国内和国外两个商业机构的事情，还涉及教育机构和政府管理部门。如果这个单位在境外合作方代表来访之际，举办一个新项目的推荐和说明的酒会，组织者就必须考虑参会各方对这一项目成功运作之间的利益关系，并尽可能在位次排序上将重要关系部门的代表放在靠前位置。这样，在整个活动中职位最低的年轻人，由于其代表的单位与这一项目能否成功关系密切，因此，他的位次就可能排在其他很多人的前面，并在酒会的主桌上占有一席之地，而相似职位的其他代表可能就在末桌之上，这就是利益排序的一个重要体现。

4. 荣誉特例原则

荣誉特例的排序一般只在两种情况下适用：第一种是在政治家、艺术家等社会名流出席的情况下，为了表示对其社会威望的尊重而特例将其位次超前排列，甚至于排在尊位席；第二种是职位、资历远远超出其他人员的人士出席活动的情况下，将其位次安排提前的做法。

荣誉特例的排序有两种：第一种是将荣誉特例的位次在本方位次排序中往前安排，如将第七位排在第二位、第五位排在第一位等；第二种是将主方尊位让给荣誉特例的人员，此种排序在商务宴请及会议中用得比较多。

5. 关系亲疏原则

这种排序方法一般是排序方为了体现关系亲疏而使用的一种方法，运用得比较少。这种排序一定要以事实上的亲疏关系为依据才具有说服力。

（二）商务会谈中的尊位和位次排序

会谈是指双方或多方就某些重大的政治、经济、文化、军事问题，以及其他共同关心的问题交换意见。会谈也可以是指洽谈公务，或就具体业务进行谈判。会谈，一般来说内容较为正式，政治性或专业性较强。

只有两方参加的会谈叫双边会谈，有多方参加的会谈称为多边会谈。双边会议通常采用长方形、椭圆形或圆形桌子，宾主相对而坐，以正门为准，主人应位于背门一侧或门的左侧，来宾面对正门而坐或坐在门的右侧，双方主谈人居中，双方又在各自一方按“以右为贵”的原则，以中心尊位为基准，“先右后左”依次按职务高低排列位置。我国习惯把译员安排在主人右侧，但有的国家让译员坐在后面，一般应尊重主人的安排。其他人按礼宾顺序左右排列。记录员一般安排在后面，参加会谈的人数不多时，也可安排在前面就座。如会谈桌一端向正门，则以入门的方向为准，右为客方，左为主方。多边会谈，座位可摆成圆形、方形等。小范围会谈时，有时不用长桌，只设沙发，双方座位按会见座位安排。

主方和客方的位置安排是根据会议桌与门的对应关系而定的，以双边会谈为例，一般而言，主客方的安排共有三种方案。

方案一：在此方案中，门在座位侧面，以入口向会议室方向，根据“以右为贵”的原则，客方坐在右侧，主方坐在左侧，主客双方的尊位仍然在各自中央，译员在尊位右侧的第一个位置。如图 5–4 所示。

方案二：在此方案中，门在座位侧面，以入口向会议室方向，根据“以右为贵”的原则，客方坐在右侧，主方坐在左侧，主客双方的尊位仍然在各自中央。与方案一不同的是客方座次是根据主方座次排序的，职位对等的人会相对而坐，更便于工作交流。如图 5–5 所示。

方案三：在此方案中，双方落座与门平行。此时客方面门落座，主方背门落座，双方尊位仍然在各自中央，如有译员，仍然安排在尊位右侧。如图 5–6 所示。

图 5–4

图 5–5

图 5-6

（三）会议中的尊位和位次排序

1. 大型会议座次安排

大型会议，是指与会者众多、规模较大的会议。大型会议在会场上分设主席台与观众席。主席台最靠前的一排被认为是尊位席。如果尊位席上只有一人上台讲话，其余人员在听众席就座。这种情况尊位一般是发言席，尊位处于主席台的右前方。

主席台座次排列，领导数为单数时，主要领导居中，2 号领导在 1 号领导左手位置，3 号领导在 1 号领导右手位置。领导数为偶数时，1、2 号领导同时居中，2 号领导依然在 1 号领导左手位置，3 号领导依然在 1 号领导右手位置，可参见图 5–7 的座次排列。

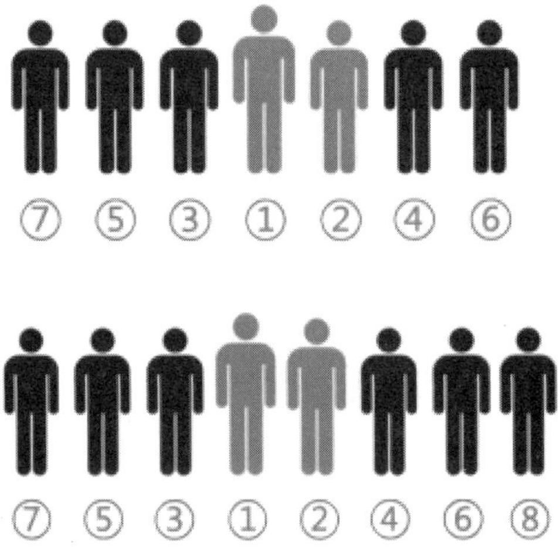

图 5–7

2. 小型会议座次安排

小型会议，是指参加者较少、规模较小的会议。其座位的排序方式有三种：一是面门设座。即以面对会议室正门且离门远的中间座位为会议主席之座，其他的与会者可在会议主席的两侧按“右高左低”依次就座。二是依景设座。在一些造型比较复杂的会议室或面门时背后靠的是玻璃窗户的会议室，会议主席的位置不必一定得面对正门，可以选择背依会议室之内的主要景致，如背景墙、字画等，将这个座位确定为第一尊位，在第一尊位的两侧仍按“右高左低”依次就座。三是自由择座，即不安排固定的座次，由全体与会者自由地选择座位。

（四）商务宴请中的尊位及位次排序

商务宴请中的尊位确定和位次排序相对于其他场合要复杂和多变一些。任何以下提到的尊位确定的方式和位次排序方法都可以被认为是正确和合理的。

1. 商务宴请中的尊位确定

商务宴请中，如果采取的是自助不排座位的形式，当然就没有明确的尊位。如果是安排座位的宴请形式，一般主要有两种方式来确定尊位。

方案一：靠出入口来确定。面朝出入口的中央位置可以作尊位。如图 5-8 所示。

方案二：靠主桌的位置来确定。这种情况下，一般至少有两桌席位。一般主桌上面向其他桌方向的中央位置可以作尊位。如图 5-9 所示。

图 5-8

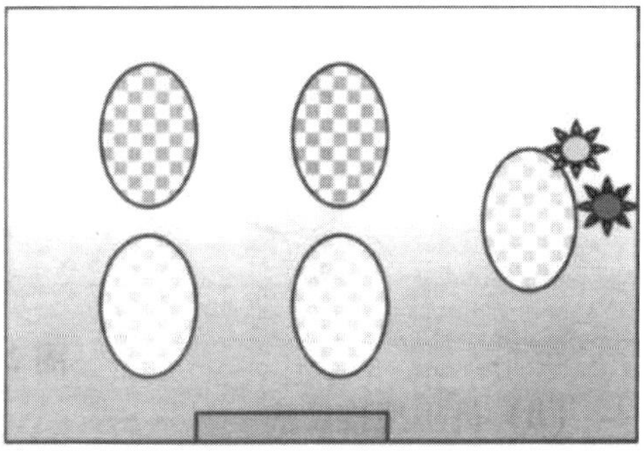

图 5-9

2. 商务宴请中的位次排序

从大的方面来说，商务宴请的位次排序涉及桌次和座次两种位次的排序问题。

参加商务宴请时，如果宴请桌数超过两桌，就会有桌次尊卑的问题，而座次排序则会在每一场宴请活动中用到。宴请桌次尊卑次序包括两桌、三桌、四桌、五桌及以上排列等。在实际活动时，可能会是长条桌和方桌，但其排序原则和方法是基本相同的，唯一例外的是，长条桌窄端两头通常安排主方人员。

（1）桌次安排

两桌组成的小型宴请。两桌宴请根据房间的布局分为两桌横排和两桌竖排两种情况。

当两桌横排时，其桌次是“以右为尊、以左为卑”，当然，这里的“右”和“左”是以面对正门的位置来确定的，这种做法又被称作“面门定位”。当两桌竖排时，桌次的尊卑则由距离正门的远近来衡量，远离正门的那桌为尊，而距离正门近的那桌为次。此种方法也称“以远为上”。

三桌及三桌以上的宴请。三桌及以上的宴请又被称为多桌宴请，在安排桌次时，除了要运用上面提到的“面门定位”“以右为尊”及“以远为上”这三条规则之外，还有一个常用的方法就是以距离主桌的远近来确定各桌的桌次。具体来说，就是距离主桌越近，桌次越高；距离主桌越远，桌次越低。这种方法又叫“主桌定位”。由于中国传统的观念影响，人们往往将位于中间位置的看作是地位最高的，因此，还有一项常用的规则，就是“以中为尊”。需要注意的是，在安排桌次时，所用餐桌的大小及形状等都应大体相当，除主桌可略大些之外，其他餐桌不宜过大或过小。

重要商务宴请可根据每张桌子上的名签对号入座，举办超过五桌的宴会时，宴会现场要有工作人员安排前来的宾客入座。对于参加宴会的客人而言，若没有专人引领，自己又实在不知该坐在何处时，就找熟识的人群或和同伴同坐即可。不同桌数宴请的安排如图5-10所示。

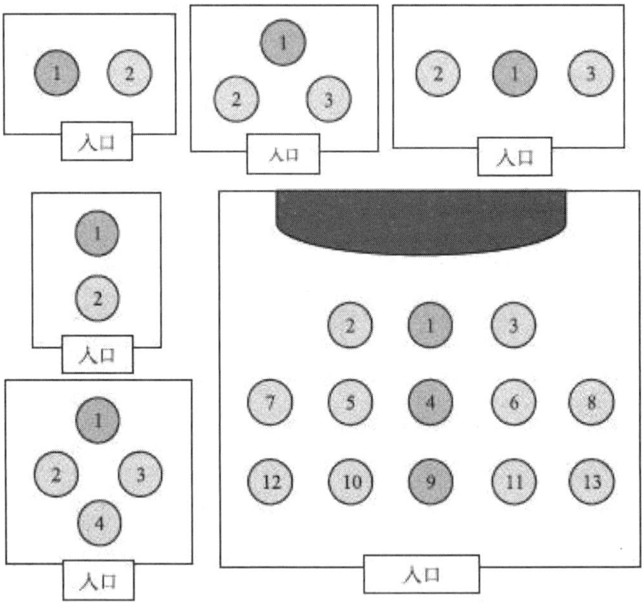

图 5-10

（2）座次排序

交叉和平行排列是商务活动中主客两方位置安排的两种最主要方式，如图5-11和5-12所示。

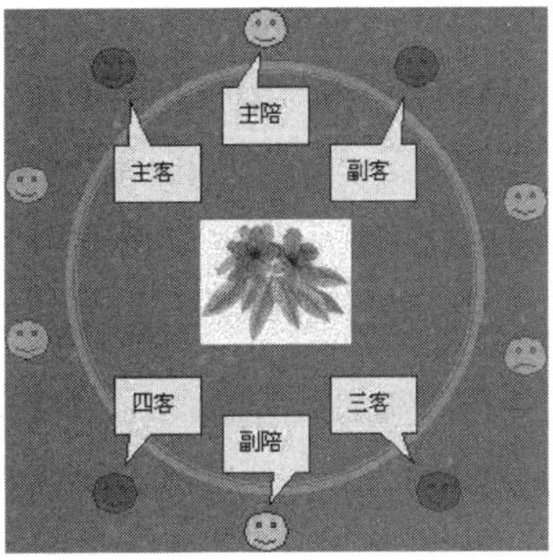

图 5-11

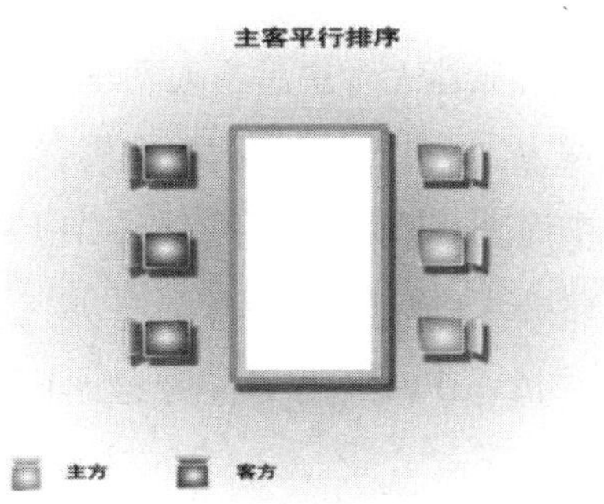

图 5-12

按照我国的座次习惯，同一桌的座次高低以离主人座位远近而定。“以右为尊”即主宾坐在主人的右侧。如果有双方夫妇共同出席，通常把女士安排在一起，即男主人的右侧是男主宾，女主人的右侧是主宾夫人。特别强调的是，在有些国家的商务宴请中习惯于将不同性别的人安排交叉就座，以体现男女平等和增加话题。而有些国家则习惯于将相同性别的人安排在一起就座，以照顾不同性别之间不同的话题爱好。

（五）商务迎送活动中的尊位及位次排序

1. 轿车礼仪位次安排

汽车是商务迎送活动中使用最多的交通工具。在正式的活动中，五座小卧车又是最常用的。在汽车内尊位的确定主要依据司机的身份而定。确定尊位后，即可以进行位次排序。

（1）主人驾驶轿车

当主人或领导亲自驾车的时候，此时一般称之为社交用车，上座为副驾驶座。这种情况，一般前排座为上，后排座为下；以右为尊，以左为卑。这种坐法体现出“尊重为上”的原则，体现出客人对开车者的尊重，表示平起平坐，亲密友善。

一般而言，不同车型座次尊卑顺序如下：

双排五人座轿车的座次尊卑顺序是：副驾驶座—后排右座—后排左座—后排中座。

双排六人座轿车的座次尊卑顺序是：前排右座—前排中座—后排右座—后排左座—后排中座。

三排七人座轿车的座次尊卑顺序是：副驾驶座—后排右座—后排左座—后排中座—中排右座—中排左座。

三排九人座轿车的座次尊卑顺序是：副驾驶座—前排中座—后排右座—后排左座—后排中座—中排右座—中排左座—中排中座。

乘坐主人驾驶的轿车时，最重要的是不能冷落主人，也就是不能令前排座位“虚位以待”，一定要有人坐在那里，以示相伴。由男士驾驶自己的轿车时，若夫人或女友在场，她一般应坐在副驾驶座上。由男主人驾车送其友人夫妇回家时，其友人之中的男士，一定要坐在副驾驶座上，与主人相伴，而不宜形影不离地与自己夫人坐在后排，那将是失礼行为。若同坐多人，中途坐前座的客人下车后，在后面坐的客人应改坐前座，此项礼节最易疏忽。

（2）专职司机驾驶轿车

当由专职司机驾车时，由于右侧上下车更方便，因此要以“右尊左卑”为原则，同时后排为上，前排为下。

一般而言，不同车型座次尊卑顺序如下：

双排五人座轿车的座次尊卑顺序是：后排右座—后排左座—后排中座—副驾驶座。

双排六人座轿车的座次尊卑顺序是：后排右座—后排左座—后排中座—前排右座—前排中座。

三排七人座轿车的座次尊卑顺序是：后排右座—后排左座—后排中座—中排右座—中排左座—副驾驶座。

三排九人座轿车的座次尊卑顺序是：中排右座—中排中座—中排左座—后排右座—后排中座—后排左座—副驾驶座—前排中座。

在接待非常重要客人的场合，比如说政府要员、重要外宾、重要企业家，这时上座应是司机后座，因为该位置的隐密性好，而且是车上安全系数较高的位置。一般来说，在轿车上，女性不宜坐于异性中央。

2. 迎送礼仪位次安排

迎宾线是为了表示隆重之意，同时便于主客双方相互致意而由主方人员列队组成的一条欢迎线。送宾线即欢送贵宾时，主方人员排成的一道送别线。迎宾线要安排在面向来宾方向的门内或门外。具体的排列方式如图 5-13 所示。

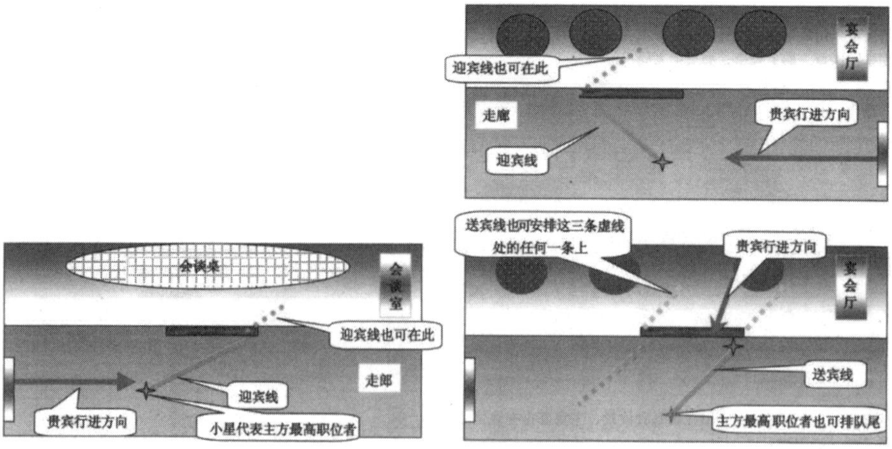

图 5-13

迎宾线、送宾线主要有“南飞雁”型和“领头羊”型两种，这两种类型主要是根据主人在迎送宾线中所占的位置不同相区别的。

（1）“南飞雁”型

在这种迎宾、送宾线中，主人主要居于迎送宾线的中央，给人一种似乎要引领群雁进行飞翔，故命名为“南飞雁”型（如图 5–14 所示）。这种迎宾、送宾线一般安排在车、船、机场或公司大院等处重要的迎宾、送客场合，或者重要贵宾团队参观访问时的抵离场合。这时，主方其他人员的安排主要是依据“以右为贵”的原则，按照职务高低，从主人右侧到左侧顺序反复安排位次。选择这种安排时，主方人员一般较少。在迎宾时，主人上前与主宾握手，其余主方人员按职务高低鱼贯上前与主宾相见。在送宾时，一般须主宾上车之前，由主方人员自动排成此列，举手送别。

（2）“领头羊”型

在商务迎送活动中用得最广泛的是“领头羊”型的迎宾、送宾线（如图 5–15 所示）。“领头羊”型中站在迎宾、送宾线最前端的，往往是主方职位最高的人员，给人以头羊领着羊群之感。这种迎宾、送宾的方式，往往在商务会见、会谈和宴请时用得最多，而且大部分在室内进行。具体的位置根据天气、场所等情况的不同而有所不同。迎宾时，如在冬季，并且有存衣室的情况下，一般迎宾线排在存衣室和会见厅、会议厅或宴会厅之前。送宾时，应在客人未穿外套之前，安排送宾线送宾，然后让贵宾穿衣外出。另外，迎宾线一般面朝迎客方向，而送宾线的队尾一般指向出口。

图 5–14

图 5–15

（六）行走引导的位次礼仪

1. 行进引导

引导人员宜走在客人的右前方或左前方，一般应与客人保持两至三步的距离，一面交谈一面配合客人的脚步。与客人大约是 130 度的角度，切忌独自在前，臀部朝着客人。宾主并排进行时，引导者应走在外侧后面或偏后一些的位置上；如果三人并行，通常中间为上，内侧次之，外侧再次之；若并行者多于三人时，则以居中者为尊；多人单行行走时，则大都以前为尊，以后为卑。与长辈、上司、女性同行时，原则上应在他们的左边或后面走，有急事需超越时要先道歉。引领者必须迁就被引领者的步伐。在马路上引领者应走在被引领者的左边，上楼梯时引领者应走在后面，而下楼梯时引领者则应走在前面。

2. 走廊引导

引导人员应走在来宾一两步之前，让对方行走在走廊的中央，自己走在走廊一侧。切记，应与来宾步调保持一致。

3. 楼梯引导

引导客人上楼时，应让客人走在前面，接待工作人员走在后面；下楼时，应该由接待工作人员走在前面，客人在后面。上下楼梯时，应注意客人的安全。若宾客不清楚线路，则引领者走前。

4. 电梯出入

与同级、同辈或不相识者同乘电梯，进入时要讲先来后到，出来时应由外而里。如果与尊长、来宾、客人或上级乘电梯时，也有先后次序的讲究，原则上是客人和上级先进先出。如果进入无人管理的电梯，且客人和上级人数较多时，则宜自己先进入电梯按住电梯按钮以便客人或上级从容进入电梯。电梯右侧有按钮时，则 2 号位为大位，4 号位为二位，3 号位为三位，5 号位为四位，1 号位为五位，如图 5–16 所示。如果电梯两侧都有按钮，则只需将上图中 1 号位与 5 号位互换位置，因为商务礼仪中通常以右为尊。

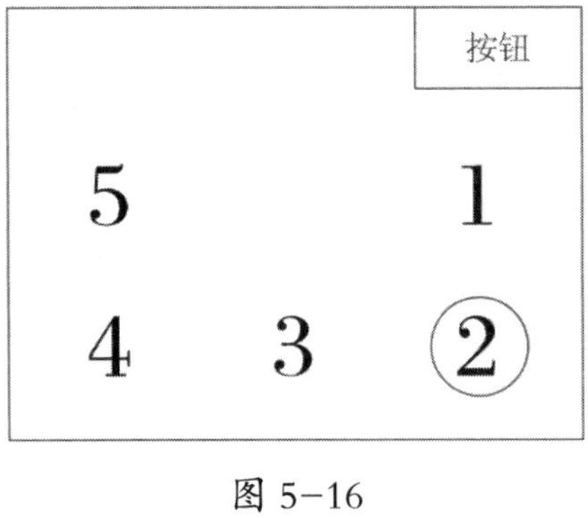

图 5–16

三、国旗摆放礼仪

国家是当今国际事务当中最重要也是最主要的行为体，自然人都是依附于某一个国家而存在。国旗，是一个国家的标志和象征，由一个国家法律规定的、具有一定正式规格与式样的旗帜，用以在正式场所进行悬挂。目前，世界上的大多数国家都拥有自己正式颁布的国旗。

在正式活动中，人们往往通过升挂本国国旗来表达自己的民族自尊心、自豪感以及对祖国的无比热爱。在对外交往中，恰如其分地升挂本国国旗或外国国旗，不仅有助于维护本国的尊严与荣誉，而且还有助于对外国表示应有的尊重与友好。

为了维护国旗的崇高地位，各国对升挂本国或外国的国旗大都自有一套通行的做法，并且逐渐形成了一些有关国旗使用的惯例，这就是国旗礼仪。我国于 1990 年 6 月 28 日在第七届全国人民代表大会常务委员会第十四次会议通过了《中华人民共和国国旗法》，并于当年 10 月 1 日开始施行。根据实际实施过程中的相关问题，1991 年 4 月 15 日又经国务院批准，发布施行《中华人民共和国外交部关于涉外升挂和使用国旗的规定》。为了进一步完善国旗升挂的有关规定，国务院办公厅于 1998 年 10 月发布《关于加强对外商投资企业升挂和使用国旗管理的通知》。这些规定对于在我国境内升挂国旗的相关问题有非常详细的规定和说明，适用于所有在我国境内升挂和使用国旗的活动。接待人员在面对或使用国旗时，必须对国旗礼仪严格地加以遵守，并重点掌握国旗的悬挂、升旗的仪式、国旗的排序。象征国家的国旗在国际政务和商务活动当中都受到很高的礼遇和重视，很多国家也都对国旗的使用方法制定了单独和明确的法律法规。鉴于此，并考虑到国旗摆放有其特殊性，故在本节中专门介绍相关的知识。

（一）国旗摆放原则

在商务活动中，可能需要摆放国旗的场合有会议、会见、会谈、签字仪式及宴请，国旗摆放的方式也有悬挂、交叉、横挂等不同选择。在商务活动中需要摆放国旗时，应该充分尊重主方国家的规定和要求。但在对本国国旗确有不敬之处时，应据理力争，争取获得在礼仪安排上的一种得体、折中的处理办法。

总体而言，国旗摆放应遵循国旗高于其他旗的原则。在商务活动中，如果有诸如厂旗、公司旗及国旗等不同种类的旗帜出现时，国旗享有最高的荣誉，《中华人民共和国国旗法》专门规定，升挂国旗，应当将国旗置于显著的位置。因此国旗在摆放时，应占有主要的、突出的、中心的位置。同时，其他旗帜不能高过、超出和盖过国旗，也不能将国旗放在“下位”。一般情况下，中国国旗与其他旗帜有下列两种常见的排序：

（1）前后排列

当中国国旗与其他旗帜呈前后列队状态进行排列时，一般必须使中国国旗排于前列。

（2）并排排列

国旗与其他旗帜并排升挂，存在三种具体情况：

其一，一面国旗与另外一面其他旗帜并列。最右侧为上位，其标准做法是应使国旗位居右侧。

其二，一面国旗与另外多面其他旗帜并列。此种情况下，中心位为上位，通常必须使国旗居于中心的位置。

其三，国旗与其他旗帜呈高低不同状态排列时，按惯例应使国旗处于较高的位置。

（二）国旗涉外排序

在某些特殊情况下，我国境内有可能升挂外国国旗。因此，客观上就出现了中外国旗的排序问题。在处理这一问题时，一定要遵守有关的国际惯例与我国相关部门的明文规定。

1. 升挂外国国旗的情况

只有在下述情况下，外国国旗才有可能在中华人民共和国境内升挂使用。

其一，外国驻中国的使领馆和其他外交代表机构，及其主要负责人的寓邸与乘用的交通工具。

其二，外国的国家元首，政府首脑、副首脑、议长、副议长、外交部长、国防部长、军队总司令或总参谋长，率领政府代表团的正部长，国家元首或政府首脑派遣的特使，以其公职身份正式来华访问之际所举行的重要活动。

其三，国际条约和重要协定的签字仪式。

其四，国际会议、国际性文化、体育活动，国际性展览会、博览会等举行的场所。

其五，民间团体所举行的双边和多边交往中的重大庆祝活动。

其六，外国政府经援项目的签字仪式、大型三资企业的重要仪式、重大庆祝活动。

其七，外商投资企业、外国其他的常驻中国机构。

此外，一般情况下，只有与中国正式建立外交关系的国家的国旗，方能在中国境内的室外或公共场所按规定升挂。若有特殊原因需要升挂未建交国国旗，必须事先经过省、自治区、直辖市人民政府外事办公室批准。

2. 升挂外国国旗的要求

为维护我国的国家主权，外国国旗即使在中国境内合法升挂，也应受到以下一系列的限制：

其一，在中国升挂的外国国旗，必须规格标准、图案正确、色彩鲜艳、完好无损，即必须为正确而合法的外国国旗。

其二，除外国驻中国使馆、领馆和其他外交代表机构之外，凡在中国境内升挂外国国旗时，一律应同时升挂中国国旗。

其三，外国公民在中国境内平日不得在室外或公共场所升挂外国国旗。遇其国籍国的国庆日可以例外，但届时必须同时升挂中国国旗。

其四，在中国境内，中国国旗与多国国旗并列升挂时，中国国旗应当置于荣誉地位。外国驻华机构、政府间国际组织在中国设立的总部或者代表机构、外商投资企业、在中国境内的外国公民同时升挂中国国旗和外国国旗、政府间国际组织的旗帜时，必须将中国国旗置于上首或者中心位置。外商投资企业同时升挂中国国旗和企业旗时，必须把中国国旗置于中心、较高或者突出的位置。

其五，中国国旗与外国国旗并挂时，各国国旗均应按照各国规定的比例制作，并尽量做到旗的面积大体相等。

其六，多个国家的国旗并列升挂时，旗杆高度应当一致。同一旗杆上不能升挂两个国家的国旗。

3. 中外国旗并列时的排序

中国国旗与外国国旗并列时的排序，主要分为双边排列与多边排列两种具体情况。

（1）双边排列

中国规定，在中国境内举办双边活动需要悬挂中国和外国国旗时，凡中方主办的活动，外国国旗置于上首；对方举办的活动，则中国国旗应置于上首。以下，以中方主办活动为例，说明三种常用的排列方式：

第一，并列升挂。中外两国国旗不论在墙上悬挂，还是在地面上升挂，皆应以国旗自身面向为准，以右侧为上。

第二，交叉悬挂。在正式场合，中外两国国旗既可以交叉摆放于桌面上，又可以悬空交叉升挂。此时，仍应以国旗自身面向为准，以右侧为上位。

第三，竖式悬挂。有时，中外两国国旗还可以进行竖式悬挂。此时，亦应以国旗自身面向为准，以右侧为上位。具体而言，竖挂中外两国国旗又有两种具体方式：二者皆以正面朝外或以客方国旗反面朝外，而以主方国旗正面朝外。应当注意的是，某些国家的国旗因图案、文字等原因，既不能竖挂，也不能反挂。有的国家则明文规定，其国旗若竖挂须另外制旗。

（2）多边排列

当中国国旗在中国境内与其他两个或两个以上国家的国旗并列升挂时，按规定应使中国国旗处于以下荣誉位置：

第一，一列并排时，以旗面面向观众为准，中国国旗应处于最右方。

第二，单行排列时，中国国旗应处于最前面。

第三，弧形或从中间往两旁排列时，中国国旗应处于中心。

第四，圆形排列时，中国国旗应处于主席台（或主入口）对面的中心位置。

第六章　现代社交礼仪

第一节　现代见面礼仪

人们会面时，为了表示对他人的尊重或友好，通常需要用到见面礼节。见面礼节包括口头问候和肢体问候两种。现代社会，常用的口头问候包括“您好”“见到您很高兴”等，常用的肢体问候包括握手、拱手、鞠躬、亲吻、拥抱、双手合十、招手、点头等。由于社会文明以及历史文化的不同，不同文化国家的人见面时问候的方式有时是不同的。

一、介绍礼仪

介绍，按照场合来分，有正式介绍和非正式介绍。正式介绍是指在较为正规的场合进行的介绍，而非正式介绍是指在一般非正规场合中进行的介绍。按照介绍者在介绍中处于的位置不同来分，有自我介绍和他人介绍。

（一）自我介绍

自我介绍，是指把自己介绍给对方。自我介绍时，应做到：

1. 介绍内容要有针对性

自我介绍要根据不同场合、对象和实际需要，有目的、有选择性地进行介绍，不能够千人一面。一般性的应酬，介绍要简单明了，通常介绍姓名就可以了。工作性的自我介绍还要介绍工作单位和具体从事的工作。社交性的自我介绍则还需进一步介绍兴趣、爱好、专长、籍贯、母校、经历及与交往对象的某些熟人的关系等，以便进一步交流和沟通。

2. 介绍内容要实事求是

自我介绍应当实事求是、态度真诚，既不要自吹自擂、夸夸其谈、谎报自己的职务、吹嘘自己的才能、胡诌认识许多社会名流等，也不要自我贬低、过分谦虚。恰如其分地介绍自己，才会给人诚恳、可以信任的印象。

3. 把握介绍时机

自我介绍要寻找适当的时机，比如，当对方正与他人亲切交谈时，不宜走上前去进行自我介绍，以免打断别人的谈话，在对方有兴趣、有需要时再适时介绍。而当对方一个人独处时，不妨见缝插针，抓住时机进行自我介绍。

4. 讲究介绍艺术

自我介绍要看场合，如与一人会见，问好后便可开门见山进行自我介绍。此外，进行自我介绍前，也可以引发对方先作自我介绍，诸如“请问您贵姓”“您……”等，待对方回答后再顺水推舟地介绍自己。与人相互认识后欲深交，还可以交换名片，以便日后联系。

（二）他人介绍

为他人介绍，通常是介绍不相识的人相互认识，或者把一个人引荐给其他人。介绍时要注意以下礼节：

1. 谁来当介绍人

（1）在家请客，应该由主人当介绍人，尤其是女主人适合当介绍人，这样容易沟通，方便介绍客人互相认识。

（2）一般性公务活动，得由专人作介绍，包括办公室主任、领导秘书、接待人员、公关人员等。

（3）对口人员当介绍人，即由你找的人员当介绍人。举个例子：你到某局找局长办事，他的办公室正好有客人在，你与他的客人不认识，这时局长应起身给你们作介绍；再如，你的老家有人在工作时间到办公室来找你，此时办公室还有其他同事，这时你就应该当介绍人给大家互相介绍。

2. 掌握介绍顺序

（1）先把男士介绍给女士；先把晚辈介绍给长辈；先把职位低者介绍给职位高者；将主人介绍给客人；将晚到者介绍给早到者。

（2）当被介绍者一方或双方都不止一人的情况，集体介绍时就要注意“少数服从多数”原则。当被介绍者双方地位、身份大致相似时，应先介绍人数较少的一方。

（3）强调地位、身份。若被介绍者双方地位、身份存在差异，虽人数较少或只有一人，也应将其放在尊贵的位置，最后加以介绍。

（4）单向介绍。在演讲、报告、比赛、会议、会见时，往往只需要将主角介绍给广大参加者。

（5）人数较多一方的介绍，可采取笼统的方式进行。如“这是我的家人”“这是我的同学”。

（6）人数较多各方的介绍。若被介绍的不止两方，需要对被介绍的各方进行位次排列。排列的方法有：①以其负责人身份为准；②以其单位规模为准；③以单位名称的英文字母顺序为准；④以抵达时间的先后顺序为准；⑤以座次顺序为准；⑥以距介绍者的远近为准。

3. 介绍动作

介绍别人时，手势动作要文雅，无论介绍哪一方，都要五指并拢，掌心向上，指向被介绍一方。切记不要手指尖朝下，因为朝下是矮化对方的肢体语言。同时，不要以单指指人。

二、交换名片礼仪

不管是自我介绍还是经人介绍，名片越来越成为人们相互了解的一个重要媒介。名片信息比较详尽，便于双方相互联系。

（一）名片的内容设计

名片设计要包括以下要素：

1. 姓名

名片最重要的目的是便于联系，因此，必须写清真实姓名，如果有别名、笔名或平时的简称，应标示清楚，否则可能会在以后的交往中带来不必要的麻烦。亚洲人在设计名片时，喜欢让姓名的字体比其他内容更显著，而西方人则比较愿意突出公司的名称。

2. 职位

应标明最重要和最主要的一至两项职务，对于很多的名誉或其他次要职务，无需全部一一列举到名片上。如果必要的话，可以为每一种职务制作名片，以便于在不同场合使用。一些曾经担任过的重要的政府职位，比如部级职位，可以进行标注，但需要标明“前”以示区别。

3. 学位、职称

学位和职称一般都是学历或资历的象征和证明，一旦获得就可以终身享用。高学位和职称一般都可以在名片上进行标志，但要求简明易懂，不必细述细分。

4. 公司、企业名称

应注明单位的全名，而不能只写简称或缩写代码，标示应非常醒目和清楚。

5. 地址

一般应该标注单位的办公地址，如果邮政地址与办公地址不同，应分别标注说明。随着互联网的使用，越来越多的人也开始用电子邮件，因此，还应将电子邮件地址标注清楚。如果有网站，应标明网站地址。

6. 联系号码

此项应标明最主要和重要的单位联系电话和传真号码。

7. 公司标志图案及颜色

公司的标志，英文缩写为 LOGO，应该是一个公司的标志性图案，如果可以的话，应该将此标志图案印在名片中。有的单位还有自己的标志色，用有标志色的纸张印制名片或者将标志色印在名片中，均对宣传单位意义重大。

8. 双语顺序

如果名片用中、外文两种语言，则中文在上，外文在下。

（二）递送名片的礼节

应事先把名片准备好，放在易于取出的地方。

递送名片时，要用双手的大拇指和食指拿住名片上端的两个角，名片的正面朝向对方，以便对方阅读，以恭敬的态度，眼睛友好地注视对方，并用诚挚的语调说道："这是我的名片，请多联系"或"这是我的名片，请以后多关照"。

同时向多人递名片时，可按由尊而卑或者由近而远的顺序，依次递送。以独立身份参加活动的来宾，都应该递送名片，以免使人有厚此薄彼之感。

初次相识，双方经介绍后，如果有名片则可取出名片送给对方。如果是事先约定好的面谈，或事先双方都有所了解，不一定忙着交名片，可在交际结束、临别之时取出名片递给对方，以加深印象，表示愿意保持联络的诚意。

（三）接受名片的礼仪

接受他人的名片时，应尽快起身或欠身，面带微笑，眼睛要友好地注视对方，并口称"谢谢"，使对方感受到你对他的尊重。接过名片后，应认真阅读一遍，最好将对方的姓名、职务轻声地念出来，以示敬重，看不明白的地方可以向对方请教。要将对方的名片郑重收藏于自己的名片夹或上衣口袋里，或者办公室显著的位置。妥善收好名片后，应随之递上自己的名片。如果自己没有名片或者没带名片，应当首先向对方表示歉意，再如实说明原因，如"很抱歉，我没有名片""对不起，今天我带的名片用完了"。如果接受了对方的名片，不递上自己的名片，也不解释一下原因，是非常失礼的。接受了对方的名片，不要看也不看一眼就放入口袋，或者随手放在一边，也不要将其他东西压在名片上，或拿在手里随便摆弄，这都是对对方的一种不恭。

（四）使用名片的场合

1. 初次见面时递送名片，这是最主要的名片递送场合。一般参加任何商务活动都应该带上名片，而且派发名片不必局限在某种人，或将一部分人排除在外。

2. 随赠品发送名片。一般赠送物品，特别是宣传品、礼品、书籍或者邮寄新年贺卡，都可以随赠名片。特别是在赠送礼品和书籍时，按惯例都应将名片装在小纸袋中贴在礼品正面或将名片直接夹在书刊扉页内。

3. 参加重要招待会、展览会时投送名片。在一些重要的招待会和展览会时，要求与会者在指定的地点投送名片，这样一方面为了统计到会的人员情况；另一方面也是为以后寄送相关的材料收集信息。这种投送一般都是自愿，可以不必勉强，但若想以后继续获得相关的邀请和介绍，应投送名片。

4. 在非正式的邀请中（如邀约很熟的同学、同事或朋友聚会），用名片代替请柬（只需在名片上写几句话和写明地点、时间）。

三、握手礼

握手，是人们见面时相互致意的最普遍的肢体问候的方式。据说在史前时期，人类的祖先以打猎为生，世界对他们来说是充满危险的，他们会拿着棍棒或石头用以防身和狩猎。因此，当陌生人相遇时，如果双方都没有敌意，便放下手里的东西，伸开双手让对方抚摸掌心，以示友好。久而久之，这种表示友好的习惯沿袭下来就成为今天的握手礼。关于握手礼来源的另一种说法是中世纪时，骑士们都穿着盔甲，全身披挂后，除两只眼睛外，其余都包裹在盔甲里，随时准备冲向敌人。如果表示友好，互相走近时就应脱去右手的甲胄，伸出右手，表示没有武器，互相握手，这是和平的象征。现如今，握手是世界上生活和商务活动中最为普遍的一种礼节。握手作为一种礼节，应掌握以下几点：

（一）握手的姿态

握手要注意姿势，一般在距离对方一米左右的地方站立，上身略微前倾，自然伸出右手，四指并拢，拇指张开，掌心向上或略微偏向左，手掌稍稍用力握住对方的手掌，握力适度，上下稍许晃动几下后松开。需要注意的是，与女士握手时应避免接触到女士掌心，只需触碰到女士的四指即可。握手时要注视对方，面露笑容，以示真诚和热情，同时讲问候语或敬语。

（二）握手的顺序

握手时，伸手的先后顺序遵循“尊者优先”的原则，由尊者先行伸手，对方予以响应。在公务场合，先后顺序主要取决于职位、身份，社交场合和休闲场合主要取决于年龄、性别和婚否。一般来说，握手的基本顺序是：主人与客人之间，客人抵达时主人应先伸手，客人告辞时由客人先伸手；年长者与年轻者之间，年长者应先伸手；身份、地位不同者之间，应由身份和地位高者先伸手；女士和男士之间，应由女士先伸手。注意无论什么人，如果他忽略了握手礼的先后次序而已经伸了手，对方都应不迟疑的回握。

（三）握手的力度

握手的力度要因人而异，把握分寸，既不能有气无力，也不能过分用力，以不轻不重、适度为好。男士和女士握手一般不能握得太紧，老朋友可以例外，但也不能握痛对方的手。

（四）握手的时间

握手的时间长短应根据双方的身份和关系来定，一般时间为 1 ~ 3 秒。初次见面时，应该立刻握住对方伸出的手，稍稍用力一下，即可分开。朋友相逢，握手时间可以延长。但不管怎样，握手时间不宜过长或过短。时间过短，给人以应付、走过场的感觉；时间过长，尤其与异性朋友或初次相识者握手时间过长，是失礼的表现。

（五）握手的禁忌

1. 握手时不要将左手插在裤袋里，不要边握手边拍人家的肩头，不要在握手时眼看着别处或与他人打招呼，无特殊原因不用左手握手，人在一起时避免交叉握手。

2. 要站着而不能坐着握手，年老体弱或者有残疾的人除外。

3. 如果戴有手套，要把右手上的手套脱下，妇女有时可以不脱手套。

4. 一般情况下不能拒绝别人伸出来的手，拒绝握手是非常失礼的，但如果是因为感冒或其他疾病，或者你的手脏，也可以谢绝握手，但是要做出简单清楚的解释。

四、鞠躬礼

（一）鞠躬礼的使用场合

鞠躬礼既可以应用在庄严肃穆或喜庆欢乐的仪式中，也可以应用于一般的社交场合；既可应用于社会，也可应用于家庭。如下级向上级、学生向老师、晚辈向长辈行鞠躬礼表示敬意。上台演讲、演员谢幕时行鞠躬礼表示对观众的敬意。另外，各大商业大厦和饭店宾馆的接待人员也以鞠躬礼向宾客表示欢迎和敬意。

（二）鞠躬礼的正确姿势

行礼者和受礼者互相注目，不得斜视和环视；行礼者在距受礼者两米左右进行；行礼时，以腰部为轴，头、肩、上身顺势向前倾 15 度至 90 度，具体的前倾幅度可视行礼者对受礼者的尊重程度而定；双手应在上身前倾时自然下垂放在两侧，也可两手交叉相握放在体前；面带微笑，目光下垂，然后将伸直的腰背由腰开始的上身向前弯曲，注意弯腰速度适中，同时视线由对方脸上落至自己的脚前 1.5 米处（15 度礼）或脚前 1 米处（45 度礼）或脚前 0.4 米处（60 度礼）或脚尖处（90 度礼）。

（三）鞠躬礼的注意事项

1. 受礼者应以鞠躬礼回礼，若是长辈、女士和上级，回礼可以不鞠躬，而用欠身、点头、微笑示意以示回礼。

2. 一般情况下，鞠躬要脱帽，戴帽子鞠躬是不礼貌的。如需脱帽，脱帽所用之手应与行礼之边相反，即向左边的人行礼时应用右手脱帽，向右边的人行礼时应用左手脱帽。

3. 鞠躬时，目光应该向下看，表示一种谦恭的态度。不可以一面鞠躬一面翻起眼看对方，这样做的姿态既不雅观，也不礼貌。

4. 鞠躬礼毕起身时，双目还应该有礼貌地注视对方。如果视线转移到别处，即使行了鞠躬礼，也不会让人感到诚心诚意。

5. 大礼行三鞠躬，一般只行一鞠躬。

五、鼓掌礼

鼓掌作为一种礼仪形式已经存在很久，但以前人们完全没有意识到这是一种致意礼节，而仅仅将其作为一种表示同意、肯定的形式，以为只是会场上的一种表达意愿的方式，特别是人们经常看到的似乎都是以鼓掌形式通过某种决议。这些使得人们从某种程度上忽略了鼓掌作为一种致意礼节的作用和性质。

其实鼓掌作为一种致意礼节在世界上的运用非常广泛，而且由来已久。但值得说明的是，这种礼节一般确实只在集体活动时才予以运用。

（一）鼓掌礼的使用场合

作为致意礼节，它主要是在三种情况下使用：第一，表示欢迎之意、喜悦之情时使用，这种时候一般是在宾客到达，或者请一个人出来讲话、表演节目等情况时，进行鼓掌，以示欢迎和喜悦；第二，表示感激之意时使用，一般在某一个人从事了一定的劳动或者有所贡献，比如表演了节目、捐赠了款项等时，鼓掌表示感谢；第三，表达欢送之意时使用，一般是在宾客离别之时进行鼓掌。

（二）鼓掌礼的注意事项

行鼓掌礼时，态度应该真诚，手势应该正确。双手拇指自然伸张，其余四指并拢。其中右手手掌平伸，左手手掌微屈，形成一个凹形掌心，然后用右手指掌部分拍打左手的这个掌心位置。左右手位置转换也可，拍打的力度和鼓掌的声响可以根据情况适当掌握。一般鼓掌越热烈，表达的情感越强烈。

鼓掌时要避免双手手指分开，鼓掌无力，甚至鼓倒掌。这些都是比较失礼的行为，而且容易引起误解。

行鼓掌礼时，要注意与其他人协调进行，集体行动，不可一意孤行，不合时宜地独自鼓掌，一般要注意配合主人或主宾才不至于失礼。

六、其他礼节

（一）献花礼

对重要的参加对象（如外国知名专家、劳动模范、获重要奖项者等）可安排献花。献花必须注意以下几点：

1. 所献之花必须是鲜花，花束要整齐、鲜艳，以红色系与紫色系为佳，选择的花语以代表“友谊、喜悦、欢迎”的花束为主。一般忌用菊花、杜鹃花、石竹花以及以黄色为主的花作所献之花。

2. 对外籍与会者献花要尊重对方的风俗习惯，花的品种和颜色要根据不同的对象来选择。

3. 一般安排少年儿童或女青年献花。如与会者夫妇同时到达，由女少年向男宾献花，男少年向女宾献花。少先队员献花时，应当先敬礼。有时也可由主办方领导人亲自献花，以表示最诚挚的欢迎。

4. 献花一般安排在主客双方见面、介绍和握手之后。

（二）拥抱礼

拥抱礼的标准做法是：两人正面对立，各自举起右臂，将右手搭在对方的左臂后面；左臂下垂，左手扶住对方的右后腰。首先向左侧拥抱，然后向右侧拥抱，最后再次向左侧拥抱，礼毕。拥抱时，还可以用右手掌拍打对方左臂的后侧，以示亲热。

（三）合十礼

合十礼是在东南亚信奉佛教的国家运用的一种致意礼节。合十实际就是合掌。行这种礼时，应双手合十，指尖朝上，举于胸前。同时，伴有双腿轻微下蹲姿势。根据对方身份，合掌的位置不同。一般对方身份越高，合掌的指尖就举得越高，下蹲的姿势越明显，对对方的敬意也就越高，最高时可与眉心相齐。当无法双手合十时，用右手单掌代替，表达相同的敬意。一般合十礼是低职人员先行礼，高职人员回礼。高职人员回礼时，合掌位置可在胸前。

（四）吻手礼

吻手礼是流行于欧美上层社会的一种礼节，起源于中世纪的欧洲。在社交场合中，同上层社会的贵族妇女见面时，如果女方先伸出手作下垂式，男方则可将其指尖轻轻提起吻之；若女方不伸手表示，不可行吻手礼。

（五）举手礼

这是世界各国军人见面时的专用礼节，起源于中世纪的欧洲。行举手礼时，要举右手，手指伸直并拢，指尖接触帽檐右侧，手掌微向外，右上臂与肩齐高，双目注视对方，待受礼者答礼后方可将手放下。

（六）点头礼

这是同级或平辈间的礼节，如在路上行走时相遇，可以在行进中点头示意。若在路上遇见上级或长者，必须立正行鞠躬礼。上级对部下或长者对晚辈的答礼，可以在行进中进行，或伸右手示意。

第二节　即时通信软件使用礼仪

随着网络通信工具和在线聊天工具的快速发展，微信和 QQ 等即时通信软件逐渐成为人们最常用的交流工具。但它们毕竟是新生事物，若使用不当会出现很多问题。因此，在不同场合需要注意其使用礼仪。

一、日常应注意的事项

日常生活中的沟通相对随意，但也要注重基本的礼仪。在使用即时通信软件与他人沟通时，以下这几点一定要注意：

（一）添加好友

1. 添加别人为好友时，要表明个人身份信息，或说明从哪个途径认识对方的。若对方不回复，不重复添加。

2. 先加好友的人要先发起对话。

（二）收发信息

1. 早 7 点前以及晚 10 点后不要突然给任何人发信息。如确有必要发，首先要适当表达歉意，并不要期盼对方及时回复。

2. 回复信息要及时，最好是 3 分钟内。若回复他人不及时，隔好几个小时、半天，甚至一天以上的，应简要说明原因。如“抱歉，刚刚有事，才看到”等。更不要不回复他人信息，已通过其他途径回复除外。若情有可原不能回复时，可以回复一个礼貌的表情。

3. 省去“在吗？”“有空吗？”之类的套路话语，有话直说。

4. 不能要求所有人都及时回复，更不能一直追问。如有紧急事情，可通过电话联系。

5. 注意对话内容。任何对话都可能被第三人甚至更多人看到，所以要注意对话内容的私密性。

6. 谨慎收发语音信息。发送一段语音尽量不要超过 30 秒，因为一旦中途听不清就只能重新听，这会浪费他人不必要的时间。收听语音时应注意周围环境，公众场合尽量戴耳机不要外放，或贴近耳边听，以免打扰他人。

7. 想和某人语音或视频聊天前，应先文字询问对方是否方便。语音或视频聊天时，要确保周围环境不会太喧闹嘈杂。

8. 结束对话要明说，或者用“嗯”“哦”等委婉的表达方式，不应该突然消失不回复。

（三）使用“朋友圈”或“QQ 空间”

1. 不回微信聊天框消息之前，不要随意发朋友圈或 QQ 空间动态。

2. 朋友圈或 QQ 空间里的内容不要刷屏。

3. 有多个共同好友的情况下，不要只给其中一个好友的朋友圈点赞或评论。

4. 不要在共同好友的朋友圈或 QQ 空间动态下反复“聊天”。

二、工作中应注意的事项

在工作方式比较严谨和传统的机关、事业单位，微信和QQ等交流工具使用不当会出现很多问题。很多时候自己并无意识，却已经给别人留下负面印象。以下这几点一定要注意：

（一）不要滥用截屏

截屏功能与职场大多数礼仪背道而驰。两个人的聊天是非常私密的行为，将截屏发送出去与暴露他人和自己的隐私没有区别。在职场上使用微信或QQ等截图聊天信息要格外谨慎，不要随意截屏为证，更不可随意把截屏发送给第三者。

（二）群里也要讲规矩

单位群的感情交流功能相对弱一些，主要是为了工作。所以在工作群里聊天，如果不是工作必要，一定要适可而止。同时，不要随便拉陌生人进入群里，以免泄露工作机密。

（三）慎用语音消息

虽然微信或QQ的交流方式很丰富，有文字、语音、表情等，但交流时对方性格、身处环境、职位高低等都是必须考虑的。对于那些职位比自己高很多的人，最好的方法是直接拨打电话，除非是私下关系极好，否则一般不使用语音。

（四）注意沟通效率

单位里使用微信、QQ沟通时，一定要考虑对方的处境。比如对方身处领导岗位，事务极其繁忙，这时候切勿使用“看到请回复”“在吗”等话语，要直接切入主题。微信和QQ在严谨程度上存在短板，对于复杂问题，即使长篇大论，也很容易出现误解和误判。如果稍微感到沟通效率低下，可马上致电询问。设想沟通对象处境，随时调整沟通节奏，工作会更加顺畅。

（五）区分生活圈和工作圈

朋友圈和QQ空间是每个人的一张网络面孔。若生活和工作共用一号，一定要注意朋友圈和QQ空间的分组。比如，你发了一条在亲朋好友看来有趣的内容，同事和上司看到了可能是另一种感受，或许会不知不觉间造成一些误会和偏见。在人际关系和社交工具的使用上，一定要因人而异，这是一条常识。

（六）勿滥用私人化表情

对私人化、真人截图等比较特殊的表情的认可，一般限于私人圈子，但在工作群里用这些表情可能会使一些人生厌。工作群内人员年龄差异大，不太适宜使用各种怪异表情，可能你只是想活跃气氛，但实际上是增加了负面印象。

第三节　现代馈赠礼仪

相互馈赠礼品是人类社会生活中不可缺少的交往内容。中国人一向崇尚礼尚往来，《礼记·曲礼上》有云："礼尚往来，往而不来，非礼也，来而不往，亦非礼也。"礼品是赠予人主动给予，并且用以表达某种意愿、情感，具有纪念和象征意义的物品。馈赠是人们在交往过程中通过礼品来表达对对方的尊重、敬意、友谊、纪念、祝贺、感谢、慰问、哀悼等情感与意愿的一种交际行为。礼品的象征意义是其第一属性，它的价值和实用性是第二位的。礼品可以表达的情感包括喜悦、悲伤、感激、同情、肯定、赞许、祝福等。

俗话说，礼尚往来，但送礼是很有讲究的，送礼要把握选择礼品、赠送礼品、接受礼品三个环节。这三个环节要考虑馈赠的六要素：送给谁、为什么送、送什么、何时送、什么场合送、如何送，这都有约定俗成的礼仪。不了解各种送礼礼仪，非但不能实现送礼的初衷，反而会导致事与愿违。

一、馈赠类型

一般来说，送礼品应该有明确的目的性，根据不同的馈赠目的选择礼品。送礼的目的多种多样，如以交往为目的，以酬谢为目的，以公关为目的，以沟通感情、巩固和维系人际关系为目的等。馈赠的目的不同，送礼的方式、选择的礼品、遵循的礼节都有所不同。

公务性馈赠（组织机构送礼）多以交际和公关为目的。这种性质的送礼是针对交往中的关键人物和部门赠送礼品，达到为组织（单位）带来经济效益或发展机会的目的。有些企业利用送礼的机会达到轰动性的广告宣传效应。

个人间馈赠是以建立友谊、沟通感情、巩固和维系人际关系为目的的馈赠。虽然是个人间馈赠，但有时是为了达到商业活动的目的。这种性质的送礼一般讲究礼尚往来，所以礼品不一定价格昂贵，重在情义和送礼的方式。

二、馈赠场合

归纳起来，下面几种情况应该考虑送礼。至于是否一定送礼，则应根据实情灵活掌握。

1. 喜庆嫁娶。乔迁新居、开业庆典、过生日、生小孩、庆祝寿诞等，遇到亲友家中这些喜庆日，一般应考虑备礼相赠。

2. 欢庆节日。遇到我国传统节日如春节、端午节、中秋节，重阳节等节日，亲朋之间往来走动可送礼。法定节假日如元旦、五一、国庆节等，也可以适当送些礼品表示祝贺。

3. 探视病人。到医院或别人家中去探视病中的亲友、同事、领导时，可以送些水果、食品和营养品等表示关心。

4. 酬谢他人。当自己在生活中遇到困难或挫折时，亲朋好友对你伸出过援手之后，应考虑送些礼品表示酬谢。

5. 亲友远行。同窗数载毕业后各奔东西，亲朋远行，甚至到异国他乡，为表示自己的惜别之情，一般送些礼品。

6. 拜访、做客。这种时候可以备些礼品送给主人，特别是女主人和主人家的小孩。

那么，具体到送礼的地点和时间应该怎么把握呢？一般而言，赠送礼品没有严格的时间限制，更多地要看现场的情况，依靠临场发挥，一般都按以下习惯：

送花：鲜花是一种高雅的礼品，应在迎送初期相送。

其他礼品：会谈会见，一般是在起身告辞的时候送礼。签字仪式，一般是在仪式结束时互赠礼品。就餐宴会，分三种情况，一是正式宴会，如果有礼品互赠仪式，则应按计划在相应的时间段赠送，除此以外，一般是在宴会临近结束时赠送；二是家宴，一般是在宴会开始前赠送礼品；三是祝贺欢庆，一般是开始或者提前赠送。

三、馈赠内容

希望受礼人获得精神上的满足是赠送礼品的愿望之一，而按照受礼人的兴趣爱好赠送礼品，无疑会很好地实现这种愿望。同时，符合受礼人兴趣爱好的礼品，也非常好地体现了赠礼人对受礼人的细心了解和观察，知晓受礼人的情况，会使受礼人得到一份额外的惊喜。馈赠时对收礼对象要考虑性别、年龄、职位、身份、性格、喜好，特别是不同身份的人给不同的礼品是非常重要的。一般礼品有以下四种类型：

1. 实用型：笔、本子、领带、钱包、香水、打火机、各类球拍等礼品最常用，了解受礼者性格爱好投其所好，对方比较容易接受，有助于双方慢慢建立良好关系。

2. 摆设型：台历、水晶摆设等。此类礼品没有太多实用及经济价值，主要是为了受礼者能够常看见。

3. 代币型：交通卡、手机充值卡、各类超市购物券等礼品卡券，送者方便，拿者实惠，是非常受收礼对象喜欢的礼品形式。

4. 奢侈型：手表、奢侈品等礼品，切记一定要综合考虑收礼对象的身份，避免给对方造成压力或尴尬。

在一些国家，等级划分很严格，如果给主人和陪同人员的礼品完全相同，对方就有可能认为这是一种不尊重。收礼对象不同，礼品选择也不同，对家贫者以实惠为佳；对富裕者以精巧为佳；对爱人以纪念性为佳；对朋友以趣味性为佳；对老人以实用为佳；对孩子以启发智力为佳；商务送礼或者赠送外宾以特色为佳。

选择何种礼品，一般考虑与收礼对象的关系，如亲缘关系、友谊关系、偶发性关系等，要了解收礼对象的爱好和需要，如给书法爱好者送文房四宝、给音乐爱好者送乐器等。

美国小说《麦琪的礼物》中，讲述的是一对穷夫妻在圣诞节给对方买礼物的故事。男主人公吉姆是一位薪金仅够维持生活的小职员，女主人公德拉是一位贤惠善良的主妇。他们生活贫穷，但吉姆和德拉各自拥有一样极珍贵的宝物。吉姆有一块祖传的金表，但是没有表链；德拉有一头美丽的秀发，但是没有好梳子。为了准备礼品，吉姆卖掉了他的金表为德拉买了一套价格昂贵的梳子，而德拉卖掉了自己的长发为吉姆买了一条白金表链。当他们回到家中，向对方送出礼品的一瞬间，那种爱之深、情之切让读者感动至深。这样的礼品所包含的情感，恐怕是任何语言和行为都难以真切地表达出来的。

礼品的选择还要注意，对同一个人在前后几次活动中要尽可能分送不同的礼品，否则说明赠礼人欠缺诚意，礼品的象征意义也大打折扣。

如果是在一个公共场合，或者人多的场合赠礼，礼品的选择要考虑两件事：第一，要考虑礼品的数量、礼品发放的范围、礼品的种类。在一个人多的场合发放礼品，往往可能会漏掉一些人，因此，要格外注意礼品的数量。宁可多备一些，不可少发。少发则可能会导致一些尴尬的局面。也可双方达成协议，只赠主宾，其他客人的礼品另择机赠送。第二，要考虑赠送什么样的礼品。人多的场合赠礼，如果礼品过于贵重，且具有针对个人而送的倾向，则很容易让人产生不解。因此，要避免选择容易引起误解的礼品。

对外接待“八不送”

1. 不送现金、信用卡和有价证券。
2. 不送价格过高的奢侈品。
3. 不送不合时尚、不利健康之物。
4. 不送易使异性产生误解之物。
5. 不送触犯受赠对象个人禁忌之物。

6. 不送涉及国家机密之物。

7. 不送其他有违国家法律法规之物。

8. 不送不道德的物品。

四、礼品包装

礼品的包装是礼品赠送的重要环节。精美的包装不但会极大地提升礼品赠送现场的气氛，活跃赠礼的场面，而且会提高礼品本身的价值和纪念意义。精美的包装本身有时会突显赠礼人的良好祝愿和细微关切，增加赠礼的效果。除了一些确实难以进行包装的礼品以外，比如说动、植物，没有纸盒的酒瓶等，否则，赠送的礼品尽可能事先进行包装。礼品的包装要注意包装的材料、容器、图案造型、商标、文字、色彩的选择和使用，应符合政策法规和习俗惯例，不要违反受赠方的宗教、民族禁忌。

1. 包装礼品前一定要把礼品的价格标签取掉，如果很难取，则应把价目签用深色的颜料涂掉。

2. 易碎的礼品一定要装在硬质材料的盒子里，如硬纸盒、木盒、金属盒等，然后填充防震材料，如海绵、棉花等，外面再用礼品纸包装。

3. 要注意从颜色、图案等方面着手，选用合适的礼品纸。不选用纯白、纯黑颜色的包装纸。要注意有些国家和民族的人对不同的颜色和图案有不同的理解。如果用彩带扎花，不能结出“十字”形状。

4. 如果礼品是托人转交，或者为了保证受礼人知晓礼品的来源，可以在礼品包装好后，把送礼人的名片放在一个小信封中，粘贴在礼品纸上。

5. 把受礼人的单位或者个人的姓名刻在礼品上的某个位置，注明赠礼的缘由，这样的礼品往往也具有不可比拟的珍藏价值，最容易成为值得摆放在礼品展示柜里的礼品。

五、受赠礼仪

中国自古以来就是礼仪之邦，通常讲究赠送有礼，受礼有节。在接受他人赠送的礼品时，也需要掌握相关的礼仪。

（一）接受时态度大方，适时感谢

一般情况下，对于他人诚心诚意赠送的礼品，只要不是违法、违规的物品，接受礼品时最好的态度是从容大方、恭敬有礼，并适时表示感谢或谦让。

当赠送者向收礼对象赠送礼品时，收礼对象应停止自己正在做的事，起身站立，双手接过礼品，并向对方表示感谢。

礼品拆封时，要注意动作文雅，不要乱撕、乱扯，随手乱扔包装用品。开封后，赠送者还可以对礼品稍作介绍和说明，介绍和说明要恰到好处，不应有炫耀之嫌。收礼对象应适当对礼品表示欣赏或加以称赞，然后将礼品放置在适当之处，并向赠送者再次道谢。切不可表示不敬之意或对礼品说三道四、吹毛求疵。

（二）拒绝时自然友好，详细解释

有些时候，我们觉得并不是很熟悉的人却送了很昂贵的礼品，有时会觉得收了别人的礼品，是不是日后会有什么不妥，抑或其他某种原因不想接受他人的礼品，但又不想使双方难堪，甚至得罪对方。那么在拒收礼品时，应保持自然友好的态度，先向对方表达感谢之情，再向对方详细解释拒收的原因，切忌生硬阻挡，以免对方难堪。

拒收礼一般是并不熟悉的人赠送的极其昂贵的礼品、有发生违法乱纪行为嫌疑的礼品、接受后或许会受到对方控制的礼品等。拒收礼品一般可采用以下三种方法：

1. 婉言相告

收礼对象可采用礼貌、委婉的语言，向赠送者暗示自己难以接受对方的礼品。比如，当对方向自己赠送手机时，可礼貌、委婉地对对方说："非常感谢您记得我，可是我已经有手机了。"

2. 直言相告

也就是直截了当地向对方说明自己难以接受礼品的原因。在公务交往中此法尤为适用。比如，当对方赠送大额现金时，可以说："我们有规定，接受现金馈赠一律按受贿处理。"如果是比较贵重的礼品，可以说："按照有关规定，您送我的这件东西必须登记上缴，您还是别破费了。"

3. 事后退还

有时，拒绝他人所送的礼品，若是在大庭广众之下进行，往往会使赠送者尴尬异常。遇到这种情况，可采取事后退还的方法。这时应注意：一是不要破坏礼品的包装，二是应该在当天把礼品送回去，不要拖得太久。如果包装已经拆开，可以用价值相当的礼品回赠给人家。

六、回礼礼仪

依礼回礼，礼尚往来，是人之常情。回礼最佳的时间有如下几个：一是当对方赠送自己礼品时，二是在对方或其家人有某个喜庆活动时，三是在以后登门拜访时。回礼还应注意分寸，千万不能因送礼、回礼而受累。

1. 不超值原则：回礼的价值一般不应超过对方赠送的礼品。否则，会给人以攀比之感，可能导致不愉快。

2. 会见、会谈等商务活动中，可以在活动结束前回赠礼品。

3. 收到私人赠送的礼品，回礼时应该有一个恰当的理由和合适的时机，不能为了回礼而不挑选时间、地点，单纯回送等值的礼品。这样给人以害怕相互交往，害怕礼品会带来负担的感觉。因此，收到礼品不一定要马上回礼，而是要等到合适时机再回礼。

4. 分别时是最好的回礼时机之一。

回赠礼品的方式和赠送礼品的方式大同小异，没有特别不同的地方。切记，馈赠的最终目的不是礼品本身，而是礼品所表达的情谊。

七、商务送礼禁忌

（一）忌送粗制滥造和过季的礼品

商务礼品的主要功能是能让对方有足够的被重视感，由此给对方一个好印象。因此，礼品要新颖，这样可以在不经意间拉近彼此的距离。不可赠送粗制滥造或过季商品，否则可能会引起收礼对象的不满或反感。在商务送礼时切记不要为了贪图一点便宜而因小失大。

（二）忌送与药相关的礼品

与药相关的礼品最好不要送，中药或者西药无论价格多少，在不确定对方是否需要的情况下都不宜赠送。若以药品作为礼品赠送，一定要确保药品的安全性。

（三）忌送有悖社会公德或违反法律的礼品

一切有悖于社会公德或违反法律的物品都不可作为礼品赠送。

（四）忌送有违国家、民族、宗教、个人习惯的礼品

商务送礼时，一定要尊重收礼对象的国家、民族、宗教及个人习惯，例如，阿拉伯人会把初次见面送礼看成行贿的表现，所以第一次见面不要送礼。又如，佛教徒忌杀生，最好不要送动物制品的礼品。因此，在商务送礼之前有必要了解收礼对象的背景，以免犯禁忌，费力不讨好。

（五）忌送广告用品

广告类产品主要用于宣传，不适合作为商务礼品赠送，不但收礼对象受重视感会打折，而且给人造成目的性太强的印象，适得其反。

（六）忌送过于贵重的礼品

在普通的商务交往中，赠送贵重礼品要慎重考虑其必要性。为免贿赂之嫌，一般不宜赠送过于高档的物品，通常以物品的纪念价值及象征意义大于其价格和用途为参考标准。贵重的礼品容易给收礼人的内心造成负担，反而把简单的事情变得复杂。

综上所述，在商务交往中送礼不慎不但达不到预期目的，还有可能会适得其反。因此，可以通过对商务礼仪以及对收礼对象的了解，避开送礼禁忌，让双方都满意，提高商务礼品的有效性。

第七章　餐饮礼仪

第一节　就餐礼仪形式

餐饮礼仪是指人们在赴宴进餐过程中，根据一定的风俗习惯约定俗成的仪式和行为，在仪态、餐具使用、菜品食用等方面表现出的自律和敬人的行为，是餐饮活动中需要遵循的行为规范与准则。餐桌上的表现，不仅对他人的心理会产生一定的影响，也反映了自己的修养和素质。民以食为天，餐饮贯穿于社会生活的各种活动之中。调查证明，大部分人认为餐饮活动时，人与人之间最容易接近与交流，因此，餐饮活动是了解信息、促进关系的最佳时期。但是若想在餐饮活动中做到言行自如、游刃有余，就必须了解餐饮礼仪及其禁忌。社交中不同餐饮形式的选择，主要是基于多种因素的考虑，这些因素共同作用于提升社交效果、满足个性化需求、营造适当氛围以及促进交流与互动。

一、餐饮形式分类

(一)宴会

宴会是商务餐饮活动中最常见的一种餐饮方式。举行宴会的目的一般是欢迎、告别、答谢、庆祝或者联谊。宴会与其他形式的餐饮活动最大的区别是安排座席、分道上菜，并且有明确的时间要求。宴请的形式多种多样，根据不同的场合、目的和对象，可以选择适合的宴请形式。以下是一些常见的宴请形式：

1. 国宴。国宴是国家元首、政府首脑为国家庆典等重要节日，或为外国元首、政府首脑来访而举行的正式宴会。这种宴会规格很高，规模也较大。宴会时一般有现场乐队奏乐，悬挂国旗，有致辞或祝酒。国务院除了邀请政府和组织官员、使领馆外交官、科教文卫方面的专家学者和社会贤达人士以外，也会邀请商界领袖、企业精英参加，随政府代表团出访的企业代表也在被邀请行列。获邀参加国宴是一种非常高的礼遇，是对个人成就、企业地位、社会责任和经济贡献的一种认可，获邀参加国宴者必须严格遵守相应的着装、安检、保密、照相、通信等事项要求，在出席活动时须注意及时入座、保持安静、注意吃相、不随意呼唤服务员、不高谈阔论、不对食物挑三拣四、未经邀请不在会场走动敬酒等。

2. 正式宴会。正式宴会是相对于便宴而言的，它与便宴的主要区别是更正式，各方面的要求更规范。在商务活动中，正式的宴会都应事先安排。在选好餐厅，定好时间后，向拟宴请的各方发出邀请，邀请应提前三至四周以上发出。在明确了出席人员之后，还需事先安排座位，布置座签。大型宴会可能还需要画出座位和桌位图。除此以外，正式宴会大多事先确定菜肴，印制菜单，有时还有着装要求。正式宴会一般都会由主人或者主宾致辞祝酒。西方国家，正式宴会还分餐前交谈和入席就餐两个阶段。正式宴会又可以分为晚宴、午宴和早餐，但最正式的是晚宴，其次是午宴，正式宴会很少定在早餐。西方国家多定在晚上七点钟左右举行晚宴，而午餐则定在中午十二点半至下午两点左右。

3. 便宴。便宴是相对于正式宴会而言，其宴请的正式程度要低一些。可以电话邀请，座位排序相对自由随便。可以事先安排，也可以临时提议。出席便宴时的服装要求可以更宽松一些，有时穿着便装也可出席。便宴也可安排即兴致辞、祝酒。

4. 家宴。家宴是一种非常特别的宴请形式，对被邀请者而言，是非常高的礼遇，主要表达对被宴请者格外的信任和欢迎。有很多人将家宴归入便宴之中，其实不一定准确。在商务活动中，经常会有在家中举行正式宴会的情形，而且往往家宴更要求注意餐桌的礼仪和规范。

（二）招待会

与宴会的安排座席、分道上菜很不相同的另一种餐饮形式是招待会。招待会，有时也称自助餐、冷餐会。正如其名所示，自助餐是将菜肴、酒水事先安排陈列，就餐者根据自己的口味、喜好和食量自助取食的餐饮形式。自助餐的时间限制要求不严，一般可以晚来早走，中途离席。自助餐形式的宴请活动一般都针对人员较多的情况安排，一来可以为就餐者提供更多选择，二来可以避免不必要的食品、酒水的浪费。一般情况下，自助餐不需进行座次排序，有时甚至不安排足够座席，就餐者大多游走就食，可以随时与不同的人共同进餐和交谈。因此，自助餐的另外一个好处是为更多人提供了相互交流的机会和便利。自助餐可以安排专门的讲话、致辞和祝酒，也可以不安排，根据情况而定。

自助餐的菜肴一般包括开胃凉菜、汤、热菜、主食、甜点、水果等。尽管自助餐不全是凉菜，还包括热菜、热汤和热主食，但在我国，自助餐有时也被称为冷餐会，这容易引起其他国家人士的误解，以为冷餐会就没有热菜。因此，最好不要将自助餐称为冷餐会。

自助餐往往也需要事先安排，发出邀请，对着装也有很多要求，也需要留意最基本的就餐礼仪。取食时一般要按顺序取食，不要一次多取。

招待会的另外一种形式是户外烧烤，其食品陈列由就餐者自取。户外烧烤也会有比较严格的着装要求，不能随意按照自己的喜好或着运动装出席。

（三）酒会

宴会和招待会均是以食品为主，而酒会的主角是各种饮品，其中以酒精饮品为主。酒会的时间安排一般在下午 2 点至晚上 7 点之前。酒会的各种要求与招待会近似，可以晚到早走，随时离席。自行选择和拿取各种饮品和食品，是否安排座席视情况而定，可以随意游走交谈。

酒会往往又称为鸡尾酒会，这是因为大部分酒会都会提供鸡尾酒。鸡尾酒的来历有很多说法，归结起来就是曾经有人用鸡尾将不同的酒调和在一起，这种混合的酒很受人欢迎，后来人们就将这种酒称为鸡尾酒。鸡尾酒可以称得上是酒精饮料的华章部分，也是最体现人们的创造性和想象力的饮品。到目前为止，鸡尾酒主要是由威士忌、白兰地、朗姆酒、龙舌兰、金酒、伏特加等这些被中国人称为洋酒的外国酒与其他各种饮料进行混合调制出来的。鸡尾酒并不是没有章法地乱混合，实际上有很多的配方。随意自行配酒往往会导致各种问题，或口感奇差，难以下咽，或饮品变质，引起不适。因此，在酒会上最安全的饮酒办法是听酒保的推荐、安排或者采取净饮的方式。净饮是在一种酒中不添加任何其他的饮料，不进行混合。

酒会上除了酒精饮品以外，还会提供不含酒精的饮料，如果汁、可乐、矿泉水等。人们可以根据自己的情况选用。与此同时，酒会一般都会提供一些佐酒的小食品，但一般不会有正式的热菜和主食。

（四）茶会

在商务政务活动中，除了宴会、招待会和酒会的餐饮形式外，还有一种更为简便的招待形式，就是英国的下午茶。下午茶严格意义上讲是一种带有茶饮的简餐，据说是一位女伯爵每天都会差遣女仆准备一壶红茶和点心，并邀请友人共享，后来这种习惯逐渐演变，成为一个比较常见的小型聚会形式，从两人到四五人不等。

这种从英国兴起的下午茶，比较注重茶具餐具的成色以及茶点的选择。除了喝茶以外，还可以选择其他饮料。放置茶点，最典型的做法是将茶点摆在三层的茶点架上，最下面一层一般是最小的三明治，中间是水果塔或者其他小面包，最上面是一些甜点，如果有茶点还应该配上黄油果酱。

除了下午茶，中国粤港澳地区老百姓特别喜欢的早茶，也逐渐成为一种新型的社交方式。商务活动中也会有邀请喝早茶的现象，随着中国经济体量的不断增大和中国企业在世界范围内的不断发展，早茶也有可能成为一种比较常见的商务餐饮形式。

早茶的茶饮以普洱、铁观音、香片、菊花茶为主，茶点以各式肠粉、糕品、点心、烧肉、粥品和煲汤最为著名。早茶一般在早上 5 ~ 6 点开始，上午 11 点左右结束，通常会有两轮高峰期，其中上午 9 点左右是一个分界点。带有商务交流性质的早茶，一般安排在上午 9 点以后，主要遵循中式的餐饮礼仪规范。

（五）工作餐

除了以上的餐饮形式以外，商务活动中经常碰到的另一类形式是工作餐。工作餐最大的特点是简单快捷，以谈话为主，就餐为辅。一般不邀请家人参加，可以安排各自付款，工作餐分为早、中、晚餐。

二、就餐方式分类

当人们坐到餐桌旁，面对食品，世界各地的人们就如何进餐有着不同的看法和做法。总结起来，在我国举办的各种商务活动中，用得最多的是中式、西式和中西混合式。这三种就餐方式的区别，主要体现在餐具的使用和上菜的方法上。

（一）中式

中式就餐方式从餐具上讲，主要的特征是使用筷子、瓷碗和瓷质的汤勺；从上菜的方式来讲，主要是合餐制，也称共食制，即一道菜摆放在餐桌中央，供就餐者全体享用。

中餐餐桌上铺上桌布或者围上桌围会有比较好的视觉效果。4 ~ 6 人以上最好摆转台，以方便就餐。转台放好之后，摆上餐盘（三寸碟）、筷架、筷子、酒杯、水杯、汤碗、汤勺、茶碟、茶杯、口布等餐具用品。

（二）西式

西式就餐方式从餐具上讲，主要是使用刀、叉、勺和盘；从上菜的方式来讲，主要是分餐制，即每一道菜分放在每个人的餐盘中。西式就餐方式除了使用刀叉以外，有时还可使用手直接抓取食品。

西餐摆台相对而言要复杂一些。与中餐一样，为了漂亮可以先铺桌布，围桌围。西餐的餐布往往比较讲究，还可以在餐桌中央铺上长条桌巾代表桌布。铺完桌布以后，在每个人的座位前摆餐具和酒具。餐具一般包括一个垫盘、一张餐垫（花纸），然后再在上面放一张餐盘。垫盘右侧放餐刀、餐勺和汤勺，左侧摆放正餐叉和沙拉叉。垫盘正前方，从中线往右，按高低顺序摆放酒具。一般应摆水杯、白葡萄酒杯、红葡萄酒杯，水杯外侧可以放咖啡杯。咖啡杯一般放在咖啡杯垫盘上，杯侧放咖啡勺。餐盘左上方摆面包盘，面包盘上可以放黄油刀，面包盘上方可以放调味瓶。餐盘正前方放甜品刀。口布即餐巾，一般摆放在餐盘中或者餐盘左侧。这样就形成一个基本的西餐摆台（见图 7–1 所示）。

图 7-1

（三）中西混合

随着国际交往的不断发展，就餐形式也在不断发生变化。中西混合的就餐方式成为一种全新的方式，也叫中餐西吃。中西混合的就餐方式从餐具的摆放到上菜的方式都是一种混合体。餐具不仅有筷子，也有刀叉。

中西餐混合摆台基本与西餐摆台相似，只是餐具的摆放稍有差别。中西混合摆台只放一把餐刀、餐叉和汤勺，在餐刀一侧放筷架和一双筷子。

第二节　宴会筹备礼仪

宴请作为一种社交活动的形式，吃饭是手段，交际才是目的。不论是作为主人还是客人，都应该对宴请的各种礼仪有所了解，只有这样才能在社交中应付自如。学习宴请礼仪，主要注意掌握宴请的范围和形式、时间地点的选择、菜单安排、席位排列、现场布置、服务等几个方面的规则和技巧。

一、宴会准备

（一）确定宴请范围与形式

在确定邀请范围时，首要任务是明确主宾，继而进一步斟酌需邀请哪些领域的人士，具体涵盖何种级别，人员数量拟定为多少，是否需要连带邀请其配偶，以及主人一方应安排哪些人员出面陪同。诸多要素皆需纳入考量范畴，如宴请的性质、主宾的身份、习俗惯例、双方的关系等。漏掉重要客人，或将平常关系不睦的客人一起邀请，都是很失礼的。邀请范围与规模确定之后，即可草拟具体邀请名单。宴请采取何种形式，在很大程度上取决于主宾和当地的习惯做法。一般来说，正式的、规格高的、人数少的情况下以宴会为宜，人数多则以自助餐会或酒会为佳。

（二）确定宴请时间与地点

宴请时间注意不要选择宴请对象的重大节假日、有重要活动或有禁忌的时间。例如，对信奉基督教的人士不要选择每个月的 13 号，更不要选择既是 13 号又是星期五的日子。伊斯兰教在斋月内白天禁食，宴请宜在日落后举行。宴会具体时间的安排，一般多选午餐、晚餐时间。小型宴请应首先征询主宾意见，最好当面约请，也可用电话联系。主宾同意后，时间即被最后确定，并可以据此再约请其他宾客。

官方正式的宴请活动，一般安排在政府驻地或宾馆内举行。民间的宴请则根据宴请的性质、形式、规格高低、规模大小来选择宴请地点。饭店首先要求卫生条件良好，即“民以食为天，食以洁为先”。其次是环境优雅，因为宴请不仅仅是为了“吃东西”，也要“吃文化”。另外还要充分考虑交通是否方便、有无公共交通线路经过、有无停车场等。

确定时间和地点后，一般均应发请柬，这既是礼貌，也起到提醒、备忘的作用。便宴经口头约妥后，亦可不发请柬。工作餐则一般不发请柬。请柬一般需要提前一周至两周发出，以便被邀请人及早安排。请柬发出后，也可电话询问能否出席。

（三）确定菜单

菜品应有冷有热，荤素搭配，有主有次，主次分明，量入为出。根据就餐的支出预算进行点菜，点菜时要懂得搭配之道，适度而不过量。选菜应以主宾的喜好与禁忌为准，特别要考虑其禁忌，包括宗教禁忌、个人禁忌等。宜选具有中餐特色的菜肴、具有本地特色的菜肴、本餐馆的招牌菜、主人的拿手菜等。标准的中餐菜单结构一般包括餐前菜（开胃菜），通常是四种冷盘组成的大拼盘；汤（羹汤）；主菜（大菜）；面类或米饭；点心（甜点）；水果。

二、中餐的席位排列

（一）主位安排

1. 尊位安排

正式宴请时的尊位安排规则：

（1）面门为上。指的是面对正门的座位为尊位，而背对正门的座位为卑位。

（2）居中为上。在三人或多人就餐时，落座于中间位置的人是尊者。所以，我们在请客时要请尊者落座于中间的位置，自己最好坐在客人的左侧。

（3）以右为上。我们要请客人落座于我们的右侧，自己坐在客人的左侧。因为中餐上菜时，服务员摆放好菜品后，通常会将转盘上的菜肴以顺时针方向旋转到主人右侧的客人位置，让主宾首先得到关照，使主宾感受到我们的细心和重视。

（4）以远为上。在宴请时，为了防止其他人干扰客人就餐，通常需要将客人安排在距离通道或正门比较远的位置，比如距离墙壁比较近的地方。

（5）观景为尊。在很多餐厅里，会布置一些美好的景致，甚至还有席间表演。这时，就应将尊位安排在方便观看演出或观看景致的位置上，让客人在享受美食的同时还能得到精神的愉悦。

2. 座次排序

在正式宴请中，有每桌一个主位和两个主位的情况，主人席分为双主人和单主人两种。双主人是在一张餐桌上有第一、第二或男、女主人两个席位。现根据双主人和单主人两种情况分别画图说明座次排序情况。

（1）双主人情况下的座次排序有两种方案。

方案一：顺时排位法，如图 7-2 所示。

在这种排位方式中，主方 1 号（主人）和 2 号（副主人）相对而坐，主方其余座位和客方人员各自按“以右为贵”原则上按顺时针排列，同时要做到主客相间。

方案一往往是第一和第二主人均为同性别人士或正式商务场合下宴请时用的方法。

方案二：对角排位法，如图 7-3 所示。

在本排法中，主方 1 号（主人）和 2 号（副主人）仍相对而坐，主方其余座位和客方人员各自按“以右为贵”原则依次对角飞线排列，同时要做到主客相间。这一排法中的另一特点是餐桌上半部全为奇数位座席，下半部全为偶数位座席。

方案二往往是男女主人共同宴请或第一、第二主人职位相差较小情况下的首选方法。如果是男女主人宴请时，国际上通行的惯例是男主宾安排在女主人右侧，女主宾安排在男主人右侧。我国官方的做法是将女主人与女主宾，男主人与男主宾排在一起。

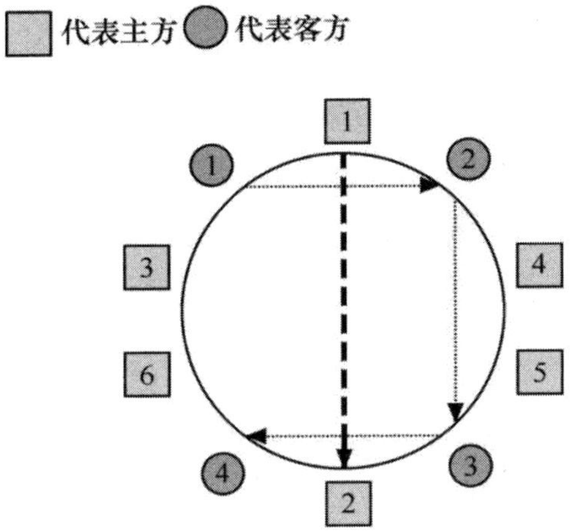

图 7-2

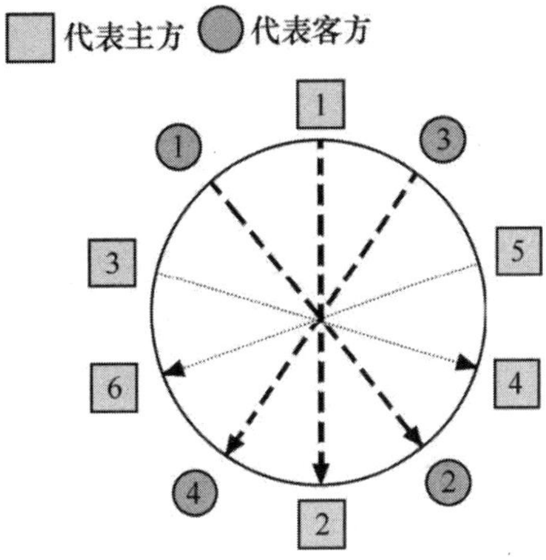

图 7-3

（2）单主人情况下的座次排序只有一种方案，即“之”字排位法。如图 7–4 所示。

在本排法中，以主方 1 号（主人）为中心，主方其余座位和客方人员各自按“以右为贵”原则依次按“之”字形飞线排列，同时要做到主客相间。这一排法的一个特点是主方各座位号依次串联的线条和客方依号连线基本在平行位置。

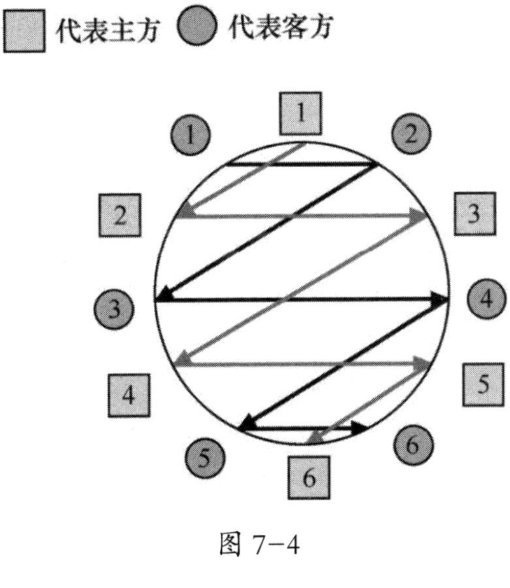

图 7-4

男、女主人席位安排，若活动是在私家环境里举办、一般女主人为第一主人，但在其他场合举行，则依情况而定。

（二）桌次排列

1. 两桌组成的小型宴请

当两桌横排时，面对正门右边的为第一桌、左边的为第二桌，即遵循以右为尊、以左为卑的原则。

当两桌竖排时，桌次高低讲究离正门越远越高，离门越近越低，即遵循以远为上、以近为下的原则。

2. 三桌或三桌以上的宴请活动

在安排多桌宴请的桌次时，要注意以门定位、以右为尊、中间为大、以远为上的原则。

当三桌横排时，中间那桌的桌次最高，面对正门的右边的桌次为第二，最左边的桌次为第三，即遵循居中为大、以右为尊的原则。

当三桌竖排时，中间的那桌为第一桌，接着是离门最远的为第二桌，最后是离门最近的为第三桌，即遵循以中为大、以远为上的原则。

三、宴会活动的程序

不管是以宴会还是招待会的形式出现，餐饮活动的过程就像一首乐曲，有其一定的程序，从序曲开始，逐渐进入到高潮，最后收尾，乐曲结束。了解这个过程，有助于让参与者享受餐饮活动，取得更好的交流效果。

（一）赴宴时间及注意事项

参加宴会时，国际上的一条惯例是准时晚到制。这种准时晚到有两层含义：第一，赴宴一定不能早到，以防主人还未做好迎宾的准备，但可以准时到达。准时到达时，如果主人还未准备好迎宾，那就是主人失礼，与客无关。第二，赴宴最好是晚到几分钟，这样更可保证主人已经做好迎宾准备。但这种晚到不能让主人和其他嘉宾久久等候，一般晚到的时间可以在 5 ～ 10 分钟，视情况而定。如果是大型招待会，晚到时间可以再晚一些。

赴宴时，除了要掌握好时间以外，一定还要注意几件事：

适度修饰外出用餐。尤其是外出赴宴或聚餐时应适度地进行个人修饰，总的要求是整洁优雅。

要考虑好是否携带礼品、鲜花。一般而言，如果出席家宴，或者出席带有私人性质的宴请，最好是带一件小礼物或者鲜花送给主人。

要考虑是否带上名片、笔以及便条本。出席宴请活动，特别是大型招待会，避免不了要遇到老朋友、结识新朋友，携带名片对于以后互通信息、保持联络大有好处，而且在收到他人名片时，若无名片回赠，其实也是一种失礼。

最好事先了解与会者的情况，提前温习一下可能在宴请活动时遇到的人的信息。再次相逢而又叫不上名字是一件非常尴尬的事情。

（二）迎宾及宴会前的交流

作为主人，应该在宴会开始前准时站在宴会厅的门前或者门内进行迎宾。比较大型的正式宴会和招待会，还应该安排迎宾线。

一般而言，宴会正式开始之前都会有一段寒暄问候、相互介绍的时间。这段时间可长可短，一般正式的西餐宴会、大型招待会需要 20 ~ 40 分钟。

（三）宴会的开始

中西餐宴会开始的方法稍有不同。

中餐一般有两种方式可以表示宴会开始，一种是主人举杯致辞并提议大家干杯，以此宣告宴会开始，这种致辞既可以是一两句表示欢迎、感谢等的祝酒词，也可以是一段比较简短的讲话；另一种方式是主人请主宾用餐，或者为客人夹菜表示宴会开始，其他人就可以跟进。

西餐宴会的开始，一般是以男主人或者女主人打开餐巾为标志。看到主人打开餐巾，作为客人就可以开始跟进。

（四）入席离席方式

宴会的入席离席方式尽管是一个细节，但如果有一个较为统一的方式，会有助于保持整个宴会的秩序。一般而言，入席前如果有席卡，应该尽快找到自己的座位，最好是先站立在座位后面，在主人和主宾落座后，按照主人的入座方式就座即可。在正式的西餐宴会中，男士还应帮助右手方的女士先入座宴会。中途暂时离席，还应注意把餐巾摆放在座椅扶手或者椅背上，以表示自己还会回来。离席、不回餐厅，则应将餐巾放在餐盘右侧，压住餐具，以示自己就餐结束不再回来。

（五）致辞时间

中西餐致辞时间的选择是不同的。中餐宴会一般习惯于在宴会开始前就发表讲话，客人也可伺机在主人讲话不久后进行发言。西餐宴会与这一方式不同，一般是在热菜之后、甜品之前讲话。讲话之前，为了引起大家的重视，可以用餐刀或餐叉轻敲酒杯杯沿。

（六）宴会的结束与告别

中餐宴会在快结束时，一般会上果盘。用完果盘后，由主人视情况提议宴会结束，也可以由客人提出告别。但何时离席还应最后征得主人同意。大多数情况下，主人应该送客人离开宴会地点，正式和大型的宴会还需要安排送宾线。

西餐宴会的结束方式有稍许不同，一般要等到主人提议宴会结束。提议的方式有两种，第一种是主人主动提议用咖啡，即表示宴会到了结束的时候；第二种是主人将餐巾收起，放到餐盘的右侧，这是一种传统的宴会结束信号。主人应该送客人，而作为客人则需要向主人赞美宴会，同时感谢主人的盛情款待。

第三节　餐具的使用礼仪

餐具是人们进餐时的一种工具，也是一种陈设，是改善进餐环境的重要因素，也是考察一个人礼仪修养的试金石。因此，如何使用餐具很重要，也很讲究。

一、中餐餐具使用礼仪

中餐餐具与西餐餐具最大的不同体现在两点：一是碗，二是筷。中餐用碗进食应该“扶碗饮汤，捧碗吃饭”。扶碗饮汤，即汤碗应该放在桌上，用手扶住，用汤勺喝汤；捧碗吃饭是用碗盛主食进餐，应把碗捧在手里，端碗吃饭。

用筷子进餐时，需要注意公筷私筷要分开使用。公筷私筷，现在有两种摆放方法。第一种是每个餐位放两副筷子，其中外侧为公筷，里侧为私筷；第二种是每道菜上放一副公筷或者公勺，每个餐位则只放私筷，如果摆放有公筷公勺，从餐台取食则只能用公筷公勺。用公筷取菜，用餐后要及时放回筷架，没有筷架时应放在餐盘上。主人让菜只需上第一菜时让，并且使用公筷，其他菜不必再让。从餐盘中夹菜时应从餐盘最外侧靠近自己的位置，按顺序夹取，不能在菜盘中翻找喜欢的食材。筷子不能插放或竖立在米饭中。

中餐还有其他辅助餐具，使用时要注意：盘子在餐桌上要保持原位，不要挪动，而且不宜多个叠放在一起。取食盘子里的菜肴时不要过多，也不要将多种菜肴堆放在一起。水杯是用来盛放清水、汽水、果汁、可乐等软饮料的，不能用来盛酒。另外，喝进嘴里的东西不能吐回水杯。用餐前提供的湿毛巾只能擦手用，不可以用来擦脸、擦嘴、擦汗，擦手后放回盘中。用餐后提供的湿毛巾是擦嘴用的，不能用来擦脸、擦汗。上龙虾等需要手持的食物时，会送上一只飘着柠檬片或玫瑰花瓣的水盂，用来洗手。洗手时，先两手轮流沾湿指尖，然后轻轻地浸入水中涮洗。洗完之后，手不能乱甩，要用小毛巾擦干。最好不要在餐桌上剔牙，必须用时，要用手或餐巾遮挡着嘴轻轻剔牙，忌边说话边剔牙或边吃东西边剔牙。

二、西餐餐具使用礼仪

（一）刀叉的摆放

西餐中，刀叉的不同摆放方法代表着不同的含义。服务员要懂得餐具语言，才能及时满足客人的需求，更好地为客人提供服务。

1. 客人将刀叉呈“八”字形摆在餐盘中央，叉在左，刀在右，叉齿向下，刀刃向内，如图 7–5 所示，则表示此菜尚未用完。此时，服务员不能将餐盘撤下。

2. 客人将刀叉平行放在餐盘，如图 7–6 所示，表示就餐完毕。此时，即使盘内还有食物，服务员也应适时将盘子撤下。

图 7–5　“八”字形摆放刀叉

图 7–6　平行摆放刀叉

（二）餐巾的使用

餐巾是西餐餐具中不可或缺的一部分。其最主要的用途有两个：一是避免食品溅落在衣服上，二是擦拭嘴角上的菜汁、油迹等。餐巾不是用来擦汗或者擦鼻涕的，也不是用来作为抹布擦拭餐具或杯盘的。因此，在就餐过程中，应注意餐巾的使用方法，尽量只用餐巾轻轻抹擦唇角。如果需要擦汗等，应使用餐巾纸或手帕等。

西餐中，餐巾摆放在餐盘的中央或左侧，一般由主人先把餐巾铺在腿上表示宴会开始，其他客人陆续效仿。就餐过程中，将餐巾叠好，放在座位上或者座位椅背上，表示暂时离开席位，还会回到餐桌。而将餐巾放在餐盘的右侧或者餐盘上，则表示进餐完毕。值得注意的是，宴会结束时最好把餐巾整齐地叠好，而不是随手胡乱放在桌上。除了小孩或用餐不方便的人，一般不将餐巾围在脖子上。

在国内大部分餐厅中，餐巾一般都是一脚被压放在餐盘下，其余部分自然垂放在就餐者的腿上，用来避免食品溅落在身上。

第四节　酒水饮用礼仪

酒水饮用礼仪在餐饮礼仪中占据着至关重要的地位。它是餐饮礼仪的重要组成部分，不仅体现着对宾客的尊重和欢迎，还能营造愉悦、和谐的用餐氛围，如酒水的选用、祝酒的时机、敬茶的顺序、饮咖啡的仪态等，都彰显着个人的修养和素质。同时，不同的酒水饮用礼仪在一定程度上也反映了地域文化和传统习俗的差异，是展现文化内涵和社交礼仪的重要窗口，有助于促进人际交往和交流。

一、经典酒水选用礼仪

世界上的酒各种各样，品牌种类不计其数。但归结起来，酒的酿造方式大体可以分为三类：发酵、蒸馏和配制。这三种方式酿造出来的酒有时还需要陈化，即放置在一定的容器中储存一段时间。发酵酒中最有名的是啤酒和葡萄酒。西方的烈性酒，如白兰地、威士忌、伏特加都属于蒸馏酒，我国的白酒也都是这种方法酿造出来的。配制酒，顾名思义是通过配制的方法制作出来的酒。最典型的配制酒是鸡尾酒，这种酒是将两种或两种以上的饮品混合调配得来的。

（一）啤酒

啤酒是一种广泛消费的酒精饮品，素有“液体面包”之称，是一种广受欢迎的酒品。啤酒还含有丰富的二氧化碳，是理想的餐前酒。作餐前酒时，可以用带把的专用啤酒杯饮用，一般饮净之后再续酒。正式的宴会中，啤酒也可以伴餐饮用。

（二）葡萄酒

葡萄酒是以葡萄为原料，经过发酵、陈化后配制的饮用酒品。葡萄酒的酒精度数普遍较低，富含维生素和其他有益的微量元素，是非常理想的宴会酒。根据葡萄酒中所含甜度可以分为四种类型：甜型葡萄酒、半甜葡萄酒、半干葡萄酒、干型葡萄酒，其中干型葡萄酒是最理想的伴餐酒。

根据葡萄酒颜色又可以分为红葡萄酒、白葡萄酒和桃红葡萄酒。红、白葡萄酒配餐的基本原则是：红酒配红肉，白酒配白肉。意思是干红葡萄酒应该与肉质鲜红的荤菜相配，特别是牛、羊、猪肉；干白葡萄酒应该与肉质浅淡的荤菜相配，主要是指海鲜鱼类。这是一个基本原则，在实际的运用中要以菜肴烧制口味的浓淡为主要依据。味浓、汁重的菜肴应以干红葡萄酒为佐餐酒，而味淡、汁轻的菜肴应以干白葡萄酒为佐餐酒。

干红葡萄酒的饮用温度相对于干白葡萄酒要高，大约在 15 ~ 20 摄氏度，因此，可以在室温下饮用，不用冰镇。有人认为，干红葡萄酒在饮用前最好先打开酒盖醒醒酒，或者将酒倒入醒酒瓶中，让其氧化一阵儿，这样饮用时，酒味更加纯正和柔和。

干白葡萄酒与干红葡萄酒稍有不同，其最佳的饮用温度在 0 ~ 5 摄氏度。因此，饮用前，最好先将干白葡萄酒放在冰箱的冷藏室中。饮用时，将酒瓶置于冰桶中。干白葡萄酒倒入酒杯后，应注意用手握杯柱或者杯托，而不直接握杯肚，以免手指和手掌温度传导到酒中，从而破坏酒味。如果是在酒店、餐厅点酒，通常应由主人先尝第一口，认可后，再依次按从主宾到主人的顺序，顺时针方向斟酒。品酒时，一般都是啜饮，而不能一饮而尽。

（三）汽酒

汽酒，实际上就是含有二氧化碳气泡的酒，其酒精度相对较低。饮用此类酒品，除了入口顺滑，还具有很强的观赏性。特别是开瓶时的一刹那，瓶内空气冲开瓶塞的响声，被人们认为是增添喜庆气氛的最佳伴奏。汽酒中最有名的是法国香槟酒。

由于有很强的观赏性，汽酒历来被认为是一种最好的礼仪酒，经常出现在签字和欢庆等仪式上。同时，由于入口顺滑香甜，汽酒也是一种上佳的餐前酒。在饮用汽酒时，可以握住杯身，倒入杯中的汽酒应尽快喝完。服务生续杯时应注意在就餐者饮完之后，再予续杯。

（四）威士忌

威士忌是典型的蒸馏酒。目前世界各地都在生产威士忌，其中英国苏格兰威士忌被认为是历史最悠久的威士忌。此外，美国的肯塔基州产的波旁威士忌口感也备受推崇。

威士忌和后面将要讲到的白兰地是西方酒品中最有名的烈性酒，不过其酒精度大都只在 45 度左右。其中，威士忌被认为是最佳的餐前酒，白兰地则为餐后酒。

威士忌有多种饮法。不加任何其他饮料或冰块的喝法叫净饮，一般经常喝威士忌的人才会选择这种方法。喝时需要啜饮，小口喝。另一种方法是与其他饮料混合后再喝，即鸡尾酒喝法，这两种喝法都可以加冰。威士忌酒杯是平底宽口的酒杯，往酒杯中倒威士忌时，只倒薄薄一层，也叫三寸威士忌。在此基础上，可以加冰、苏打水或其他饮品做成鸡尾酒。

（五）白兰地

与威士忌相类似，白兰地也是一种蒸馏酒。白兰地是一种通过发酵和蒸馏葡萄或其他水果制成的烈性酒精饮品。它的名字来源于荷兰文“Brandewijn”，意为“烧过的酒”，因为白兰地的生产过程中涉及蒸馏这一“烧热”的过程。白兰地的特点是其丰富的香气和口感，这主要取决于原料、蒸馏方法、陈年时间和使用的橡木桶。白兰地的陈酿过程对其风味至关重要。

在橡木桶中陈年时，白兰地会吸收木桶的香气，如香草、烟熏和焦糖等，同时酒体变得更加圆润和复杂。通常陈年时间越长，白兰地越珍贵。如同威士忌一样，白兰地酒有很多的品牌，世界很多国家都产白兰地。其中，最有名的是法国的干邑白兰地和雅文邑白兰地。

白兰地也有两个主要饮法：净饮和鸡尾酒饮法。

净饮：大部分人认为白兰地是一种酒香非常浓郁的酒。因此，在净饮时宜用肚大口小的白兰地专用酒杯。这种酒杯适宜于用手指和掌心握住酒杯，这样就可以用体温将酒轻微加温，让酒香从酒水中溢出（如图 7–7 所示）。同时，酒香聚合在杯口，饮用时，一般可以轻微地旋转酒杯，让酒香充分溢出，然后闻其香气再饮。饮用时，仍宜小口品尝，让酒液在口腔中充分展开，以体验其丰富的风味。

鸡尾酒饮法：白兰地是鸡尾酒的最主要基酒。以鸡尾酒的方式饮用时，可以根据情况使用不同的酒杯。

图 7–7　白兰地酒持杯方法

（六）伏特加

伏特加酒主要以发酵谷物为原料蒸馏而成，一般不经过陈化过程。因此，其酒标很少会有陈酿年限标志。伏特加酒的另一个特点是其容器或者容器盖物一般很少用木质材料，多为玻璃、不锈钢或瓷器。俄罗斯是世界上最有名的伏特加饮用和生产地区。

伏特加酒的酒精度都较高，一般很少作伴餐酒，是主要的鸡尾酒基酒之一，可以与其他饮料配制成很多不同的鸡尾酒，同时也可净饮。

二、祝酒礼仪

“无酒不成宴”，祝酒可谓餐桌上的重要活动。

（一）斟酒

主人为来宾斟酒时，可以依顺时针方向，从自己所坐之处开始，也可以先为尊长、嘉宾斟酒。侍者斟酒要从主宾开始，按照顺时针方向为客人斟酒。西餐宴会斟酒的顺序是：女主宾、女宾、女主人、男主宾、男宾、男主人。

斟酒要适量。白酒八分满，也有的地方将白酒满上；啤酒八分酒，两分沫；红葡萄酒入杯约为 1/3；白葡萄酒入杯约为 2/3；白兰地酒入杯约为 1/2；香槟酒应先斟倒 1/3，待酒中泡沫消退后，再往杯中续斟至约八分满即可。

除主人与侍者以外，其他宾客一般不宜自行为他人斟酒。接受侍者斟酒时，要说“谢谢”，但不必拿起酒杯。但如果是主人亲自斟酒，则必须端起酒杯致谢，必要时，还须起身站立，或欠身点头。在中餐宴会上，也可以回以“叩指礼”。

（二）祝酒

祝酒，是指在正式宴会上，由主人向来宾提出某个事由而饮酒。有时主人和主宾还要发表专门的祝酒词。

祝酒之道，最难以掌握的有两点：一是祝酒的时机，二是祝酒的用词。祝酒的时机在中餐和西餐中有所不同。中餐祝酒一般放在就餐之前，或者至少在热菜之前。祝酒时，往往主人先祝酒，然后由客人回应。而西餐中，一般是在热菜之后，甜品之前。祝酒之前，一般还会轻轻敲击酒杯。当主人向集体敬酒、说祝酒词的时候，所有人应该一律停止用餐或喝酒。主人提议干杯的时候，所有人都要端起酒杯站起来，互相碰一碰。按国际通行的做法，敬酒不一定要喝干。但即使平时滴酒不沾的人，也要拿起酒杯抿上一口，以示对主人的尊重。

祝酒时，主人往往会说明举办宴会的主要目的，而客人则会表达一种祝贺、祝愿和支持之类的话。从这个意义上讲，祝酒实际也是在致辞。在祝酒词方面，不管是中餐还是西餐，一般都应遵循少而精的原则，不能长篇大论。特别是中餐，因为大多是在餐前发表，祝词就更应该短一些。在用词方面，中餐祝酒词一般更直截了当，而西餐祝酒词往往强调幽默风趣和文学色彩。

祝酒碰杯的时候，应该让自己的酒杯低于对方的酒杯，表示你对对方的尊敬。用酒杯杯底轻碰桌面，也可以表示和对方碰杯，当你离对方比较远时，完全可以用这种方式代劳。如果主人亲自敬酒干杯后，要回敬主人。

如果因为生活习惯或健康等原因不适合饮酒，但是主人或客人又非得敬上以表达敬意，这时，就可请人代酒。代饮酒的人一般与被敬酒人有特殊的关系，可以委托亲友、部下、晚辈代饮或者以饮料、茶水代替。敬酒人应充分体谅对方，在对方请人代酒或用饮料代替时，不要非让对方喝酒不可，也不应该好奇地“打破砂锅问到底”。

三、饮茶礼仪

饮茶在我国不仅是一种生活习惯，更是一种源远流长的文化传统。中国人习惯以茶待客，并形成了相应的饮茶礼仪。

（一）敬茶礼仪

敬茶的顺序为：先为客人上茶，后为主人上茶；先为主宾上茶，后为次宾上茶；先为女士上茶，后为男士上茶；先为长辈上茶，后为晚辈上茶。如果来宾人数比较多，那么以进入客厅之门为起点，按顺时针方向依次上茶最为妥当。

要洗净茶具。茶具要干净、整洁、完整无损。茶杯无论有无柄，端茶时一定要在下面加托盘。泡茶的水温要因茶而异。乌龙茶需用沸水冲泡，并用沸水预先烫杯；其他茶叶冲泡的水温为 80 ~ 90℃，冲泡细嫩的茶末时水温还可以再低点儿。忌用隔夜的开水泡茶。放茶叶时，不要用手，应用茶匙向茶壶中加茶叶。

以茶待客讲究“浅茶满酒”“七茶八酒”“茶满欺人”之说。一般倒茶或冲茶至茶具的 3/4 处，也就是为客人斟茶时不能过满，以七分满为佳。这被称为“七分茶三分情”，表示对客人的尊重。如冲满茶杯，不但烫嘴，还有逐客之意。

敬茶时要面带笑容，左手捧着茶盘底部，右手扶着茶盘的边缘，从客人的右后侧，双手将茶杯递至客人的右前方，轻声说“请您用茶”。尽量避免从客人的正前方上茶，更不要单手上茶，切忌将手指搭在茶杯杯口上，或是将其浸入茶水中。

有两位以上的访客时，用茶盘端出的茶色要均匀。如有茶点，应放在客人的右前方，茶杯应摆在点心右边。以红茶待客时，杯耳和茶匙的握柄要朝着客人的右边，还要替每位客人准备一包砂糖和奶精，放在杯子旁或小碟上。

壶中茶叶可反复浸泡 3 ~ 4 次，在客人已喝去半杯时即添加开水，使茶的浓度、温度前后大略一致。客人杯中茶饮尽，主人可为其续茶。倒茶后，壶嘴不要对着客人，否则表示请人赶快离开。客人走后，方可收茶。

（二）品茶礼仪

在主人请自己选茶、赏茶或主人敬茶时，客人应立即起身或在座位上略欠身，双手接过茶托并说“谢谢”。

品茶时，讲究慢啜细饮、边谈边饮。即先捧到鼻子边上嗅一嗅，然后小口喝一喝，慢慢地咽下去。不论是主人还是客人，都不应该大口吞咽茶水，或喝得咕咚咕咚直响。

饮茶的时候，左手端碗托。遇到漂浮在水面上的茶叶，用右手拿茶杯盖拂去，或轻轻吹开。切不可用手从杯里捞出来扔在地上，也不要吃茶叶。

喝茶时提杯、放杯应轻手，避免发出声响，以免显得“强宾压主”或“有意挑衅”。

品茶后，要对主人的茶叶、泡茶技艺和精美的茶具表示赞赏。

这些礼节体现了中国茶文化中的尊重、谦逊和和谐，是品茶活动中不可或缺的一部分。通过这些细节，品茶不仅是一种感官享受，更是一种精神和文化的交流。

四、饮咖啡礼仪

“咖啡”一词源于埃塞俄比亚的卡法小镇。在希腊语中“Kaweh”的意思是“力量与热情”。咖啡原产于非洲热带地区，与茶叶、可可并称为“世界三大饮料”。如今在中国云南、广东等省也有栽培。巴西是世界第一大咖啡生产国和出口国，有“咖啡王国”之称。

在生活中，除了要学会选择适合自己的咖啡，还要了解有关咖啡的礼仪。饮咖啡时要注意以下几方面：

1. 喝咖啡之前，先喝一口冰水或冷开水。水能祛除口腔的异味，使口味更清纯。

2. 杯碟应放在饮用者的正面或者右侧，杯耳向着客人的左侧，便于顾客扶着杯耳加糖或牛奶。不喜欢加糖或牛奶的客人，可把杯耳转向自己的右侧。

3. 饮咖啡时，用右手的拇指和食指捏住杯耳再将杯子端起，慢慢地移向嘴边轻啜。添加咖啡时，不要把咖啡杯从咖啡碟中拿起来。忌手指穿过杯耳、满把握杯、大口吞咽、发出声响、俯首去就咖啡杯等。喝完咖啡后，应将咖啡杯放回碟子上，保持桌面整洁。

4. 喝咖啡应趁热。咖啡中的单宁酸很容易在冷却的过程中使口味变酸，影响咖啡的风味，因此喝咖啡应趁热。刚刚煮好的咖啡太热，可以用咖啡匙在杯中轻轻搅拌使之温度下降，或者等待其水温适中，然后再饮用。忌用嘴吹咖啡。

5. 给咖啡加糖时，用咖啡匙舀取砂糖，直接加入杯内。方糖可先用糖夹子夹在咖碟的近身一侧，再用咖啡匙把方糖加在杯子里。如果直接用糖夹子或手把方糖放入杯内，有时可能会使咖啡溅出，从而弄脏衣服或台布。

6. 咖啡匙是专门用来搅拌咖啡的。饮用咖啡时应当把它取出来，放在碟子边上。忌用匙舀咖啡、用匙捣方糖、端起碟子或托住杯底喝咖啡。除非举行酒会，或没有桌子依托时，才能端起碟子来喝。

7. 饮咖啡时应当放下点心，吃点心时则放下咖啡杯，不要一手端着咖啡杯、一手拿着点心，吃一口喝一口地交替进行。

8. 如果是在朋友家或他人家中享用咖啡，应感谢主人的款待，并在离开时适当表达对咖啡的赞赏。

第八章　酒店服务礼仪

第一节　前厅服务礼仪

一名优秀的酒店员工不仅要有熟练的操作技能、丰富的专业知识，还必须具备驾驭语言的本领、吸引客人的交际能力、敏锐的观察能力、较强的记忆能力、灵活机智的应变能力和主动热情的营销能力。

一、酒店从业人员服务礼仪的基本要求

（一）仪表整洁，仪态端庄

酒店从业人员应着规定的制服，佩戴标志卡。服饰要整齐干净，衣服应扣的扣子要扣好，不可露出衬里，不要挽袖子卷裤腿，保持服饰无褶皱。男、女服务员均以深色皮鞋为宜，袜子颜色要略深于皮鞋颜色。男服务员不留大鬓角，后面的头发不能到衣领，头发干净无头屑，不留胡须，常修面；女服务员不可披发，必须化淡妆，不准佩戴除结婚戒指外的任何首饰，不准留长指甲、涂指甲油，不得抹有刺激性气味的香水。

酒店从业人员的站姿应是端庄、挺拔的，体现出优美和典雅。坐姿端正，表现出高贵和娴雅。步态应轻盈、稳健。酒店内行走靠右，不走中间，不可跑步，不可与客人抢道。接待客人时，手势的运用要规范和适度，与客人交谈时的手势不宜过多，动作幅度不宜过大。如为客人指引方向时应正确采用直臂式、请客人进入时应用横摆式等。同时需要注意手势运用时要和面部表情及身体各部分协调配合，动作自然大方绝不等同于过分随便。

（二）尊重客人，礼宾有序

对客人应一视同仁，尊重客人的风俗习惯和宗教信仰，为客人提供规范化、标准化和个性化的服务，不介绍、不提供有损国家利益和民族尊严或含有民族、种族、宗教、性别歧视以及淫秽、迷信、赌博等被国家明令禁止的项目。

有序服务要求坚持五个原则，即先女宾后男宾、先客人后主人、先首长后一般、先长辈后晚辈、先儿童后大人。

（三）亲切有礼，热情微笑

酒店员工的微笑是对客人热情友好的表示，真诚欢迎的象征。真诚自然流露的微笑可使客人感到酒店中处处有“温暖”，初到异地的陌生感、疲惫感、紧张感顿时消失，进而产生心理上的安全感、亲近感和愉悦感。酒店的每位员工为客人提供服务时，都应该做到语言优美，礼貌待客，且礼貌用语应主动、亲切和委婉，语音标准，音量适度，以客人听清楚为宜。

（四）换位思考，主动服务

酒店有了服务规范和工作标准，并不等于有了一流的服务。酒店工作人员每天面对着不同的客人，虽然工作的内容大体相同，工作标准也基本一致，但在实际工作中，不同的顾客有不同的需求，甚至同一个顾客的需求和生活习惯也是不断变化的。因此，一名优秀的酒店工作人员，应该处处换位思考，从客人的角度出发，做到预期服务，即在客人开口之前服务。酒店服务工作需要根据顾客的需求以及环境的变化，主动适时地调整工作程序和内容，从客人的角度出发对不同的客人采取不同的态度，说不同的话，提供个性服务。

衡量服务态度好坏的根本标准在于是否具有积极主动满足客人要求的意识和能力，是否能完善地提供具体的服务。主动服务要求做到“五个主动”，即主动问候、主动打招呼、主动介绍、主动服务、主动征求意见，使客人高兴而来、满意而归。

热情服务要求做到“五个一样”，即内宾与外宾一样、男宾与女宾一样、老少一样、高低消费一样、买与不买一样。

二、酒店代表服务礼仪

前厅服务部被称为酒店的“门面”，集中反映着酒店的档次和风格，是客人最先抵达和最后离开酒店的第一印象区域和最后印象区域。前厅服务部是指位于酒店门厅处，负责对客销售以及联络和协调酒店各部门的对客服务区域，因此被视为酒店与客人间，以及联系酒店各部门间的“桥梁”。前厅服务部是主要为客人提供预订、安排行李接送、接待问询、收银、电话转接、商务配套等服务的重要部门，是保证酒店对客服务能够正常运行的中枢。

酒店代表是酒店为客人提供前厅延伸服务的专职人员，其工作职责是代表酒店在机场、车站、码头等地为有需要的客人提供迎接和送行服务。

（一）接站礼仪

客人在预订酒店时，如果说明需要接站服务，此时预订部的有关人员应问清楚客人的航班、车次、到达时间、行李情况、用车要求等，及时记录并传递给礼宾部，由礼宾部派出酒店代表与司机前往迎接。酒店代表在接站时应遵守以下礼仪规范：

1. 接待前的准备工作

接待前的准备工作主要包括获取客人的抵达信息、制作接站牌和安排车辆。

礼宾部从预订部接到客人的接站要求后，要与预订部确认客人所乘坐的交通工具、班次、抵达地点、抵达时间、行李物品数量、人数等信息，并将所得信息填入“酒店接站安排记录表”中。

酒店代表应提前准备好接站牌，接站牌的制作要求如下：

（1）材料：接站牌要用专用材料制作，不得用纸张代替。

（2）尺寸：接站牌一般长约 60 厘米，宽约 40 厘米，手柄长约 120 厘米。为了方便携带，也有酒店使用折叠式接站牌。

（3）书写：接站牌要用中英文书写，字迹大而清晰、醒目，易于识别。

（4）颜色：接站牌的字体颜色应尊重客人所在国家或民族的风俗习惯。

（5）内容：接站牌的内容应包括酒店中英文名称、酒店标志、客人名字等。

礼宾部应根据客人的情况安排合适的车辆。接站车辆必须干净整洁、美观大方，其形象要与酒店形象一致，规格要与客人的身份和被接人数相符。接站车辆的停放位置应便于客人找寻和上车。

2. 接待服务礼仪

根据客人的抵达时间，酒店代表和司机应提前半小时到站等候。等候时，整理好自己的仪容仪表，以最好的状态迎接客人。

接站时，应高举接站牌，以便客人发现。当客人朝接站牌走来时，酒店代表应主动上前迎接客人，并面带微笑地对客人说：“您好，请问您是 ×× 先生（女士）吧？我是 ×× 酒店派来迎接您的，我叫 ××。”待双方身份确定无误后，酒店代表应确认客人的行李件数，然后用规范的手势将客人引领至接站车辆停放处，为客人打开车门，招呼客人上车，并将客人的行李放进汽车后备箱。

（二）送行礼仪

对于需要送行的客人，酒店代表应准确掌握客人的离店时间和航班、车次等信息，为客人安排好出行车辆，并提前 10 分钟在酒店门口恭候客人。在途中可以陪客人聊天，或按照客人的意愿让客人自便。到达送别地点后，酒店代表应主动热情地向客人道别，祝客人一路平安。

三、门童服务礼仪

门童是专门迎送客人进出酒店大门的工作岗位，是酒店前厅服务的第一个环节。门童的主要工作职责是负责大门的安全、回答客人的咨询、为客人开车门、引导客人停车、为客人打出租车等。门童的服务是否到位、礼仪是否规范，将直接影响客人对酒店的第一印象。

门童在迎宾过程中，应遵守以下礼仪规范：

（一）注重仪表

门童应穿制服上岗，做到着装整齐、仪容大方、面带微笑、精神饱满、站姿端正，随时恭候客人的光临。

（二）站立等候

门童在客人到来前，应站于大门的一侧或台阶下、车道边，站立时挺胸，手自然下垂或下握，两脚与肩同宽。

（三）引导停车

若客人是乘车抵店，门童应使用规范的手势引导车辆停到方便客人进入酒店但又不影响交通的位置。

（四）开车门迎接

车辆停稳后，门童应主动上前为客人打开车门，热情问候客人。门童为客人开车门时，应站在前后车门中间，用一只手拉开车门，另一只手挡住车门框的上沿，防止客人碰头，这称为“护顶”。

门童为客人开车门时的原则是先女宾后男宾、先外宾后内宾、先老人后小孩。否则，应先开靠近台阶的后门。

对于信仰佛教或伊斯兰教的客人不能“护顶”，这就需要门童根据提前得到的客人信息，或通过对客人衣着打扮、行为举止的观察来判断，若处理不好，容易引起客人的不满。

（五）协助客人进店

若客人携带行李，门童应协助行李员帮助客人搬运行李。如果酒店的大门不是自动门或旋转门，门童还应及时为客人拉开酒店的正门。

客人进入酒店后，门童应站回原来的位置，准备迎接新的客人。

门童在迎宾工作中还应注意以下事项：若客人行动不便，门童应立即上前搀扶，如果有必要，还应提示行李员准备轮椅等物品；遇到雨雪天气，门童应主动打伞迎接客人进店；团体客人到店时，门童应站在车门一侧，迎接客人下车，主动点头致意，问候客人，并搀扶行动不便的客人和儿童下车；在客人全部下车后，还应示意司机将车开走或停放在指定地点；若客人不是乘车到达，门童也应在客人进店时向客人点头致意，表示欢迎；若客人携带行李，应通知行李员前来为客人搬运行李。

四、行李服务礼仪

行李服务是前厅服务部为客人提供的一项重要服务，主要由行李处人员负责，工作内容主要包括行李的进店、离店及寄存服务等。

（一）进店行李服务礼仪

1. 热情欢迎，主动提携

客人抵店时若携带行李，行李员应主动上前迎接，向客人表示欢迎并迅速接过客人的行李，或等客人下车后，迅速卸下客人的行李。卸下行李后，行李员应请客人清点行李件数，并检查行李有无损坏。

若客人行李较多且不易搬运，应准备行李车，并将行李摆放在行李车上。对于客人的贵重物品或易碎物品，行李员应在征得客人的同意后帮助提拿；提拿时，应注意轻拿轻放，防止物品损坏。

请客人清点行李件数的常用语为："先生（女士），您好！我跟您核对一下行李件数，您的行李共有 × 件，对吗？"此外，往行李车上摆放行李时，应将大件行李和较重的行李放在下层，小件、较轻的行李放在上层。

2. 规范引领，耐心等候

行李员引领客人前往接待处。引领时，行李员应推行李车或用外侧手提拿行李并走在客人的左前方，距离客人两至三步远，步伐节奏尽量与客人保持一致，在拐弯或人多处，应回头注意客人是否跟上。

将客人引领至接待处后，行李员应放下手中提拿的行李，站在客人身后 1.5 米处，等候客人办理入住登记。

3. 电梯服务，细节到位

若客人需要行李员搬运行李到客房，前台接待员应将房卡（钥匙）交给行李员。行李员为客人运送行李，同时引领客人搭乘电梯前往客房。

在搭乘电梯时，行李员应注意以下几个细节：

（1）到达电梯口时，行李员应放下手中提拿的行李，按下电梯按钮，等候电梯门打开。电梯门打开后，行李员应用手示意客人先进，然后自己随行李再进。

（2）进入电梯后，行李员应先将行李放在一边并靠边站立，以免妨碍其他客人。若中途有客人进入电梯，行李员要致问候礼。

（3）出电梯时，行李员在电梯内按住开门按钮，然后用手示意客人先行，客人走出电梯后，行李员再跟出。

（4）若使用行李车乘坐电梯，行李员应先将行李车推出，站在电梯外按住电梯按钮，使电梯门保持敞开状态，同时用手示意客人走出电梯。

4. 敲门进房，放置行李

到达客房门口后，行李员应先敲门，确认房内无人后再开门进入。打开房门后，行李员还应扫视一遍客房，确认房间没有问题再请客人进房。

进入客房后，行李员应把行李放在行李架上，正面朝上、把手向外摆放，方便客人开箱。放好行李后，行李员不可立即转身离开，而应请客人核对行李的数量是否完好。

5. 热心介绍，礼貌退出

行李搬运完后，行李员可根据实际情况向客人介绍客房内的设备和使用方法，如小酒吧的使用、卫生间淋浴的使用等。对于常客，可只介绍新增的设备或服务项目。

行李员离开房间前，应询问客人是否还有其他需要。若无其他需要，行李员应礼貌地向客人道别，退出房间，并轻轻将门关上。

行李员在介绍客房设备和退出客房时常用的礼貌用语有："您是否介意我为您介绍一下房间的设备？""您还需要其他服务吗？""祝您住店愉快！""您一路辛苦了，好好休息，不打扰了。"

（二）离店行李服务礼仪

1. 了解信息，立即传达

当客人要求酒店派人帮助运送行李时，前台接待员应礼貌地问清楚房号、客人姓名、行李件数及搬运时间等，并详细记录，最后将信息传达给行李处。

2. 进房拿取，仔细清点

行李员接到通知后，应准时抵达客人的客房，先敲门三下并通报“您好，行李员！”征得客人同意后方可进入房间。

行李员进入房间后需要先自我介绍，然后与客人一起清点行李件数、检查行李是否破损。确认没有问题后，若客人要求行李员先带行李离开或要求寄存行李，行李员应迅速将行李带离房间，并轻轻关上房门。若客人要求一同离开房间，行李员还应提醒客人检查是否有重要物品遗落在房间。

3. 等候结账，礼貌欢送

行李员带行李来到大厅后，应先到收银处确认客人是否已经结账。若客人尚未结账，行李员应礼貌地告知客人收银处的位置。在客人结账时，行李员应站在客人身后 1.5 米处等候。若客人已结完账，行李员可在大厅等候客人，或按客人的要求将行李放在指定位置等候客人。

客人办完离店手续后，行李员应将行李送至酒店门口。若客人要乘车出行，还应帮客人将行李装上车，并请客人再次清点。客人离开时，行李员应面带微笑并致告别语。

行李员在送别客人时常用的礼貌用语有：“请您确认您的行李是否无误。”“祝您一路平安，欢迎您再来！”

行李箱上的小轱辘不见了

某酒店内，一位住店客人准备离店，行李员接到通知后，立刻到该客人房间帮助其搬运了三件行李至前厅行李间，随后扎上行李牌，等待客人前来点收。

客人很快结好账，行李员看到客人已转身朝他走来，便请客人清点行李。客人朝行李打量时，忽然好像发现了什么。他颇为不悦地指着其中一个箱子说：“这个箱子上的小轱辘被你碰掉了，你们酒店要负责！”

行李员听后感到很委屈，辩解道：“我在运送时根本没有碰撞过呀，这个箱子肯定原来就是坏的。我到客房取行李时，您为什么不讲清楚？”

客人听后火冒三丈：“明明是你弄坏的，自己不承认还反咬我一口，我要向你的上司投诉！”

这时，前厅值班经理听到有客人在发脾气，马上走来向客人打招呼，耐心听取客人的指责，同时仔细观察了箱子受损的痕迹，向行李员询问了操作的全过程，然后对客人说：“我代表酒店向您表示歉意，这件事自然应该由本店负责，请您提出赔偿的具体要求。”

客人听了这话，正在思索该讲些什么的时候，前厅值班经理接着说："由于您及时让我们发现了服务工作中的差错，我们非常感谢您！"

客人听后觉得没有必要为了一只小轱辘小题大做，于是不再吭声。前厅值班经理抓住时机顺水推舟，和行李员一起送客人上车，彼此握别。

本案例中，前厅值班经理在没有弄清楚箱子受损的真相之前，就主动向客人表示愿意承担责任，其做法是十分明智的，主要原因如下：一是行李员到客房内取行李时，没有查看行李是否完好无损，也没有当场绑上行李牌请客人核对行李件数，这是行李员的失职；二是在行李员已经和客人发生争辩后，及时承认错误、承担责任的做法有助于缓和气氛，避免激化矛盾；三是前厅值班经理懂得，如果把"对"让给客人，把"错"留给自己，在一般情况下，客人不会得寸进尺。相反，如果值班经理也头脑发热，一定要和客人争个是非曲直，后果将不堪设想。

（三）寄存物品服务礼仪

1. 确认客人身份。客人要求寄存行李时，要先问清是住店客人还是外来客人，外来客人的行李一律不予寄存。住店客人前来寄存物品时，应记下客人的姓名、房间号、证件号码、电话号码、所存物品以及件数。

2. 检查行李。行李员要认真检查每件行李是否已上锁，并告诉客人行李内不能放入贵重物品或易燃物品、易爆物品、化学腐蚀剂、剧毒品、枪支弹药等。客人的行李中如有贵重物品或易碎物品，可提醒客人自行保管或建议客人将这些物品存放到贵重物品寄存处或总服务台。如发现有未上锁的行李或购物袋无法上锁时，要马上通知领班，向客人说明后，把行李放在安全的地方。检查客人需要寄存的物品后，请客人填写单据，一式两份。不可因为与客人"熟"而省略必要的行李寄存手续，以免引起不必要的纠纷。

3. 如客人丢失"行李领取卡"，行李员一定要凭借足以证实客人身份的证件放行行李，并要求客人写出行李已取的证明。如不是客人本人来领取行李，一定要请他出示证件，并登记证件号码，否则不予行李放行。

4. 客人来办理行李提取业务时，一定要仔细核对单据。核对无误后，才可将物品交给客人，并请客人当面核查行李。

五、总台接待服务礼仪

总台，又称前台，是酒店的一个重要部门，其主要工作内容是办理客房预订、客人入住接待、住宿问询及客人离店结账等。

（一）预订服务礼仪

前台预订处主要负责酒店客房的预订服务，对客人以电话、传真、信函或口头等形式的预订进行处理。客房预订服务应遵守以下礼仪规范：

1. 预订员应具备良好的职业素质、业务素质，以及高度的工作责任心，任何时候都不得马虎。对酒店的基本情况、客房价格等信息要了如指掌，能够做到有问必答。

2. 接到客人的预订电话时，要及时按标准礼貌接听，主动询问客人的需求，然后根据其要求和喜好推荐合适的房型并报价。

3. 当酒店客房已满，无法满足客人的需求时，预订员应委婉地拒绝客人的预订，并诚恳致歉。若因其他原因，酒店无满足客人需求的房间时，应表示歉意，并向客人推荐与其需求相近的房间，或做出调整。

4. 接受预订时，应做到报价准确、记录清楚。

5. 要向客人询问抵离时间和是否需要交通接送服务。

6. 预订内容必须认真记录，并与客人核对信息，确认无误后存档。

7. 接受预订后，酒店应信守订房承诺，及时发送订房成功的确认短信，以及后续在入住当天的欢迎短信。

（二）登记入住服务礼仪

前台接待处主要负责对客服务接待和客房销售等工作。前台接待服务的好坏会直接影响客人对酒店服务与管理的评价，因此，前台接待员应遵守相关礼仪规范：

1. 客人离前台 3 米左右时，前台接待员就应予以目光注视，客人到达前台后，该接待员要用发自内心的愉悦心情问候客人“您好，请问您有预订吗？”或“请问您想要订什么类型的房间？”

2. 当有较多客人抵达而工作繁忙时，前台接待员要按顺序依次办理入住手续，做到“接一顾二招呼三”，即手里接待一位，嘴里招呼一位，通过眼神、表情等向第三位客人传递信息，使客人感受到被关注、被尊重。

3. 接待员要认真倾听客人的问话，根据客人的需求为其推荐合适的房型。推荐房间时，一般应根据客人的身份推荐适合的房型。

4. 核对客人证件时，应留意并记住客人的姓氏，在接下来的服务中称呼其姓氏加尊称，如“× 先生”“× 小姐”等。这既能让客人感觉到被尊重，也能体现酒店的人性化服务。验看、核对客人的证件时，要注意礼貌，以“请”字当头，“谢”字结尾。确认无误后，应双手交还证件，并表示感谢。

5. 给客人递送单据、证件时，应上身前倾，将单据、证件文字正对着客人双手递上。若客人签单，应把笔套打开，笔尖对着自己，右手递单，左手送笔。

6. 如果酒店已满房，要耐心地向客人解释并致以歉意。如果客人需要，可为其推荐附近其他酒店。客人离开时，应面带微笑地说："欢迎下次光临。"

7. 为客人指明电梯方向。若客人打听附近的餐厅、购物中心、银行、名胜古迹等，应热情地一一解答。重要客人进房后，要及时用电话询问客人："这个房间您觉得满意吗？""您还有需要吗？请尽管吩咐，我们随时为您服务"以体现对客人的尊重。

8. 客人对酒店有意见到总台陈述时，要微笑接待，以真诚的态度表示欢迎。在客人说话时应凝神倾听，以诚恳的态度，绝不能与客人争辩或反驳，不要中途打断，更不能回避、置之不理。要以真挚的歉意，妥善处理。

前台服务礼貌用语

1. 先生（女士），我们酒店针对您这样的商务客人，专门推出了商务间，房间比较安静，格调高雅，还有电脑可上网，这种房间既适合您的高贵身份，又方便您办公，而且价格适中。您看如何呢？

2. 请您稍等片刻，我马上为您办理。

3. 先生（女士），您需要交纳房卡押金500元，请问您如何付费，是用现金还是刷卡？

4. 请收好您的证件和银行卡。这是您的房卡和早餐卡，房间是三楼的8611，您从这边上电梯，出电梯后右转就到了。早餐时间是早上7:00—9:00，在酒店一楼餐厅。祝您入住愉快！

（三）问询服务礼仪

1. 客人前来问询，应面带微笑，注视客人，主动迎接问好。

2. 问询员要熟知餐厅、酒吧、商场等所在的位置及营业时间，宴会、会议、展览会举办的场所及时间，当地旅游景点的情况，重要交通站点到酒店的距离和交通方式，前往附近电影院、商场等场所的交通距离和车次，以便给客人准确、肯定的答复。

3. 认真倾听客人问询的内容，耐心回答问题，有问必答，用词恰当简明。遇到自己不清楚的问题，应请客人稍等，请教有关部门或人员后再回答，忌用"也许""大概""可能"等模糊语言应付客人。

4. 接收客人的留言时，要记录好留言内容或请客人填写留言条，认真负责，按时按要求将留言转交给接收人。

5. 非住客前来拜访住客，询问住客的房号、姓名等信息时，问询员应问清楚来访者的姓名、与住客的关系等，然后打电话到被问询的住客房间进行核实。经住客允许后，才能让来访者前往房间拜访。如果住客不在房内，为保护其隐私，不允许将住客的房号随意告诉来访者，更不能让来访者进入住客的房间。

（四）结账离店服务礼仪

1. 客人来总台付款结账时，应热情微笑问候。为客人提供高效、快捷而准确的退房服务事宜。一般结账程序要求在 3 ~ 5 分钟内完成，切忌漫不经心，让客人久等。

2. 确认客人的姓名和房号，当场核对住店日期和收款项目，收款数目要求当面结清，不能有丝毫含糊，以免客人有被酒店多收费的猜疑。

3. 递送账单给客人时，应将账单文字正对着客人。若客人签单，应把笔套打开，笔尖对着自己，右手递单，左手送笔。

4. 当客人提出酒店无法满足的要求时，不要生硬拒绝，应委婉予以解释。

5. 如结账客人较多时，要礼貌示意客人排队等候，依次进行。以避免因客人一拥而上，收银处混乱引起结算的差错并造成不良影响。

6. 结账完毕，要向客人礼貌致谢，并欢迎客人再次光临。

（五）其他服务礼仪

1. 如果有客人的邮件，特别是快件，应立即想办法送交客人，不得无故拖延。如果确定客人外出不在，应把邮件妥善放置，等客人回来后及时送交。收发邮件，一定要迅速、准确。

2. 在承揽了为客人代购各种机票、船票、车票的业务后，应尽力按客人的需求去办。

3. 在为客人代办事项时，应问清代办事项的品名、数量、规格、尺寸、颜色、形状及时间要求，并向客人预收款项。

六、电话总机服务礼仪

为了快速、准确地完成电话转接，话务员需要熟记常用的电话号码，还要非常熟悉本酒店的组织机构设置及各部门的职责范围，尽可能掌握最新的住客资料，对于主要的管理人员及部分客人的声音要能够辨别。用电话沟通时，宜保持嘴唇与话筒约 1 寸距离，使用左手接听电话，以方便右手做必要的记录。

接听电话时动作要迅速，话务员必须在总机铃响三声之内应答电话。接听后，若是外线电话，应自然亲切地使用问候语并用中英文熟练准确地报酒店名称。如果酒店的接待对象主要以内宾为主，则先说汉语，后说英语。反之，如住客以外宾为主，则先说英文，后说汉语。若为内线电话，话务员应自报岗位，如“您好，这里是总机处”。如果业务繁忙，在铃响三声后接听，应向顾客致以歉意：“对不起，让您久等了！”

当客人留言时，要认真倾听和记录，留言要重复一遍确认，并跟进、履行对客人的承诺。

为客人接转电话和查找资料时，不能让对方等候电话超过15秒钟。要求对方等候电话，应向其表示歉意：“对不起，请您稍候。”如果一时未能查清，应及时向对方说：“正在查找，请您再稍等一会。”

电话叫醒服务是总机服务的一项重要内容，涉及客人的日程安排或重要计划，因此需要极为重视。若叫醒服务出现差错，将可能给客人和酒店带来难以弥补的损失。叫醒服务应遵守以下礼仪规范：客人提出叫醒要求时，话务员应询问清楚客人的姓名、房号、叫醒时间，要询问是否需要二次叫醒，并同客人核对一遍，然后将所得信息填入叫醒记录。记录应清晰、字迹端正，以防出现差错。叫醒客人时应说：“早晨好，现在是 × 点钟。”如无人接听电话，可隔5分钟再叫一次，二次无人接听再通知楼层服务员上门叫醒。

通话结束后，应热情道谢告别，待对方挂断电话后，方可关掉电话。

叫醒服务礼貌用语

话务员在叫醒客人时常用的礼貌用语有：

1.× 先生（女士），您好，现在是 × 点，您的叫醒时间到了。

2.× 先生（女士），您好，这是您的人工叫醒服务。今天的天气情况是小雨，出门请备好雨伞。祝您愉快！再见！

七、大堂副理服务礼仪

通常情况下，大堂副理负责协助礼宾服务和投诉受理。投诉是指客人对酒店设备或服务不满意而向酒店提出的抱怨或意见。正确处理投诉，不仅可以让酒店管理者了解管理和服务中存在的问题，以便采取措施加以改进，提高服务质量，还能使客人感受到酒店对其的重视，提高客人对酒店的满意度。

（一）处理投诉原则

1. 换位思考

遇到客人投诉时，首先应学会换位思考。经过换位思考，可以更好地理解客人的心情，从而为成功处理客人的投诉打下良好的基础。

2. 真心诚意

在处理投诉时，应满怀诚意地帮助客人解决问题。只有让客人感受到酒店的诚意，才能赢得客人的好感，促使问题尽快解决。

3. 冷静耐心

在处理投诉时，无论客人的情绪如何激动、态度如何不恭、言谈举止如何无礼，酒店都应冷静、耐心，绝不能与客人争辩。

4. 不损害酒店的利益

在处理投诉时，不能推卸责任，或随意贬低其他同事和部门。此外，还应注意维护酒店的利益，除客人的人身财产确因酒店的过失受损外，慎用退款及减少收费的处理方法，而应通过与客人面对面沟通、提供额外服务及对客人的关心、体谅、照顾来解决。

（二）处理投诉的程序

1. 耐心倾听

在接待投诉客人时，要冷静、理智、礼貌地请客人慢慢讲。在客人讲述的过程中，应耐心倾听。耐心倾听的目的，一方面是为了弄清事情的真相，以便恰当处理；另一方面是让客人把话说完，以满足其要求发泄的心理。

2. 做好记录

在听取客人投诉的同时，要认真做好记录。这样既可以表示对他们投诉的重视，同时也可作为处理问题的原始依据。记录的内容应包括投诉时间、投诉内容、客人姓名等。

3. 真诚致谢

在接到客人投诉后，应向客人表示欢迎和感谢。一方面，客人的投诉有利于改进和完善酒店的服务工作；另一方面，客人对酒店有意见，选择直接告诉酒店，而不是告知其他人，在一定程度上避免了酒店的形象受到影响。

4. 表示理解

对于客人的投诉，不要急于辩解，而应尊重他们的意见，并向他们表示理解和同情。

这样可以有效减少客人的对抗情绪，促进问题的解决。例如，在听完客人投诉后可以说："× 先生，我非常理解您现在的心情，换作是我，可能会更气愤。"另外，还可以适当提问，以了解详细情况。说话时，要注意语调柔和、语气诚恳、音量适中。

5. 迅速处理

在处理客人投诉时，应根据不同情况进行处理。

（1）如果客人的投诉内容明显是酒店的过错，应立马道歉，并在征得客人同意后，作出相应的补偿处理。

（2）对于一些较复杂的问题，不应急于表态或处理，而应礼貌、清楚地列出充分的理由说服客人，并在征得客人的同意后，恰如其分地予以处理。

（3）对于无法马上解决的问题，要让客人知道事情的进展情况。例如，客人在夜间投诉客房空调坏了，恰巧维修人员正忙于另一项维修任务，需要半小时才能过来修理。这时，服务员应随时向客人通报事情的进展，使客人明白他所提的意见已经被重视，并已经安排处理了。

（4）大堂副理需要代表酒店对客人表示感谢，最好有物质或者精神的补偿，直到客人满意。

6. 存档备案

建立客史档案，详细记录投诉的人、事、经过、处理结果等情况。必要时，还可当作员工培训的案例，以防止同类事件再次发生。

第二节　客房服务礼仪

客房是宾客的主要休息场所，是客人临时的家，是酒店构成的主体。客房服务涉及的服务区域大、参与人员广。宾客希望在酒店住宿期间能拥有个人空间，受到尊重，感受到自在、舒适、方便、安全。因此，注重礼仪的客房服务，应在提供优质服务的同时，尽量避免与宾客过多接触，以免打扰宾客。

客房服务工作人员应保持仪表整洁自然，举止端庄大方，礼貌周到，尊重宾客，精神饱满地为客人提供优质服务。

一、楼层迎接服务礼仪

在客人抵达前，要整理好房间，检查设备用品是否完好、充足，调节好房间的温度和湿度，为客人提供清洁、整洁、卫生、舒适、安全的客房。

楼层服务员接到来客通知，要在电梯口迎接，并施以 15 度的鞠躬礼，主动问候客人："先生（小姐）您好，一路辛苦了，欢迎光临！"如果是常客，要称呼客人的姓氏。

引导客人出电梯，主动帮助客人，在征得客人同意后帮助提携行李。

领客人到客房，应走在客人前方一至两步的距离，到客房门前要遵循"一看、二敲、三开门、四进门"的进房流程。敲门时用中指和无名指一重两轻敲门三次，每次三下，间隔 2 ~ 3 秒，并使用中英文报："您好，服务员。"然后再开启房门、取电开灯，侧身一旁，敬请客人进房，然后放置好客人的行李物品。

客人进房后，根据人数和要求，灵活递送香巾和茶水，递送时必须使用托盘和毛巾夹，做到送物不离盘。

根据客人的实际情况，礼貌、简单地介绍客房的主要设备及其使用方法，以及酒店的服务项目和服务时间，帮助客人熟悉环境，要注意只介绍主要的和特殊的设备，对于一般设备不必介绍。对客房内需要收费的饮料、食品和其他物品，可婉转地略作说明。对于常客，可只介绍新增的设备或服务项目。若客人旅途劳顿、需要休息时，服务员应随机应变，不宜耽误客人的时间。介绍时间以不超过两分钟为宜。

在问清客人没有其他需求后，应向客人告别，立即离开。可说"请好好休息，有事尽管吩咐，可直接拨打电话到服务台"，并祝客人住宿愉快。告别时，应后退两三步再转身离开，面向房内轻轻关上房门。

二、客房清洁服务礼仪

宾客住店期间的日常服务范围广、项目多，劳动强度大、服务繁重琐碎，需要工作人员有良好的身体素质、较强的责任感和动手能力，对客工作要细致耐心。

客人一旦入住，客房即成为其私人空间，不能随意进出该房间。整理房间应尽量避免打扰客人的休息与工作，最好在客人外出时进行；如需动用客房内的任何一样东西，都应事先征得客人同意。

有事需要进入客房时，必须讲究行为规范、语言礼貌。先按门铃两下，未见动静，再用中指关节有节奏地轻敲房门，每次为三下，一般为两次，同时自报身份，在听到客人肯定的答复或确信房间内无人后方可进入。进入客房，不论客人是否在房间，都应将房门敞开。

敲门时，对可能出现的各种情况应该灵活处理：敲门时，门已经打开或客人来开门，要有礼貌地向客人问好，并征得客人允许，方可进入客房服务。敲门时，房间内无人答应，进房后发现客人在房间或在卫生间，若客人穿戴整齐，要立即向客人问好，并征询客人意见，是否可以开始工作；若客人衣冠不整，应马上道歉，退出房间并把门关好。

打扫客房时，不得擅自翻阅客人的文件物品，打扫完后应将物品放回原处。不能随意扔掉客人的东西，如便签、纸条等；不可在客人房间看电视、听音乐；不可用客人的卫生间洗澡；不可取食客人的食品；不得接听客人的电话。

客房清洁过程中，遇到客人回来，服务员要礼貌地请客人出示房间钥匙或房卡，确定是该房间的客人，并询问客人是否可继续整理。如果客人需要整理，应尽快完成，以便客人休息。

打扫完毕，如客人在房间，离开时应轻声说："对不起，打扰了，谢谢！"然后礼貌地后退一步，再转身走出房间，轻轻关上门。

清扫时，遇到宾客外出或回房间，都要点头微笑问候，切勿视而不见、不予理睬。在楼道中遇到客人，在离客人 3 米远处开始注视客人，放慢脚步，1 米远时向客人致以问候，楼道狭窄时要侧身礼让客人。

工作时，不能与他人闲聊或大声说话，做到说话轻、走路轻、操作轻。在过道内行走，不要并行，不得超越同方向行走的客人。遇事不要奔跑，以免造成紧张气氛，如有急事需要超越客人应表示歉意。

三、访客接待礼仪

酒店访客接待礼仪是酒店服务中至关重要的一环，它直接关系到访客的满意度和酒店的整体形象。以下是一些关于酒店访客接待礼仪。

服务员接待访客时，要尽量记住住宿客人的姓名、特征等，并注意保守客人的秘密，不将客人的房号、携带物品及活动规律等告诉无关人员。

访客来访时，应礼貌问好，询问拜访哪位客人，核对被访者姓名、房号是否一致。在征得客人同意后，请访客办理登记手续，才能指引访客到客人房间。未经客人允许，不要将来访者带入客人房间。宾客接待来访者时，要按客人的要求，备足茶杯、供应茶水。

如果访客不愿意办理来访登记手续，应礼貌耐心地解释，并注意说话技巧，打消来访者的顾虑，求得对方配合；如访客执意不登记，应根据来访者与被访者的身份、来访目的与时间，酌情处理。

若住客不愿见访客时，要礼貌委婉地说明住客不方便接待客人，不要将责任推给住客，同时不能让访客在楼层停留等待，应请访客到大堂问询处，为其提供留言服务。

住客不在，若有访客带有客房钥匙要进房取物时，要礼貌了解访客对住客资料的掌握程度及与住客的关系；若有访客带有住客签名的便条但无客房钥匙时，服务员应将便条拿到总台核对签名，确认无误后办理访客登记手续，然后陪访客到客房取物品。住客回店后，服务员应向住客说明情况。

客人外出，交代来访者可以在房内等待，服务员应仔细询问来访者的姓名及特征，经过辨别确认后，请来访者办理访客登记。如访客要带物品外出，服务员应及时询问，并做好记录。

四、退房服务礼仪

得知客人离店的日期后，服务员要热情关照客人，仔细检查客人委托代办的项目是否已经办妥，主动询问是否需要提供用餐、叫醒、出租车等服务，主动询问客人意见，认真记录，并衷心感谢，但不要强求或过多耽误客人时间。

客人离房要送至电梯口，礼貌道别，并欢迎客人下次光临。对重要客人和老弱病残者要送至前厅，并给予特别照顾。

客人离房后要迅速检查房间，查看有无遗忘遗留物品、房间内的各种配备用品有无损坏或缺失、各种需要收费的饮料食品和物品有无消耗。如果发现遗留物品应尽可能归还原主，客人已离开酒店，则按酒店的遗留物品处理规定保管和处理。如果发现物品缺失或损坏，应立即打电话与总台联系，机智灵活处理，不可伤害客人的感情和自尊心。

五、特殊情况服务礼仪

宾客在住宿期间生病，服务员应主动询问是否需要到医院就诊，并给予热情关照，切不可自行给客人用药或代客买药。若客人患突发性疾病，应立即报告上司与大堂副理，联系急救站或附近医院，不可拖延时间。

宾客住店期间，若发生酗酒现象，服务员应理智、机警地处理，尽量安置酗酒客人回房休息，并注意房内动静，必要时应采取措施。对醉酒吵闹的客人，要留意其动静，避免出现损坏客房设备、卧床吸烟而引起火灾、扰乱其他住客或自伤等事件，必要时通知上司和保安部人员。对醉酒酣睡的客人，要同保安人员一起扶客人进房，同时报告上司，切不可单独搀扶客人进房或为客人解衣就寝，以防客人醒后产生不必要的误会。

客人称钥匙遗忘在客房，要求服务员为其开房门时，应请客人出示住房卡，核对日期、房号、姓名等无误后，方可为其开门。若客人没有住房卡，应请客人到总台核对身份无误后，方可为其开门。

客人在客房内丢失财物，服务员应安慰并帮助客人回忆财物丢失的过程，同时向上司和保安部报告，协助有关人员进行调查，不能隐情不报或是自行其是。

酒店客房服务礼仪

酒店客房服务具有工作量大、涉及面广、变化性多、综合性强等特点。在长期的客房服务工作中，形成了一些较完整的礼仪规范，如“六无”“三轻”“五个服务”“五声”等。

1. 六无：客房卫生要做到无虫害、无灰尘、无碎屑、无水迹、无锈蚀、无异味。

2. 三轻：服务员在工作时，要说话轻、走路轻、操作轻。

3. 五个服务：主动服务、站立服务、微笑服务、敬语服务、灵活服务。

4. 五声：客人来店有欢迎声，客人离店有告别声，客人表扬有致谢声，工作不足有道歉声，客人欠安有慰问声。

第三节　餐厅服务礼仪

餐厅是酒店餐饮部的重要组成部分，餐厅的对客服务贯穿客人用餐的全过程，餐厅工作人员的服务态度、业务水平、操作技能等全面地向客人展示，对客人用餐产生直接的影响。可以说，服务本身也是餐饮产品质量的重要组成部分。因此，要求餐厅工作人员不仅具备高超的服务技能，自始至终还需要给客人提供热情、真诚、周到的礼仪服务，保证客人有一次愉快的用餐体验。

一、餐前准备服务礼仪

餐厅的餐前准备服务礼仪是确保顾客用餐体验良好的重要环节，充分的餐前准备能够为服务员后续的服务工作奠定好的基础，确保在顾客到来时能够迅速、有序地提供服务，减少准备不足而导致的服务延迟或混乱。

（一）个人卫生与着装

个人卫生：服务人员需保持个人卫生，包括整洁的仪容仪表、无异味、不佩戴过多或夸张的饰品。

着装要求：服务人员应着统一、干净、整洁的工装，黑色工鞋，必要时佩戴工牌和发夹，以展现专业形象。女员工可适当淡妆，但不宜浓妆艳抹，避免使用带气味的化妆品。

（二）环境准备

餐厅清洁：确保餐厅墙壁、服务台、地面等区域干净无杂物，地毯清洁无污渍，空气质量清新，保持应有的芳香。

餐具与用具：所有餐具和用具必须先消毒，保证无油渍、无污垢、无破损。餐具按标准摆台，备好调味料（如生抽、陈醋、芥末等）、相应的用具、开水、茶叶等。

照明与空调：开餐前5分钟开启餐厅的照明及空调系统，根据季节调整适宜的温度（如夏季制冷控制在22 ~ 24℃，冬季制热控制在26 ~ 28℃）。

（三）服务准备

熟悉预订情况：了解当日的预订情况，包括预订包厢、分布、人数及重点客户的爱好和特殊要求，以便提供更加个性化的服务。

迎接准备：将预订好包厢的迎客灯及空调打开，准备好迎客所需的物品，如菜单、笔、纸巾等。

二、引位服务礼仪

距离顾客3米内微笑点头示意，1米内主动问好，语言热情，语速适中，声音清晰响亮，热情迎宾。如有认识的顾客，可称呼其姓氏加尊称。

对于有预订的客人，引位员要迅速查阅预订记录，将其引领至其预订的包间或餐桌；对于没有事先预订的客人，引位员也要根据客人的人数、喜好、年龄及身份等，为其选择合适的座位。在引位服务中，引位员应遵守以下礼仪规范：

迎领客人应注意“迎客走在前、送客走在后、客过要让道、同走不抢道”的基本礼仪。

引领客人入座时，引位员要牢记“以右为尊”的原则，走在客人的左前方1米处，不时回头用规范的手势示意，并说“请跟我来”“这边请”，直到把客人引领至合适的位置就座。

当客人走到餐台前，应主动拉椅子请其入座，并做“请”的手势，体现服务的周到与贴心。拉椅时，应用膝盖顶住椅子后部并轻轻拉出，避免椅子与地面摩擦发出声响。拉椅也应遵循“四先”原则，即先女后男、先老后幼、先宾后主、先主要后次要。若客人人数较多，则示意性地为一两位客人拉椅即可。

客人入座后，将多余的椅子与餐具撤走。

客人入座后，要及时为客人斟茶。上茶时，应将茶具放在托盘里，然后将茶具轻轻放置于餐桌上。倒茶时，应右手握住壶把，左手按住壶盖，将茶水徐徐倒入杯内，并注意不要倒得过满，七八分满即可。端茶时，切勿用手指接触茶杯杯口。待客人全部入座后，服务员应主动上前为客人铺口布。铺口布时，服务员应站在客人右侧，从水杯或餐盘中轻轻拿起口布，对角打开，右手在前、左手在后，将口布轻轻铺在客人腿部或压放在骨碟下。

当餐厅内暂无空位，要向宾客表示歉意，并询问宾客是否愿意等候。如果客人表示可以等候，应让客人前往休息室或设椅让客人暂坐等候；如果客人无意等候，应热情相送，并欢迎再来。

三、用餐服务礼仪

（一）点菜服务礼仪

客人入座后，服务员要立即递上干净、无污损的菜单，电子菜单应该电量充足。菜单应双手从客人的左手边递送到客人面前，并说："请您点菜。"菜单一般先递给主人、主宾。

为客人点菜时，应微笑站立在客人左侧，认真记录，点菜结束后要向客人复述一遍，杜绝差错。如出现主人表示客人各自点菜时，服务员应从主人右侧的主宾开始记录，并站在客人的左侧依次接受客人点菜。

当客人不能决定点什么菜时，服务员可根据客人的年龄、口音、就餐人数等，推荐符合客人口味和消费水平的菜品，也可向其热情推荐本餐厅的名菜、特色菜、创新菜、时令菜等。但应注意客人的反应，充分尊重客人的意愿，不要勉强或强硬推荐。如果客人所点的菜当日没有供应，应向客人表示歉意，并婉转地向客人推荐其他类似菜品；如果某些菜品的烹制时间较长，应提醒客人并说明原因。

客人点菜时，要注意向客人说明菜式单位，如例盘、中盘（两个例盘）、大盘（三个例盘）、斤两、只、打、碗等，加大分量需要征询客人意见。

了解每日菜肴供应情况，对菜单上的每一道菜品的特点都能描述。如果客人点的菜品当日没有现货供应时，要礼貌致歉，求得宾客谅解，并向客人建议点其他类似的菜肴，防止出现客人连点几道菜均无货可供的尴尬局面。

（二）上菜服务礼仪

餐厅服务要讲究效率，缩短客人的等候时间，一般客人点菜以后 5 分钟内上第一道凉菜，10分钟内凉菜要上齐，第一道热菜不超过10分钟。传菜时必须使用托盘，热菜必须热上，凉菜必须凉上。

服务员对厨师做出的菜肴要做到"五不取"，即数量不足不取；温度不够不取；颜色不正不取；配料、调料不齐不取；器皿不洁、破损和不合乎规格不取。

服务员要做到"三轻"，即走路轻、说话轻、操作轻。传菜时要做到端平走稳、汤汁不洒、忙而不乱，上菜和撤菜动作要干净利落，做到轻、准、平、稳，不推拉餐盘。

上菜时要选择合适的位置，宜在陪坐之间进行，不要在主宾和主人之间操作。上菜时动作要轻、稳，看准方向，摆放平稳，不可碰倒酒杯餐具等。同时报上菜名，必要时可简要介绍菜肴的特色典故、风味、食用方法、特点等。

摆菜要讲究造型艺术，服务员要根据菜的不同颜色摆放成协调的图案。凡是花式冷盘，如孔雀、凤凰等冷盘，头部要朝着主宾。上好菜后，服务员退后一步，站稳后报上菜名。比较高档的菜肴或者特殊菜肴，要先摆在主宾位置上，在上下一道菜后顺势侧摆在其他地方。

掌握好上菜时机，并根据客人的要求和进餐的快慢灵活变化。如菜肴较多，一般在一道菜用过 1/3 以后，再开始上下一道菜。每上一道菜，须将前一道菜移至副主人一侧，将新菜放在主宾、主人面前，以示尊重。菜上齐后，应礼貌告诉客人："菜已上齐，请慢用。"当主人或客人祝酒或发表讲话时，应停止上菜，但要及时斟酒，以便干杯。

（三）席间服务礼仪

席间服务中，服务员要做到"四勤"，即眼勤、嘴勤、手勤、腿勤。

服务操作要按照规范要求，斟酒水在客人的右侧进行，上菜、派菜从客人左侧进行，热菜应从主宾对面席位的左侧上，上单份菜、配菜和小吃要先宾后主。上一道菜要报一道菜名，分餐食品要先将整盘菜展示给客人看后方可分餐。派菜由服务员左手垫上布将热菜盘托起，右手使用派菜用的叉、匙，依次将热菜分派给宾客。派菜要掌握好数量，做到分派均匀，要做到一勺准，不允许把一勺菜分给两位宾客，更不允许从宾客的盘中往外拨菜。

撤旧菜时须先经主人同意，撤盘从客人右侧进行。服务顺序是先主宾后主人、先女宾后男宾、先主要宾客后一般宾客。如果是一名服务员服务，可先从主宾开始，按顺时针的顺序逐次服务；如果是两名服务员同时服务，应一个从主宾开始，另一个从副主宾开始，依次绕台服务。

撤换餐具时要注意：当客人用过一种酒，又要用另一种酒时，须更换酒具；装过鱼腥味的餐具，再上其他类型菜时须更换；吃甜菜、甜汤之前，须更换餐具；风味独特、调味特别的菜肴，要更换餐具；芡汁各异、味道有别的菜肴，要更换餐具；骨碟内骨渣超过三块时，须更换骨碟。更换餐具时，如果客人正在使用，应稍等片刻或轻声询问，更换时要轻拿轻放，动作优雅利索，不要将汤汁洒在客人身上。

上点心水果之前，要将餐台上用过的餐具撤掉，只留下花瓶、水杯、烟灰缸和牙签筒。水果用完后，可撤掉水果盘、餐盘和刀叉，在餐桌上摆好鲜花，表示宴会结束。

宾客有意吸烟时，应主动上前帮忙点火，将烟灰缸及时放置到客人执烟的一侧。烟灰缸内如果有两三个烟头，要及时更换。

（四）斟酒服务礼仪

服务员不仅要了解酒水的基本知识，还要能熟练地进行斟酒操作，规范地为客人提供优质的酒水服务。

示酒规范。斟酒时，应当着客人的面开启酒瓶盖，征得客人的同意后依次斟酒。斟酒应从客人的右侧进行，不可站在同一位置为两位客人斟酒。

顺序正确。斟酒的顺序一般是先斟给主宾，再按顺时针方向绕桌斟酒，最后为主人斟酒。如果酒水种类较多，则一般先斟烈性酒，后斟啤酒、果酒、饮料、矿泉水等。

姿势规范。斟酒时，服务员应站在客人右侧身后，右手握住酒瓶的中间部位，商标朝向客人，右臂自然伸出，在酒瓶口离杯口 1 厘米处将酒水匀速倒入杯中。然后将瓶口抬起，顺时针旋转 45 度后收起。斟酒时，身体不要紧贴客人，也不能离得过远。斟冰镇类酒时，应用餐巾包好酒瓶，以免水滴到客人身上。

及时续斟。服务员在为客人服务时，要随时观察酒水的饮用情况。一般情况下，当客人杯中的酒水少于 1/3 时，就应征求客人的意见，及时为客人续斟。

主人或客人祝酒或发表讲话时，应停止上菜，但要及时斟酒，以便宾客干杯。

斟酒多少、酒量的多少、斟酒的浅满要根据酒的类别和要求进行。通常白酒斟八分满；红酒斟 1/3 ～ 1/2；白葡萄酒斟 2/3；香槟和啤酒八分酒，两分沫。倒香槟或其他冰镇酒类，要使用餐巾包好酒瓶再倒，以免酒水喷洒或滴落到宾客身上。

四、结账服务礼仪

客人用餐完毕要求结账时，服务员应立即核实账单，账单无误后放在收款盘里或收款夹内，账单正面朝下、反面朝上，从左边送至宾客面前，请客人过目。

当客人要直接向收款员结账时，应客气地告诉客人账台的位置，并用手势示意。

如果是住店客人签字，服务员要立即送上笔，同时有礼貌地请宾客出示酒店欢迎卡或房间钥匙。核实酒店欢迎卡或钥匙时，检查要认真，过目要迅速，并向客人表示感谢。

客人起身离去时，应及时为客人拉开座椅，并注意观察和提醒客人不要遗忘随身物品。

服务员要礼送客人至餐厅门口，向客人礼貌道别，可说“再见”“欢迎您再来”等，目送客人离去。

五、特殊情况服务礼仪

（一）残疾宾客服务礼仪

遇到残疾宾客用餐，应派专人进行接待服务，并选择合适的餐桌、座椅和餐具。

对残疾宾客要尊重照顾、关心体贴、细致耐心，不能使宾客觉得受到冷落或只是同情和怜悯，而应该让宾客感受到温暖、热情、周到、快捷。

在就餐过程中要关注宾客，如果发现宾客身体不适，应保持镇静，迅速报告上司，并立即拨打电话请医务人员来帮助。

（二）客人醉酒服务礼仪

在餐厅中对客人饮酒过量的问题，应审时度势，灵活处理，既不能轻易得罪客人，又不能听任客人无节制地饮酒而闹事。要谨慎判断客人醉酒的程度并采取及时有效的措施。

对已有醉意、情绪变得激动的宾客，要注意礼貌服务，不得怠慢、不得讽刺，服务要及时迅速。

如果客人不停地要酒，并且言行已经开始失态，可以试着建议其饮用一些不含酒精的饮料，同时及时报告上司和保安人员来帮助处理。

如果醉酒客人提出一些非分要求时，应根据具体情况礼貌婉转地予以回绝。对醉酒的客人应尽快带离餐厅，以免影响其他客人。

（三）汤汁洒出服务礼仪

操作时若不小心把汤汁洒在餐桌上，应立即向客人表示歉意，迅速用干净餐巾垫上或擦干净。

如果汤汁洒在客人身上，应马上道歉，尽快采取补救措施，用干净的毛巾替客人擦拭。如果是异性宾客，应递由宾客自己擦拭。并根据污渍的大小和客人的态度，适时提出为宾客洗涤衣物，并为客人找来准备替换的干净衣服。

如果客人用餐中不小心把汤汁洒在餐桌或身上，应主动帮助客人处理。

六、西餐服务礼仪

西餐正式开餐前，服务员应将餐厅收拾整洁干净，台面摆放整齐，刀、叉、餐巾、匙、盘、碟、杯、牙签布置完好。

点菜顺序从女主人或主人开始。如主人示意请客人分别点菜，则从主宾开始。接受点菜应按逆时针方向进行，并记下点菜客人的餐位编号。

若客人点有牛扒、羊扒等菜肴，应问清客人喜欢几成熟，并在菜单上注明。

注意客人所点菜肴与酒水匹配。正式的西餐，酒水是主角。酒与菜的搭配也十分严格。一般来讲，吃西餐时，每道不同的菜肴要搭配不同的酒水，吃一道菜便要换一种酒水。西餐的酒水可以分为餐前酒、佐餐酒、餐后酒三种。

餐前酒，又叫开胃酒。显而易见，它是在开始正式用餐前饮用，或在吃开胃菜时与之搭配的。餐前酒有鸡尾酒、味美思酒和香槟酒等。

佐餐酒，又叫餐酒。它是在正式用餐时饮用的酒水。常用的佐餐酒为葡萄酒，而且大多数是干葡萄酒或是半干葡萄酒。西餐酒水与菜肴的搭配有一条重要的讲究，就是“白酒配白肉，红酒配红肉”。这里所说的“白肉”，即鱼肉、海鲜、鸡肉，吃这些肉时要和白葡萄酒搭配；这里所说的“红肉”，即牛肉、羊肉、猪肉，吃这些肉时要和红葡萄酒搭配。

餐后酒指的是用餐之后用来助消化的酒水。最常见的是利口酒，最有名的餐后酒则是有“洋酒之王”之称的白兰地酒。

注意上菜顺序。西餐上菜跟中餐有很大的区别，中餐往往是一桌菜上满了，大家一起食用。西餐的菜是吃一道上一道。一般来说，正式的全套餐点上菜顺序应先冷后热、先咸后甜。具体顺序为：面包、佐餐酒、开胃品、汤、沙拉、主菜、甜品或水果、咖啡或茶。上菜时，服务员一律要用托盘。端托盘的姿势要端正，动作优雅娴熟。

头盘是西餐的第一道菜，也称开胃菜。一般有冷头盘和热头盘之分，开胃菜一般都有特色风味，味道以咸和酸为主，而且数量少，质量较高。

汤是西餐的第二道菜。西餐的汤大致可分为清汤、奶油汤、蔬菜汤和冷汤四类。

副菜是西餐的第三道菜，一般为鱼类菜肴。品种包括各种淡水鱼、海水鱼类、贝类及濒软体动物类。通常水产类菜肴与蛋类、面包类、酥盒菜肴品都称为副菜。

主菜是西餐的第四道菜，一般为禽、肉类菜肴。禽类菜肴的原料取自鸡、鸭、鹅；肉类中，最有代表性的是牛肉或牛排。通常将兔肉和鹿肉等野味也归入主菜类菜肴。

蔬菜类菜肴可安排在肉类菜肴之后，也可和肉类菜肴同时上桌，或称为一种配菜。

甜品是西餐的第六道菜，包括所有主菜后的食物，如布丁、煎饼、冰激凌、奶酪、水果等。

饮料、咖啡、茶是西餐的最后一道菜。喝咖啡一般要加糖和淡奶油，茶一般要加香桃片和糖。

第九章　旅行社服务礼仪

第一节　门市服务礼仪

旅行社门市是旅行社销售产品和服务的主要场所，是连接旅游业和公众关系的枢纽，是塑造旅行社形象、体现旅行社管理水平和精神面貌的窗口。整洁有序的接待环境不仅能使旅游者对旅行社产生良好的印象，而且有利于旅游产品的销售，同时还能提高旅游接待的效率。优质的门市服务也能提升旅行社的核心竞争力。

门市是旅行社的形象、窗口、广告，应通过内部和外部的精心设计，营造出一种典雅、舒适的环境气氛，给来访者留下良好的“第一印象”。

一、营业部业务洽谈礼仪

洽谈指的是在业务交往中，存在着某种关系的各方为了保持接触、建立联系、进行合作、达成交易、拟定协议、签署合同，或是为了处理争端、消除分歧，而进行面对面的座谈与协商，以求达成某种程度上的妥协。在旅行社的经营过程中，经常会与国内外同行或游客打交道，所以对于旅行社业务发展来说，掌握旅行社业务洽谈的礼仪十分重要。

（一）洽谈前的礼仪规范

在洽谈前，双方见面要按握手礼仪规范热情握手，然后请对方入座，入座之后先进行寒暄或者自我介绍、引见介绍，可谈论一些与洽谈无关的话题，不要马上切入主题，关键是要营造出轻松、愉快的氛围，为之后的洽谈做好准备。值得注意的是，洽谈人员在仪容、仪表方面要符合统一规定。

（二）洽谈中的礼仪规范

在洽谈过程中，要严格遵守洽谈礼节，无论出现哪种状况，都要礼敬对方，在对方心中树立良好的形象，这对于之后的交往也会产生非常积极的作用。

相关调查显示，在洽谈会中，洽谈人员态度友好、面带微笑、举止彬彬有礼、语言文明礼貌，对于消除对方漠视、反感、抵触心理十分有利。洽谈人员要保持淑女风范或者绅士风度，以便赢得对方的好感与尊重。在洽谈过程中，要做到阐述自己的观点时，态度谦虚平和；对方讲述时，要认真、耐心地倾听，不随意插话；向别人提问时，语气要委婉，不提对方难以回答的问题；请求对方帮助时，态度要诚恳；劝说对方时，多用征询和协商的口吻，而不用命令式的口气；遇到需要双方商讨解决的问题时，应彼此坦诚地交换意见，明确辩论的对象是“事”而不是“人”，要就事论事，避免发生正面冲突；讨论乃至争论时，也要以礼相待。

总而言之，在洽谈会上，对“事”要严肃、据理力争，对“人”要友好、礼敬三分。如果洽谈成功，并达成了一定的协议，必须信守承诺，认真履行；若洽谈没有成功，也要礼貌告别。

二、计调人员服务礼仪

旅行社计划调度人员简称“计调人员”，指的是负责协调旅游团队所用车辆、导游、饭店、酒店、景点等相关旅游要素的工作人员。其主要工作是按接待计划落实团队在食、宿、行、游、购、娱等方面的具体事宜，为行程和日程的正常进行提供保障。计调部和计调人员的服务质量对旅行社的运营起着决定性作用。

（一）计调人员的素质要求

计调人员是旅行社完成地接和落实发团计划的总调度、总指挥、总设计，其工作的自主性、专业性及灵活性较强。在工作过程中，旅行社的计调人员要逐一落实各项活动，如所住酒店的级别、用餐标准、交通方式等方面，为游客的旅途更加顺畅提供重要保障。通常来说，计调人员都是从具有丰富旅游从业经验的人员中挑选出来的，能够面对和处理团队的一切事务。旅行社的计调人员需要具备的素质要求包括以下几点：

1. 专业知识扎实，熟悉旅游资源与业务操作流程。
2. 服务意识良好，能时时为游客提供全面细致的旅游服务。
3. 成本控制精准，能做到各项费用支出合理。

（二）计调人员的具体工作礼仪

计调人员在确定旅行团之后，要迅速根据旅游线路，安排好整个行程，并开始安排接待单位。找到与旅行社已有业务约定的接待单位的电话及服务合同，熟悉双方约定的全部事宜。

1. 对汽车公司的业务预订礼仪

打电话之前，计调人员要充分了解游客的用车要求，并事先安排好车型及数量。在预订的过程中，语言表达要准确、清晰。打电话的内容主要有以下几点：

（1）询问是否具有想要的车型，数量是否足够。

（2）确认价格与合约中的价格是否有出入。

（3）告知用车的起始时间。

（4）协商付款方式。

（5）将协商好的汽车情况记录好，包括车型、车数、车况、付款方式、司机姓名及联系方式等。

2. 餐饮预订的礼仪

打电话之前，计调人员要充分了解旅游者对餐饮的要求。在预订的过程中，语言表达要准确、清晰。打电话的内容包括以下几个方面：

（1）询问该酒店是否能提供旅游者想吃的菜肴，得到肯定后询问能否在约定时间范围内提供团队餐。

（2）必要时，还需询问酒店是否能够提供司陪餐。

（3）协商付款方式。

（4）将协商好的订餐情况记录好，包括用餐标准、人数、付款方式、酒店联系人姓名及联系方式等。

3. 住宿预订礼仪

打电话之前，计调人员要初步了解游客对住宿的基本要求。在预订的过程中，语言表达要准确、清晰。打电话的内容包括以下几个方面：

（1）询问该酒店提供的房间是否符合标准。

（2）确认价格与合约中的价格有无出入。

（3）告知旅游团首日下榻的大概时间。

（4）协商付款方式。

（5）将协商好的住宿情况记录好，包括房型、房数、付款方式、酒店联系人姓名及联系方式等。

三、商务拜访礼仪

（一）拜访预约，避免失约

上门拜访及商谈相关事宜，是日常工作中常遇到的。访问前，应先信息通知或电话联系，并且事前约定好时间和地点，而且拜访时，应提前5分钟到达。这是因为许多人都是以是否守时作为判断对方可否信任的标准。如预知约定事宜有变更，应尽早与对方联系。

（二）举止端庄，称呼得体

在进行面谈时，要随时注意自己的举止和称呼。一个人的外在举止行为可以直接表明其态度，如果一个人在洽谈时双手抱胸或动作随意，这很明显是对洽谈内容的不关心。相反，如果一个人事先做好了准备，洽谈前先整理一下自己的仪表，例如漱口、洗手、整理头发等，随身携带好手帕，然后用舒畅清爽的心情与人交流，则说明他对此次会见的重视，这也是面谈的基本礼仪。

在拜访客人时，如果不知道对方的姓名和职务，应到服务台前先作自我介绍并说明来意，礼貌地问询需要拜访的客户姓名与职务。见面时，待确认对方身份后，主动热情地问候，称呼其姓氏加上职位。若是拜访熟人，见面需面带微笑，热情地招呼对方，适当的寒暄也是必不可少的。

（三）注意饮茶时的礼节

客人来到旅行社，接待员待客人就座后，便请客人喝茶。如果去拜访别人，如何饮茶，不但关乎礼仪礼貌，也是一门艺术。对方恭敬地奉上茶水，如果视而不见，这是不礼貌的行为。对奉茶者要记得感谢，并趁热时浅尝一下。主人特意奉上的东西，一点都不沾口也很失礼。喝茶时要深呼吸，使心平气和，这样才能保持清醒头脑，所谓“做事要积极，议事要和气”就是这个道理。

（四）真诚态度来打动客户

无论做生意还是交际，最重要的是要取得对方的信任。凡事都肯为对方代劳的服务态度，是取得信任的先决条件。因此，真诚的服务态度才是拓展生意的法则。旅行社的商务拜访人员对客户诚心诚意的服务态度，就是要站在客户的立场上，处处考虑，设法满足客户的需要。诚信诚意是基本的行为礼仪。

（五）利人利己，尊人尊己

俗话说：利人则利己，尊人则尊己。在现实生活中，要尊重对方、关心对方的心情，做好礼让对方的礼仪，相信也会给你的工作带来便利。旅行社的商务拜访往往是为了某个目的，而这个目的往往是想获取经济利益，同样，对方与旅行社洽谈也希望从双方的业务合作中获取一定的经济利益，所以旅行社的商务拜访也要为对方提供有利可图的空间。

导游带团礼仪

导游人员是旅游业最具代表性的工作者，是旅游服务接待工作的支柱力量。导游人员是旅游从业人员中与旅游者接触最多、接触时间最长的人，他给旅游者留下的印象也最为深刻。在旅游者心目中，导游人员往往是一个地区、一个民族乃至一个国家的形象代表，因此，导游人员在不断提高个人综合业务技能的同时，更要自觉加强礼仪修养。

第二节　导游带团礼仪

导游人员是旅游业最具代表性的工作者，是旅游服务接待工作的支柱力量。导游人员是旅游从业人员中与旅游者接触最多、接触时间最长的人，他给旅游者留下的印象也最为深刻。在旅游者心目中，导游人员往往是一个地区、一个民族乃至一个国家的形象代表，因此，导游人员在不断提高个人综合业务技能的同时，更要自觉加强礼仪修养。

一、基本礼仪规范

（一）守时守信

守时是导游人员应遵循的最为重要的礼仪规范。由于旅游者参观游览活动都有一定的行程安排并有较强的时间约束，因此为了确保团队活动的顺利进行，导游人员必须尽早将每天的日程安排准确无误地告知每位游客，并且随时提醒。同时，应按照规定的时间提前到达集会地点，按约定的时间与客人会面。如有特殊情况，必须耐心地向客人解释，以取得谅解。此外，导游人员还应该做到诚实守信，答应客人办理的事情，必须尽力帮助处理并及时告知处理结果。

（二）尊重游客

导游人员在带团过程中，应尊重旅游者的宗教信仰、风俗习惯，特别注意他们的宗教习惯和禁忌。对游客应一视同仁，不因为购物多少或者自费项目多少而厚此薄彼，但对于旅游团中的长者、女士、幼童及残疾人游客等特殊人员应给予更多的照顾。对重要客人的接待服务应把握场合和分寸，做到不卑不亢。对随团的其他工作人员（如领队或全陪）也应给予应有的尊重，遇事多沟通，多主动听取意见，以礼待人。

（三）互敬互谅

导游工作只是整体旅游接待工作的一个组成部分。如果没有其他相关人员，尤其是随团的汽车司机，旅游景点、购物商场以及酒店等一系列为游客提供直接和间接服务的工作者的大力支持与通力合作，导游服务接待工作就无法圆满完成。为此，尊重每位旅游服务工作者，体谅他们的工作处境与困难，积极配合他们的工作，是做好导游服务工作的前提保障，也是导游人员良好礼仪素养的又一体现。

（四）美观大方

在日常生活中养成讲卫生、爱清洁的习惯，不仅是导游人员个人文明的表现，也是导游职业礼仪的基本要求。上岗时，导游人员更应保持良好的仪容仪表。在服饰穿戴方面，导游人员除了遵循职业工作者的基本服饰礼仪规范要求，还应该注意需按照旅行社或有关部门的相关规定统一着装。无明确规定者，则以选择朴素、整洁、大方且便于行动的服装为宜，而且还应与所处场合、情境相协调，同时符合自身气质。带团时，导游人员的服装穿着不可过于时尚、怪异或花哨，以免喧宾夺主，使游客产生不必要的反感。无论男女，导游人员的衣裤都应平整、挺括。特别要注意衣领、衣袖的干净；袜子应常换洗，不得带有异味；女士不浓妆艳抹，不戴手链、脚链等饰品，男士不留大鬓角。导游人员应将表明自己工作身份的胸牌或胸卡，如导游证或领队证，按有关规定佩戴在上衣胸前指定的位置。

二、导游语言表达礼仪

语言是导游服务的重要手段和工具，导游人员的服务效果在很大程度上取决于其语言的表达能力。导游人员驾驭语言的能力越强，信息传递的障碍就越小，旅游者满意的程度也就越高。可见，导游语言的表达事关导游人员自身价值的实现。就一般而言，导游人员语言的表达应力求做到：达意流畅、得体、生动和灵活。这是导游讲解最基本也是最起码的要求。导游语言礼仪的基本要求有以下几点：

1. 达意流畅

语言的达意是要求导游人员所传递的信息不仅应准确，而且还要易被游客所理解。达意的导游语言，一是发音正确、清楚；二是遣词造句准确、简洁；三是表达有序、条理清晰。切忌空洞无物、言过其实，更不该无中生有、胡编乱造。流畅即要求导游人员的语言力求表达连贯，无特殊情况，一般言语中间不作较长时间的停顿，语速适中，快而不乱，慢而不滞。如口语表达中过多的重复和停顿以及不良的习惯，这些无疑都会影响游客的倾听效果。

2. 得体规范

得体，就是言语运用要恰当且有分寸。得体的导游语言必须符合导游人员的角色身份，其前提是要做到真正体现对游客的尊重。在带团过程中，应多用敬语、服从语及委婉征询的句式与游客交流。此外，还应避免游客的言谈忌讳。

3. 生动形象

生动是导游语言最为突出的特点。导游人员在讲解内容准确的前提下，应以生动、有趣且具有感染力的语言活跃气氛，增添游客的兴致，以趣味性吸引人。照本宣科、死板老套不可取，“黄色幽默”和低级趣味的笑话更应杜绝。语音、语调要适度、优美。在讲解过程中，导游人员的声音要适度，不高不低，以使在场的客人听清为宜。合理运用修辞手法和格言典故，进而增加旅游者的兴趣。导游人员在导游讲解中运用比喻、拟人、夸张、排比等修辞手法，并恰当地使用旅游者所熟悉的谚语、俗语、歇后语、格言、典故等。

4. 灵活传递

灵活强调的是导游人员的语言表达应做到因人、因地、因时而异，导游人员在讲解时必须充分考虑游客的文化背景、认知水平、兴趣爱好及职业特点等异同，并据此有针对性地决定内容的取舍和表达方式的选择，以提高游客的接受和理解能力。善于察言观色，注意把握时机。导游人员在与旅游者谈话时，要能听话听音，随机应变，就地取材引出新的话题，正确掌握语言节奏。导游语言的节奏涉及说话的快慢、语句的停顿及声调的高低，节奏运用得当，不仅使旅游者听得清楚明了，而且可以使他们心领神会、情随意转，从而收到良好的信息传递效果。

三、迎客礼仪

（一）接站服务礼仪

导游人员应佩戴导游胸卡、打社旗，持接站牌至少提前 30 分钟到达机场、车站或码头迎接游客。接团要事先了解客人情况，了解接待标准，了解行程、路线。游客抵达后，导游人员要主动持接站牌上前迎接，先自我介绍，再确认对方身份，寒暄问候，核对团号、实际抵达人数、名单等。导游人员应协助游客将行李集中放在指定位置，进行清点和检查，一旦发现有丢失、损坏等现象，应积极帮助查找，如行李没有丢失或损坏，则移交给行李员，办好交接手续。

（二）交通服务礼仪

导游人员要站在车门旁边引导游客乘车，对于老人、小孩以及妇女要格外关照。等待游客上车就座之后，导游人员再上车。上车后的第一件事就是有礼貌地清点人数，在清点时切忌用手指指游客，在心中默数即可，确定没有疏漏之后请司机开车。下车时，导游人员自己先下车，再在车门口协助游客下车。导游应努力保障旅游团参观游览的全程安全、顺利，使游客详细了解参观景区景点的特色、历史背景等其他方面。值得注意的是，全陪导游和地陪导游在旅游服务中担任重要角色，应遵循以下交通服务礼仪：

1. 全陪导游交通服务礼仪

陪同旅游团乘坐各种交通工具是全陪导游人员的工作重点，此项工作的完成质量会对整个旅游活动的顺利完成产生直接影响。

（1）乘坐交通工具前，应注意以下几点：一是全陪要向领队说明所乘交通工具，提醒有关托运和手提行李的规定及入站规定，并向地陪领取有关交通票据及行李牌，当面清点并妥善保管；二是若遇到航班延误、火车晚点或汽车突发事故，应及时向游客道歉并说明情况，必要时配合有关部门为游客提供住宿、餐饮、用车等方面的安排。

（2）乘坐交通工具过程中，不管乘坐的交通工具是哪种，在乘坐过程中，全陪导游都要提醒游客注意人身和物品的安全，还需要注意以下几点：一是为了方便工作，全陪导游人员要将自己的座位安排在最后排或前排靠通道处，向客人介绍乘坐交通工具的注意事项、路途距离、所需时间、中途经过的地点和其他有关注意事项等，票证交领队安排或分发；二是坐火车出行时，安排好火车铺位，并引导游客按照顺序登车休息，单位集体包团时，火车铺位可交由该单位代表分派；三是如果有条件，可以安排一定的娱乐活动，让旅途变得更加轻松、自由、愉快；四是到达目的地前 30 分钟，全陪导游人员要提醒游客清点所携带的物品，同时做好准备。全陪导游人员和领队做好分工，一个先下车（船、飞机），另一个最后下车（船、飞机），并检查游客有无遗漏物品。

2. 地陪导游交通服务礼仪

（1）提前到达集合地点，并督促司机做好出发前的各项准备工作，接到旅游团队后及时引导游客前往停车场，在门前协助游客上车，上车后协助游客就座，开车前礼貌地清点人数，以确保游客全部上车。

（2）关注车辆状况，时间留有余地，提醒驾驶员谨慎驾驶，阻止驾驶员酒后开车。

（3）行车途中做好沿途讲解，及时帮助解决游客需求。

（4）提前确认或落实联程、返程交通票据，以确保团队能按时启程，带领团队及时抵达机场（车站、码头）。

（三）致欢迎词

导游人员在途中应代表组团社或地接社及个人致欢迎词。欢迎词是导游与旅行团第一次见面时，为表达欢迎之情以及自我介绍时所作的简短的口头演说。专业水平的欢迎词，一般需包括以下几个要素：

1. 首先问候客人，并代表单位表示热烈欢迎之意。
2. 作自我介绍，并介绍全陪、司机等。
3. 简单介绍当地的风土人情、游览目的地的基本情况以及接团后的大致安排。
4. 表明自己工作的态度，即愿努力工作并解答大家的问题。
5. 祝愿客人旅行愉快，并希望得到客人的合作和谅解。

四、送客礼仪

（一）送客安排

送行之前，导游人员要根据时间安排，提前预订好下一站旅游或返回的机（车、船）票。尽可能集中安排客人乘坐的车厢、船舱，方便统一协调团队活动。按导游工作程序规定的时间要求到达机场（车站、码头）。送客前安排好结算、赠送礼品、摄影留念、欢送宴会等事宜。

（二）致欢送词

在送行途中，导游人员要致欢送词，让游客感受到自己的热情、诚恳，并预祝大家旅途愉快。一篇饱含感情的欢送词能给旅游者以心灵上的震撼，给他们留下深刻的记忆，有时甚至可以激发他们“故地重游”的愿望。欢送词的内容应包括：回顾旅游活动，感谢大家的合作；表达友谊和惜别之情；诚恳征求旅游者对接待工作的意见和建议；若旅游活动中有不顺利或旅游服务有不尽如人意之处，导游人员可借此机会再次向旅游者赔礼道歉；表达美好的祝愿。

（三）离别礼仪

返程时，导游人员清点游客，需注意不能用手指着游客，嘴里还数着“1，2，3……”，这是极为不礼貌的行为。用导游旗指着游客，也是非常不礼貌的。正确的做法是从车头到车尾，一边走一边用双手轻扶椅背，在心中默数人数。

当游客检票离开时，导游人员要向游客挥手致意，祝其旅途愉快，然后再离开。如果因为特殊原因必须提前离开，导游人员要将原因向游客说明，同时表示诚挚的歉意。如果车、船、飞机晚点，要主动对游客表示关心，如果有必要，需留下来和领队一起处理相关事宜。

五、讲解服务礼仪

在带客游览景点的过程中，导游人员要认真组织游客活动，要将讲解与引导游览、适当集中与分散结合起来。在游览过程中，导游人员要格外关注游客安全，做到始终和游客在一起，并随时清点人数，防止游客走失；要提醒游客看管好所带财物，防止出现丢失、被盗现象；尽可能照顾年老体弱者，以免出现意外；当游客需要帮助的时候，要尽量满足，若无法满足，要向游客解释并表示歉意。

讲解是导游服务的重要工作，景点讲解要掌握以下礼仪技巧：

（一）揣摩对方心理

优秀的导游人员应该掌握游客的基本信息，如姓名、年龄、性别、国籍、民族、身份、职业等，并以此为依据，通过对话等方式，揣摩对方的心理，了解对方的心理需求、旅游动机及在游览过程中的偏好，这是安排旅游路线的重要条件。了解这些内容，可以使导游人员提前做好准备，以便能够确定景点介绍的侧重点，合理分配景点停留时间。

（二）激发对方兴趣

导游全部工作的关键要素在于游客的旅游兴趣。游客的旅游兴趣会在一定程度上影响导游的工作质量及游客本身的旅游体验。

游客兴趣的特点主要有复杂性、多样性、能动性等。如果导游人员能够积极引导，调动游客兴趣，那么就能够使游客产生浓厚的兴趣，并使兴趣具有相对稳定性及持久性。影响游客兴趣的因素主要有两个：第一，景点本身的吸引力；第二，导游自身语言的引导功能与调动功能。

在进行景点介绍时，导游人员必须以不同类型的景点为依据，将语言表达的主动性与讲解的科学性、针对性充分结合起来，展开详略不同的介绍。总的来说，必须以游客的兴趣为出发点，确定景点的内容及景点介绍的侧重点。

（三）调节对方情绪

一旦旅游活动中出现的某些情况让游客感到不满，那么对方的情绪就会变得消极。在旅途中，总是会不可避免地出现各种各样无法控制的因素，如天气因素、交通因素、餐饮因素等，在这样的情况下，不得不改变旅游计划。但是这会引起游客的不满。因此，若出现突发情况，导游人员要懂得调节游客的情绪，做好安抚工作，采取灵活变通的方法，使游客在计划有变的情况下依然能够愉快地享受旅程。

六、带客购物服务礼仪

带客购物服务礼仪是导游在带领游客购物时需遵循的行为规范，具体如下：

1. 根据旅游团客人的要求，合理安排客人购物。如无此要求，不得强加于人。

2. 去购物途中，要向客人介绍本地商品的特色，教客人鉴别商品的知识，当好客人的购物顾问。下车前，要交代清楚停留时间及有关购物的注意事项。

3. 注意前后态度要一致，不能介绍景点时简单、敷衍，讲到购物就热情高涨，这样会引起客人的猜疑和不信任。

4. 如遇小贩强拉强卖，导游人员有责任提醒客人不要上当受骗。导游本人不得向客人直接销售商品，不能要求客人为自己选购商品。

5. 导游人员应严格遵守导购职业道德，应将客人带到商品质量好、价格公平合理的商店，而不应该唯利是图，为了一点好处费，昧着良心违背职业道德，与不法经营者相互勾结，从而损害旅游者的利益。

七、突发事件的协调处理礼仪

（一）路线与日程变更

一旦确定了旅游计划及活动日程之后，必须严格执行，没有特殊情况，不能进行更改。然而，在特殊情况下，如遇交通问题、天气问题等，很可能会导致旅游计划、活动日程变更。此时应根据具体情况，做出具体的应对措施。

1. 如果接团社没有预订上计划的车船票、飞机票，而更改了班次或日期，应及时向游客解释，同时提醒接团社，及时通知下站。

2. 如果由于天气或者交通等问题，航班临时取消、无法离开所在城市，导游要尽可能安抚游客情绪，同时马上联系内勤，与有关部门配合，安排好游客的用餐及休息问题。

3. 如果发生特殊情况（如景点关闭等）必须变更活动项目，导游人员可以讲述一些精彩的内容，引起游客的兴趣，使游客能够愉快地前往替代景点。

（二）行李丢失或损坏

如果在机场发现游客行李丢失，应凭机票及行李牌在机场行李查询处挂失，并保存好挂失单和行李单，将遗失者要下榻的饭店的名称、房间号、电话号码告诉查询处，并记下查询处的电话、联系人和航空公司办事处的地址、电话，以便联系。

如果在接团之后出现游客行李丢失的情况，必须冷静地对情况进行分析，通过多种途径寻找。如果最终仍然没有找到，应把详细情况向旅行社领导汇报，由旅行社安排内勤、外勤和其他工作人员一同帮助寻找丢失的行李。

如果行李被损坏，应遵循的基本原则是损坏者赔偿。若无法立即查清责任人，应答应给受损失者修理或赔偿，费用掌握在规定的标准内，请游客留下书面说明，发票要由地陪导游签字，以便向保险公司索赔。

（三）交通事故

发生交通事故，要立即组织抢救。电话呼叫救护车或立即拦车将伤员送往距出事地点最近的医院抢救，并立即向接团社和组团社汇报。同时，要尽量保护现场痕迹，切忌在慌忙中破坏现场。尽量阻止肇事者逃跑，为之后交通警察和治安部门调查处理提供便利。若在场的导游有两个，可分别负责保护现场及指挥抢救的工作。迅速报告交通、公安部门，让其派人前来调查处理，并向旅行社报告事故的发生和伤亡情况，请求派人前来指挥事故的处理工作，并要求派车前来把未受伤者和轻伤者分别接送至饭店和医院。交通事故的善后工作交由交通、公安部门和旅行社出面处理，导游人员应照顾好受伤游客，写好事后情况报告，请医院开具诊断书，请公安局开具交通事故证明书，以供游客向保险公司索赔。最后，导游人员应写出书面报告，详细报告事故发生的时间、地点、性质、原因、处理经过、最后讨论、司机的姓名、车型、车号、伤亡情况、医生诊断结论、治疗情况等。

（四）其他特殊情况

若发现游客在就餐之后出现了不适症状，如头晕、头痛、恶心、呕吐等，导游人员必须马上阻止游客进餐，进而护送游客前往医院就诊。与此同时，要在最短的时间内报告接团社和卫生检疫部门，安排善后处理事宜。

与游客的沟通技巧

1. 与游客沟通的一般原则

与游客沟通的一般原则概括为十法、十戒。“十法”指与游客沟通中的十大注意事项，包括着装整齐、目光接触、面带微笑、表示兴趣、有效倾听、积极回应、语调柔和、态度诚恳、表达含蓄、建立友情。“十戒”指与游客沟通中要避免的十个方面，包括命令威胁、讽刺挖苦、模棱两可、不着边际、刨根究底、多余劝告、空洞安慰、简单评价、自以为是、吞吞吐吐。

2. 与“难对付”游客的沟通

有时旅游景区工作人员会遇到一些“难对付”的游客，之所以难对付，可能是因为他们确实有理，要你解决问题；可能是因为他们脾气大，易愤怒；还可能就是游客故意“找碴儿”。这时，旅游景区工作人员面临沟通中的冲突，且在与游客冲突中，旅游景区员工总处于不利地位，因为“客人总是对的”（这是旅游景区管理的基本准则）。因此，提高与这类游客的沟通技巧，保护旅游景区声誉和管理者自身的名誉就显得十分重要。对于确实有理、要你解决问题的游客，旅游景区员工要正确运用“十法”，按照“合理可能”的原则，予以解决；对于“找碴儿”的游客，旅游景区员工尽量用机智、诙谐的方式解决。

3. 与愤怒游客的沟通

有时，故意找碴儿、心理失衡、要求没有满足的游客会冲动、发怒。与愤怒游客的沟通，往往非常棘手。这种游客一般有三种类型：利己型、主宰型、歇斯底里型。利己型的游客往往以自我为中心，认为自己的事总是急事；主宰型的游客常常认为自己总是正确的，如果解决问题的方案不成功，就会指责工作人员不称职；歇斯底里型游客常常大喊大叫，只要自己的要求或计划有任何偏差，就会大发雷霆。

对不同类型的发怒游客，可以采用不同的处理方式。对利己型游客，不要将他的过激言辞看作对你个人的冒犯，而应当看作对旅游景区的不满，不要让他感觉不受重视，记住并运用他的名字和职务并适当安抚。不要和他宣讲制度规定，因为他会认为自己比规定高明，因而不会接受。对主宰型游客要尽量友善、礼貌，并尽量满足他们的要求，如果确实不能按他提出的要求办，必须解释清楚，要保持规定上的一致性，不能因为满足他的要求就破坏制度、做出让步。对歇斯底里型游客，要尽量让他发泄情绪，要让他感觉到你理解并认可他的心情，不要有抵触情绪，否则会将事情办砸，最好迅速将他带离人多的现场，请他冷静下来。

第十章　会议礼仪

第一节　会议筹备礼仪

会议礼仪是会议召开前后，按照会议程序和会务工作要求，在会议举行过程中所表现出来的文明举止和行为规范。召开任何会议，都要有主题、有要求、有程序。会议礼仪是保证会议突出主题、符合要求、遵循程序，达到会议目的的成功条件。现实已经告诉我们，讲究会议礼仪，是检验会议质量的标准之一，是确保会议成功的金钥匙。

一、会议的准备

（一）确定会议主题

举行任何会议，需先确定其主题（包括会议名称）。会议主题要有切实的依据，需结合本单位的实际，要有明确的目的。会议的议题是根据会议目的来确定并付诸会议讨论或解决的具体商务问题，是商务会议活动的必备要素。举行会议首先要明确为什么而“议”和“议”什么。

会议名称要求能显示会议的内容、性质、参加对象、主办单位或组织、时间、届次、地点或地区、范围、规模等相关内容。

1. 确定会议名称的方法

（1）由“单位+届次+范围+会议种类”构成，如“中国共产党第十五次全国代表大会”，其中“中国共产党”是组织的名称，也可以称为单位；“第十五次”是会议的届次；“全国”是会议的范围；“代表大会”是会议的种类。

（2）由“单位+年度+内容+会议种类”构成，如“××公司2011年总结表彰大会”。

（3）由“时间+内容+会议类型”构成，如“2011年××省春运票价听证会”。

2. 确定会议名称的注意事项

（1）会议名称要用确切、规范的文字表达。

（2）会议名称应与会议的主题、类型相符。

（3）一般企业会议不允许冠以“中国”或“中华”等称谓。

（二）确定会议规模和参加人选

会议的规模有大型、中型、小型之分。会议的规格有高档次、中档次和低档次之分。确定会议规模与规格要本着精简而有效的原则。

确定会议参加人选是一个关键步骤，它直接影响到会议的效率、决策质量和参与感。

清晰界定会议的目的、讨论的主题以及期望达成的目标将对确定会议参加人选至关重要。同时要识别那些直接受会议决策影响的个人或团体，他们可能是项目的直接参与者、决策者或执行者。一般常见的参会人选有对实现会议目标有潜在贡献的人，例如庆典、纪念会等隆重会议邀请相关的上级领导参加，以显示会议的重要性，还有就是选择因参与会议能够获得益处的人参加。努力确保会议参与者之间的多样性，包括性别、年龄、背景、经验等，这有助于引入不同的观点和视角，提高决策的全面性和创新性。根据会议的性质和目的，设定合理的参会人数限制。过多的参与者可能导致讨论变得冗长且难以管理，而过少的参与者则可能缺乏必要的多样性和全面性。

（三）确定会议时间和地点

会议的召开时间，指的是会议开始和结束的时间节点。会期指会议期间聚会活动一次以上的会议，从开始到结束之间所需要的时间。会议可短可长，少则几分钟、十几分钟，多则数小时、几天，甚至十几天。会议的最佳时间，要考虑主要领导是否能出席，确定会期的长短应与会议内容紧密联系。

会议地点是指商务会议召开的举办地，也可指举行会议活动的场所。为了使会议取得预期效果，应根据会议的规模、规格和内容等要求来确定。要考虑交通便利、设施齐全、环境安静、停车方便、大小适中、费用合理等因素，使与会者能够方便到会、安心开会。有时也考虑政治、经济、环境等因素。

（四）确定会议所需用品和设备

1. 必备用品。各类会议都需要的用品和设备，包括文具、桌椅、茶具、扩音设备、照明设备、空调设备、投影和音响设备等。

2. 特殊用品。一些特殊类型的会议，如谈判会议、庆典会议、展览会议等所需的特殊用品和设备。

（五）安排会议议程与日程

会议议程和日程是指会议在一定时间内的具体安排，对会议所要通过的文件、所要解决的问题的概略安排，并冠以序号将其清晰地表达出来。

（六）制发会议通知

会议通知的内容包括名称、时间、地点、与会人员、议题及要求等，可以用四个“W”来概括，即：When（会议时间）、Where（会议地点）、Who（与会人员）、What（会议名称和议题）。会议通知的方式有书面、口头、电话、邮件。邮寄时最好在信封上写明“会议通知，收到急转”的字样，以免中途耽搁。一般来说，重要的会议最好以书面形式进行通知，必要时采取多种方式进行通知，以保证每个参会人员提前收到通知。对距离远的会议参加者，有关住宿和差旅费报销等问题一并写明。

邀请函和请柬的区别

邀请函与请柬都属于邀请客人参会的礼仪文书，但它们之间有明显区别。

一是适用场合不同。邀请函多用于口头交流为主要方式的会议活动，如邀请有关专家出席咨询会、论证会、研讨会，邀请记者参加发布会、记者招待会等；而举办各类较为隆重的仪式和交际活动，如开幕式、闭幕式、签字仪式、开工典礼、宴会、舞会等，则应用请柬，而不用邀请函。

二是规格不同。有的会议活动可能同时使用邀请函和请柬，这时，对一般的专家和客人发邀请函，而作为特邀嘉宾的上级领导、兄弟单位代表、社会名流等，则应当用请柬。

二、会议的环境布置

规范有序、合理布置的会议环境，是保证会议成功的服务内容与必要条件。在会议前期工作中，会议环境布置应严格按照会议服务要求与礼仪程序进行周密的准备，既要突出会议的主题，又要达到烘托整个会场气氛的目的。

（一）会议设施配备

大型会议的会场准备比较复杂，需要体现会议的主题，应注意会场内座位的布局、主席台的布置及其他可以渲染和烘托气氛所做的装饰等，一定要讲究科学性、合理性和艺术性。

1. 会标。会标即会议全称的标题化。会标是揭示会议名称和其他会议信息的文字性标志。会标一定要与会议主题相吻合。会标应放置于醒目的位置，给人以强烈的视觉冲击力，如以横幅的形式悬挂于主席台上方的沿口。也可用计算机制成幻灯图片，映射于幕布上，以增强会议的现代感。露天的室外会场应布置大型的布景板，并在醒目的位置放置会标。

2. 会徽。会徽是体现或象征会议精神的图案性标志。要选择具有强烈感染和激励作用的图案，重大会议的会徽可向社会征集，也可在单位组织征集。会徽图案要简练、易懂、寓意丰富。有些会议可用本组织的标志做会徽，如党徽、国徽、团徽、警徽等。会徽悬挂在主席台正前方，党代会悬挂党徽，人民代表大会悬挂国徽。

3. 标语。标语是会议主题的体现，准备会议文件时就应拟定。会议标语要集中体现会议精神，使其简洁、上口、易记，具有宣传性和号召力。标语的制作，一是要切合主题；二是要亲切感人；三是要具有号召力；四是要简洁工整。标语的数量应适当，不宜太多；悬挂的位置也应适当，一般是在会场两侧和会场外面悬挂；悬挂的方式要新颖别致，可用横幅、直幅、广告牌或气球吊挂等。

4. 旗帜。会场中的旗帜有以下几种类型：一是国旗，适用于重要会议的会场布置；二是会旗，适用于合法组织举行会议时的会场布置；三是红旗，适用于气氛庄严的会议的会场布置，如代表大会，可在主席台上以红旗衬托会徽；四是彩旗，彩旗可以是单色的，也可以印有会议的吉祥物、会徽、口号等会议活动标记。会议的旗帜包括主席台上悬挂的旗帜和会场内悬挂的旗帜。主席台上的旗帜应围挂在会徽两边，显得庄严隆重；主席台的两侧插上对应的红旗或彩旗，可增添喜庆气氛；会场门口和与会者入场的路旁插上红旗或彩旗，使会议的热烈气氛洋溢在会场内外。

5. 视听设备。现代会议中经常会用到视听辅助设备以增强会议效果，让听众更好地接受会议信息。现代视听设备能将复杂且不易理解的信息展示给观众，同时也能将一些照片、声像资料带到现场，增强会议效果，因此已经成为现代会议不可缺少的辅助工具。需熟悉和掌握这些设备的使用方法、操作技巧，并在会前仔细检查和安装这些设备。需注意安放屏幕的位置、角度要合适，使演讲人员不用离开讲桌上的麦克风便能看见屏幕，屏幕的大小取决于房间的高度，屏幕底部离地面应该不少于 1.2 米。各类设备主要根据现场的需要进行选择，但一定要事先准备好，否则会议开始时再反复调试不仅会延误会议时间，而且会直接影响会议效果。

（二）会议氛围布置

会场布置要有利于突出会议主题、烘托会议气氛、调节与会者的情绪、提高会议效率。在会议室环境布置时，要做到环境美观、零干扰，即整洁干净、安静隔音、光线柔和、照明适宜、温度适宜、空气新鲜、布局美观大方。

对于不同的会议类型，氛围要求也不一样，如政治性会议要求严肃、庄重；学术会议则要求气氛和谐宽松、易于交流；单位内部会议要求紧凑、高效；涉外会议则要考虑既有中国特色又符合主宾习惯、爱好和禁忌。进行会场布置时应尽可能与会议的内容和要求相一致。

一般来说，各类会议氛围要求如下：

(1)党代会要求：朴素大方。

(2)人代会要求：庄严隆重。

(3)庆祝会要求：喜庆热烈。

(4)座谈会要求：和谐融洽。

(5)工作会要求：简单务实。

(6)纪念会要求：隆重典雅。

(7)展览会要求：新颖别致。

会议场所的灯光应该明亮、柔和，即给人适宜的照明，也可以减缓因会议时间过长而带来的身体或精神上的疲劳。同时，运用灯光的强弱明暗及颜色，能给会场带来不同的视觉效果，可衬托会场氛围。一般性会议，宜使用白炽灯或日光灯作为会场的照明光源；而喜庆色彩较为浓烈的会议，可适当使用彩色灯光。主席台是会场的中心区域，其照射光线的亮度应强些，以利于集中与会者的视线。

色调在这里主要是指会场内色彩的搭配与整体基调。与会议内容相协调的色调，可以对与会者的感官形成一定的刺激，在其心理上产生积极的影响。要与会议内容、对象、气氛相适应，能考虑季节因素更好，包括地毯、窗帘、桌布等。法定性、决策性会议，以褐红色、墨绿色为主，显示隆重、庄严的气氛；庆典性会议则以暖色调为主，显示喜庆、热烈的气氛。

不同的花卉也能渲染不同的环境氛围。选用花卉应突出中华民族的文化特色，以梅花、牡丹、菊花、兰花、月季、杜鹃、茶花、荷花、桂花、水仙等十大名花为代表的中国原产花卉，早已被赋予浓重的文化色彩，以这些花为主构成的花卉艺术品，如插花、盆栽等，都以无声的语言向人们传播中华民族文化，表现民族精神。因此，越是重要的会议，越应选取有代表性的中国原产花卉作为摆放的主题花卉，并将中国传统艺术花卉的插放造型作为会议花卉的礼仪形式。同时，不同颜色的花卉表示不同的感情，如红色表示热烈、黄色表示亲切、绿色表示冷静。一般性会议要摆放盛开的月季、扶桑，使人心情愉快，气氛轻松。庄重的会议应摆放君子兰、苏铁等绿色花卉，使人冷静缓和，不易冲动。

（三）会议标识布置

设置标识，即设置引导与会者行进方向及就座位置的标识牌。标识主要有以下几种：

一是座位号。会场内的座位都要标识排号和座位号，大型的会场还要标识楼层和区号。

二是团组或身份标识。可以制作落地指示牌，写明团组名称或与会者身份（如首长席、正式代表席、列席人员席、来宾席、旁听席、记者席等）的类型，置于该座区首座的前方或两侧；或制成台式标志，放置在该座区首座的桌上。

三是台签。即每个与会者桌上放置的写有姓名的标签。台签通常两面书写姓名，一面朝外，一面朝向与会者，这样既便于与会者寻找自己的位置，又方便相互辨认、结识。国际性会议的台签，朝向与会者的一面用其所在国的文字书写姓名或组织的名称；朝向外侧的则用举办国的文字书写姓名或组织的名称。大型会议的主席台放置台签，台下一般只放团组标识。

四是桌签。即用序号标明桌次的标识。大型宴会、联欢会等采用分散式座位格局的会场，要用序号标识桌次，以便于参加者能迅速找到自己的桌次并有序就座。

五是指示牌。大型会议为方便与会者寻找座位，要在会场门口和场内悬挂或放置指示牌，标明各座区的方位。

（四）会场形式布置

1. 小型会场形式

小型会议，一般指参加者较少、规模不大的会议。它的主要特征是全体与会者均应排座，不设立专用的主席台。其排座主要有三种具体形式：自由择座、面门设座和依景设座。排座形式主要是根据会议的性质、目的、参加人数来确定。

小型会议座次排定的方法主要有以下几种：

（1）环绕式。环绕式就是不设立主席台，把座椅、沙发、茶几摆放在会场的四周，不明确座次的具体尊卑，参会者在入场后自由就座。这一安排座次的方式，在茶话会中最流行，与茶话会的主题最相符。

（2）散座式。散座式排位常见于在室外举行的联谊会、酒会等，它的座椅、沙发、茶几四处自由组合，貌似散乱无序，甚至可由与会者根据个人要求而随意安置，其目的就是要营造出一种宽松、舒适、惬意的会议环境。

（3）圆桌式。圆桌式排位指的是在会场上摆放圆桌，请与会者在周围自由就座。圆桌式排位又分两种形式：一是适合人数较少的会议，仅在会场中央安放一张大型的椭圆形会议桌，请全体与会者在周围就座；二是参会人数较多时，在会场上安放数张圆桌，请与会者自由组合，各自在其周围就座。

（4）主席式。这种排位是指在会场上安置一目了然的主席台，主持人、主人和主宾、重要领导安排在主席台就座。

举行正式会议时，通常应事先排定参会者尤其是重要身份者的具体座次。越是重要的会议，它的座次排定就越受到社会各界的关注。对有关会场排座的礼仪规范，会务工作人员不但需要了解，而且必须认真遵守。在实际操办会议时，由于会议的具体规模有所不同，因此其具体座次排定也会存在一定的差异。

2. 大型会场形式

大型会议是指与会者众多、规模较大的会议。其最大特点是会场上应分设主席台与听众席，前者必须认真排座，后者的座次则可排可不排。

（1）大型会场主席台的布置

在主席台上安排位次时，一是要安排好发言席；二是要安排好主席团成员席。

发言席，又叫讲坛。在正式会议上，发言席的标准位置有两种，一是居于主席团正前方；二是居于主席团右前方。安排主席台座次时遵循以下几点：

主席台座次排列，如果为单数，应以主要负责人为中心，然后按职务一左一右排列（按照我国传统以中心人的左方为上，若在台下看，即为右方）。若主席台上人员为双数，将主要负责人定位后按职务一右一左排列。

同等级别代表单位出席活动，按照市委、市人大、市政府、市政协先后排序。几个机关的领导人同时上主席台，通常按机关排列次序排列。可灵活掌握，不生搬硬套。如对一些德高望重的老同志，也可适当往前排，而对一些较年轻的领导同志，可适当往后排。另外，对邀请的上级单位或兄弟单位的来宾，也不一定非得按职务高低来排，通常掌握的原则是：上级单位或同级单位的来宾，其实际职务略低于主人一方领导的，可安排在主席台适当位置就座。这样，既体现出对客人的尊重，又使主客都感到较为得体。

主席台座次的编排应编制成表，先报主管上司审核，然后贴于贵宾室、休息室或主席台入口处的墙上，也可在出席证、签到簿或会议手册标明。在主席台的桌上，必须在每个座位的左侧放置姓名台签，以便领导同志对号入座，避免上台之后互相谦让。

对上主席台的领导同志届时能否出席会议，在开会前务必逐一落实。领导同志到会场后，要安排在休息室稍候，再逐一核实，并告知上台后所坐方位。如主席台人数很多，还应准备座位图。如有临时变化，应及时调整座次、名签，防止主席台上出现签名差错或领导空缺。还要注意认真填写名签，谨防错别字出现。

（2）大型会场听众席的布置

会场座位格局的常见类型包括上下相对式、全围式、半围式、分散式等。

①上下相对式

上下相对式是指主席台与代表席上下面对的形式，它突出了主席台的地位。适合于召开大中型的报告会、总结会、工作会、代表大会等。上下相对式可以细分为剧院式和课桌式。

剧院式。适合听众较多的场合，一般设在礼堂、会堂、影剧院、体育馆等。这类会场在舞台或高出代表席的地方设主席台，并有一定的距离。各种代表大会和其他大型、特大型会议常采用这种形式，显得隆重、热烈、庄严，主次分明。

课桌式。如果需要做记录，或者是超过两小时的会，就用带写字板的椅子或布置成排桌子，一般设在中型会议室。也设主席台，但通常不高出代表席，距离不大，大体上和教室摆法差不多。采用这种形式，显得紧凑、和谐、庄重。

②全围式

全围式的主要特征是不设主席台，参加会议的领导和主持人同其他与会者围坐在一起，容易形成融洽和谐的氛围，体现平等互助的精神，适用于召开小型会议、座谈会、协商会等会议。如每个小组限于八人以下，而且无需使用黑板或其他展示品，就可用此种形式。主要的好处是参加者能彼此看得清楚，但桌子不一定要是圆桌。

③半围式

半围式的主要特征是在主席台的正面和两侧安排代表席，形成半围的形状，既突出了主席台的地位，又增加了融洽的气氛，适用于中型的工作会议、座谈会、研讨会等。可以细分为 U 形、T 形等.

U 形是最普遍的形式。将桌子连接着摆放成长方形，在长方形的前方开口（空出一个短边），这种形式一般需要三张或三张以上的桌子，椅子摆在桌子外围，通常开口处会摆放搁置投影仪的桌子，中间通常会放置绿色植物以作装饰，主持人坐在离 U 形一端稍远的第四张桌子，常用于学术研讨会等类型的会议。此种台型容纳人数较少，能体现民主与团结的气氛，不但便于与会者与主席之间的沟通，而且也便于与会者跟与会者之间的交流。

T 形布局最适合进行小组讨论。可以将两排桌子改为一排，让与会者面对面地坐在桌子的两边。T 字的顶端是发言人的座位，因此不应该向两边伸出太多。

④分散式

分散式即将会场座位分散为由若干个会议桌组成的格局，每一个会议桌形成一个谈话交流中心，与会者根据一定的规则安排就座，其中领导人和会议主席就座的桌席成为“主桌”，适用于召开规模较大的联欢会、茶话会等。可细分为圆桌型、V 形等。

V 形布局可以使与会者彼此看到，以便增加相互间的目光交流。同时，这种布局也可以让发言人方便地看到与会者。如果发言人不喜欢和与会者分开，则可以采取倒 V 型布局，这样就能和与会者坐在同一张桌子旁，不过可能不太容易看到所有的与会者，具体情形要根据 V 字的角度而定。

三、会议致辞

（一）会议开幕词

开幕词是一种较大型的重要会议上由主要负责人在会议开始时向大会的致辞。会议开幕词是会议讲话的一种，是党政机关、社会团体、企事业单位的领导人在会议开幕时所作的讲话，旨在阐明会议的指导思想、宗旨、重要意义，向与会者提出开好会议的中心任务和要求。它以简洁、明快、热情的语言阐明大会宗旨、性质、目的、任务、议程、要求等，对会议起着重要的指导作用。

开幕词一般要以会议方案为蓝本，事先要经主席团、委员会等领导机构批准。开幕词一般包括首部、正文、结尾三部分，其格式和写法如下：

1. 首部

首部包括标题、时间、称谓三部分。

（1）标题。开幕词的标题，有三种写法：一是由大会名称加文种组成，如《第 ×× 届全国大学生运动会开幕词》；二是由致辞人姓名、大会名称、文种组成，如《×× 同志在 ×× 大会上的开幕词》；三是采用复式标题，主标题揭示会议的宗旨、中心内容，副标题与前两种标题的构成形式相同，如《我们的文学应该站在世界的前列——中国作家协会第四次会员代表大会会议开幕词》。

（2）时间。开幕词的时间，加括号标写在标题下方正中位置。

（3）称谓。称谓是对与会者的统称。如果是党的会议，称谓比较简单，多用“同志们”三个字，后加冒号。如果是其他会议，要按照惯例来排列顺序，较常见的是：“各位嘉宾，女士们，先生们”，后加冒号。

2. 正文

正文可分为开头、主体两部分。

（1）开头。开头的内容包括以下几项：

一是宣布大会开幕。最简单的说法是：“×× 大会现在开幕。”也可以有些变通的说法或灵活的处理，如：“今天，《维也纳公约》缔约方大会第五次会议和《蒙特利尔议定书》缔约方大会第十一次会议部长级会议在北京隆重开幕，大家聚集一堂，共商保护地球的具体行动，具有十分重要的意义。”

二是对大会的规模和参加大会人员的身份进行介绍。有些开幕词可以有这项内容，大致说法是：“参加这次大会的代表有 ×× 人，他们分别来自……”

三是对大会表示祝贺，对来宾表示欢迎。大致说法是：“我代表 ×× 对大会表示衷心的祝贺！对与会的各位代表和来宾表示热烈的欢迎！”

（2）主体。主体是开幕词的核心部分，主要包括以下几个方面的内容：

一是阐明会议的重要意义。具体涉及：这次会议是在什么形势下召开的、会议将要讨论解决什么问题、这个问题的现实价值如何、有什么迫切性、会议最终将会达到什么目的，等等。

二是说明会议的主要议程。议程明确的会议，可以将议程直接列项表达，如：“我们这次大会的主要议程有三项：（一）……（二）……（三）……”如议程不宜列项，则要对会议将要讨论的主要问题进行阐述。

三是向与会者提出希望和要求。如：“我们一定要兢兢业业地做好自己的工作，加强同全国各族人民的团结，加强同全世界人民的团结，为把我国建设成为现代化的、高度文明、高度民主的社会主义国家，为反对霸权主义、维护世界和平、推进人类进步事业而努力奋斗。”

3. 结尾

开幕词一般用祝颂语结束全文，如：“最后，祝大会取得圆满成功。祝各位在北京愉快。谢谢！”

（二）会议闭幕词

闭幕词是在大型会议或重要会议即将结束时，有关领导人对大会的议程及会议中解决的问题所作的带有评价性、总结性的讲话。它既是对大会基本内容的突出和强调，又是对大会的总结。

1. 闭幕词的要求

（1）以凝练准确的语言对会议进行概括和总结，同时对会议的主要内容以及通过的会议决议予以充分肯定。

（2）对大会的重点内容和提出的基本任务进一步明确和强调，突出和深化会议的中心思想。

（3）对与会人员提出传达和贯彻会议精神的原则要求，为今后各项工作的展开提出任务、指明方向。

（4）文字既要简明扼要，又不宜空泛笼统。内容篇幅不宜过长。

（5）结尾处要宣布会议闭幕。

2. 闭幕词的格式和写法

闭幕词包括首部、正文、结尾三部分。

（1）首部。首部包括标题、时间、称谓三部分。

闭幕词的标题，跟开幕词的写法类似，常见的写法是《××大会闭幕词》或《××在××大会上的闭幕词》。偶尔也有主副标题的写法，将主要内容或主要观点概括成一句话作为标题，再用“××大会闭幕词”作为副标题。

时间，在标题之下正中，加括号注明会议闭幕的年月日。

称谓，一般也跟开幕词相一致，是对与会者的统称。

（2）正文。正文分为开头和主体两部分。

正文的开头，一般要用简洁的语言，说明会议经过全体与会者的努力，已经胜利完成使命，今天就要闭幕了。

闭幕词的主体主要是对大会进行概括总结，并提出贯彻大会精神的要求和希望。其中概括总结的部分，要列举会议完成的任务和取得的成果，不能过于空泛笼统。提出要求和希望的部分，也要突出会议精神，体现会议宗旨。

（3）结尾。闭幕词的结尾通常比较简单，最常见的说法是：“现在，我宣布，××会议闭幕。”

第二节　参会人员礼仪

参会人员礼仪是指在参与会议期间，依据会议性质、场合氛围以及人际交流原则，所展现出的一系列得体的外在表现与内在素养规范。每一位与会者，都应带着清晰的参会目的、饱满的精神状态以及恰当的言行准备。参会人员礼仪是促使会议交流顺畅、氛围融洽、成果丰硕，实现会议既定目标的重要保障。过往诸多经验表明，注重参会人员礼仪，既是衡量会议参与者专业素养的显著标尺，也是助力会议高效推进、圆满结束的关键力量，它能让每一次思想碰撞都在和谐有序的环境中激发出智慧的火花，推动各项事业向前迈进。

一、会议主持人礼仪

各种会议的主持人，一般由具有一定职位的人来担任，其礼仪表现对会议能否圆满成功有着重要的影响。确定会议主持人，一般考虑与议题有紧密关系的人，可以是相关部门的经理，也可以是这个项目的负责人；如果会议可能会出现诸多复杂情况，甚至可能出现混乱场面，如股东大会或是内部审核的评议会等需要决策整合意见的会议，应选择与会者中领导地位最高的人担任主持人；会议主持人的合适人选还可以是会议组织者。特别重大的会议，则需产生相应人数的主持人团，由主持人团成员集体或轮流主持会议。除了小型会议之外，大中型会议的主持人主持会议时通常需要秘书长或秘书协助。

一位优秀的会议主持人，对于应对会中的临时状况，应有两手绝活。他需要扮演与会者互动的桥梁，控制讨论方向不致离题，需要刺激与会者进行批判性思考。主持人主持时要打开“第三只耳朵”以发挥功能。下面是会议主持人的基本工作要求：

（一）着装和仪态得体

主持会议时，个人的着装仪态应符合礼仪规范，一般应着正装，神态庄重，精神饱满。走上主席台时，步伐应稳健有力，行走的速度要因会议的性质而定。站立主持时，应双腿并拢，腰背挺直，右手持纸稿的中下部，左手五指并拢且自然下垂；若双手持纸稿，则应与胸齐高。坐着主持时，应身体挺直，双臂前伸，双手轻按于桌沿。

（二）议题突出，宗旨明确

做好主持会议的准备，首先要明确会议的目的要求，以防偏离会议主题，影响会议的进程和效果。其次，要明确会议的程序，做到心中有数。最后，要明确说什么。最好在会前自己拟定一份主持稿或提纲，到时根据情况现场发挥。除了一些重要会议，最好不要按主持稿照本宣科。

会议主持人是整个会议的“导航员”。这就要求会议主持人一开始就要讲明会议的议题、开法、要求及与会人员的任务，把会议的目的、要求、内容等情况一一交代清楚。切不可主次不分、轻重不分、内容庞杂、拖沓随意，使与会者无所适从。

主持人遇到冷场要善于启发，可选择思想敏锐、外向型的同志率先发言；遇到离题情况，可根据具体情况，接过议论中的某一句话，或插上一句话做转接，巧妙柔和地使议论顺势回到议题上来；遇到发生争执时，如果因事实不清，可让参会者补充事实，如事实仍不甚清，可暂停该问题的争执。主持者要善于观察参会者的性格、气质、素质和特点，并根据各类人员特点，区别对待，因势利导，牢牢掌握会议进程。

对于与会者发言，要尊重少数人的意见，有时少数人的意见在日后才被证明是对的。主持人要使与会者了解到，即使不同意他人的看法，也要尊重他人发言的权利。主持人的工作就是要在少数人的意见被压制时，尽可能让他们多发言，毕竟少数人所提出的反向思考，有时对提高决议质量有很大帮助。

（三）掌控会议的时间

掌控会议时间，是主持人主持会议的一项最基本的技能。主要体现在两个方面：一是掌握好会议的起止时间，准时开会，准时闭会，这是对所有与会者最基本的尊重；二是限制发言时间，任何会议，每位发言者的发言时间都要限定，如有发言者超时，应适时提醒。开会时间超过一个半小时的，则中途应安排适当休息。当无关的争辩发生时，主持人要打断发言，说明其争辩的内容与讨论无关，但是若其争论内容没有离题，则可鼓励继续辩论下去，因为这样反而对于判明议题的优劣有正面帮助。

（四）调动与会者的情绪

开场时，一个简洁、贴切而幽默的开场白，能起到融洽关系、激活思维的功效。会议进行中，若精神长时间高度集中，很容易疲劳、分神，因此，主持人应注意观察现场的情绪反应，使与会者缓解疲劳，重新集中精神继续开会。主持人能否调动与会者的情绪，直接关系到会议的效果，这是成功召开会议的关键环节。一般来讲，在庄严的会议上，要注意严肃性和规范性；在欢庆会议上，应体现热烈喜庆；在部署工作的会议上，要突出准确性和具体性；在座谈会、研讨会上，语言要尽量自然、实在；在动员会、誓师会上，语言要富有说理性、鼓动性，以提高人们的信心和决心。不同的会议，不同的气氛，需要有不同的语言与之相匹配。

（五）及时总结会议内容

会议进行时，主持人有必要在讨论每告一个段落时，将结果作一次总结。负责总结的人当然不一定是主持人，可以由会中自愿担任此工作的人来做。此人要有系统地陈述讨论过的内容及达成的协议，如有疑义立即修正。总结完毕后，主持人再宣布开始下一阶段的讨论。总结的目的也是使会议能按照既定的方向进行，避免忽略任何有建设性的意见。

二、主席台成员礼仪

会议主席台成员一般为来宾或发言人，其言谈举止必须体现对与会者的尊重，按照组织者与主持人的安排就座。一般应提前到达，由组织者安排在休息室；即将开会时，应井然有序地进入主席台，按座位卡就座；主持人介绍后，与会者鼓掌欢迎时，应站立鼓掌还礼；在主席台上面对众多与会者，如果交头接耳、心不在焉会引起他人的反感。因此，主席台成员应认真听取他人发言，举止端庄，发言时应礼貌地环视与会者，言语中应尊重组织者、主持人、与会者。

主席台就座者，是台下与会者所关注的对象，其一举一动都被台下与会者所监督。所以，主席台就座者应注意以下几个方面：

1. 注意自己的着装仪态，一般应着正装，神态应庄重，精神要饱满。

2. 进入主席台时应井然有序，台下与会者若有鼓掌欢迎，应微笑并以鼓掌作为回应。

3. 应注意聆听发言人的发言，尽量避免与旁坐者长时间交头接耳，也不可接打电话。

4. 如有事需要提前离开，应与主持人打招呼，征得主持人同意后再离席。离席时要轻手轻脚，不影响他人。

三、会议发言人礼仪

领导者会议上发表讲话，首先要有一个精彩的开头语。开头语也叫开场白，是讲话的开始。俗话说“良好的开端，是成功的一半”。领导者会议讲话中有一个引人入胜的开头语，是获得成功的第一步。如果一开始就平庸冗长、空话连篇，就会使听众觉得乏味，影响听众的情绪，使他们不能集中精力往下听。因此，领导者作会议讲话必须重视开头语，精心构思和组织好开头语，力争先声夺人，一开始就把听众吸引住。一般情况下，对领导者的工作报告等会议讲话，有以下几方面的基本要求：

（一）把握中心

领导者的工作报告不是照本宣科，有时也会插一些题外话。但作为一个善于作工作报告的领导者，应时刻把主题牢记在心，不管怎样加插，不管转了多少个话题，都不偏离说话的中心。

（二）言之有序

领导者的会议讲话不能靠材料堆积吸引人，而要靠内在的逻辑力量吸引人，这样才有深度。与写作相比，说话是口耳相传的语言活动，没有过多的时间让听众思考，所以逻辑关系要更为清晰、严密。话语的结构要求明了，善于提出问题、分析问题、解决问题。观点和材料的排列，要便于理解、记忆和思考，所以要较多地采用由近及远、由浅入深、由已知到未知的顺序安排。当然，时间顺序最好按过去、现在、未来进行安排，这样容易被听者记住。

（三）连贯一致

在领导者的会议讲话中，内容连贯非常重要，它直接影响到报告的展开，不能一开口就冒出一句让人摸不着边际的话。同时，报告内容的多层意思之间过渡要灵活自然，报告的结尾要进行归纳，简明扼要地突出主题，加深听众的印象。

（四）要言不烦

与主题无关的废话，言之无物的空话，装腔作势的假话，会让听众极为厌烦，一定要去除。领导者在会议讲话时应当注意在句式变化的同时，多用短句少用长句。长句能够表达缜密的思想、委婉的感情，能够造成一定的说话气势，但是其结构比较复杂，如果长句的停顿等处理不好，不但说话者觉得吃力，听话者听起来也不易理解。而短句的表达效果简洁、明快、活泼、有力。由于活泼明快，就可以轻松地叙述事情；由于简洁有力，就可以表达紧张、激动的情绪，坚定的意志和肯定的语气。因此在运用上，易说易听的短句更适合于在交谈、辩论、演讲等重要场合使用。

（五）逻辑性强，使讲话的内容层次分明

领导者的会议讲话报告要让人听明白，就必须做到层次分明、条理清楚。讲话的思想内容要有一定的次序和步骤，先说什么，再说什么，最后说什么，都要有一个总体的设想。通常我们把这种从总体上安排讲话思想内容的次序，展开讲话结构的步骤，叫作层次。层次又叫意义段、逻辑段、部分、大段等，也就是说主体共分几大部分。一般情况下，层次大于段落，一个层次包含几个段落，有时也等于段落。安排层次要着眼于讲话思想内容的逻辑关系。换句话说，必须先有个合理的、清晰的讲话思路。报告层次混乱、颠三倒四的主要原因是思路不清。要使讲话层次分明、条理清楚、逻辑性强，就需要报告者有清晰严密的思路，以及将部分之间的联系衔接都想得一清二楚。层次分明的进一步要求是要具有严密的逻辑性。

（六）精悍有力，做好讲话的结束语

领导者会议讲话的结束语同开头一样重要，好的结尾，能给人余音绕梁、回味无穷的感觉，也可发人深思、催人奋进。领导者会议讲话的结束语，一般是综合归纳讲话的内容大意，提出希望、要求，鼓舞号召听众行动起来，按照报告中阐述的道理和要求去做。结束语总的要求是精悍有力、调子高昂、充满热情，这样才能振奋精神、鼓舞斗志，发挥巨大的鼓动力量。结束语从内容上说要注意两点：一是要综合归纳全篇讲话的内容，作出肯定性结论，使听众对讲话全文有一个完整、深刻的印象：二是要有鼓动性和号召力，给听众进取的信心和奋发的力量。

四、一般与会者礼仪

（一）积极地做好参会的准备

与会者是否做好充分的会前准备，直接影响会议的效果。所以，作为会议的与会者，应做好如下的参会准备：

1. 认真了解会议的议题

作为与会者，很有必要充分理解会议议题，如果通过会议通知无法了解，请与会议组织者或召集者提前沟通。然后在会议议题和目的的基础上，考虑自己在会议中将发挥的作用以及如何发挥作用。

2. 准备好参会所需的资料与物品

出席会议前要把该做的预备工作都做好，如准备好参会所需要的资料，特别是需要向会议提交的资料和做会议记录的笔记本、笔等。会议中不要随便向别人借东西，以免打扰别人。

3. 注意着装与仪表

作为参会者，要做到衣着整洁、仪表大方。衣着以上班服装为主，穿着打扮不可过于随便，而且要根据会议场合、具体情况而定。如果是隆重的会议或是涉外会议，着装上更要规范，有制服的要穿制服，没有制服的至少不要穿休闲装、运动装参会。

4. 拟定好会议中的发言

如在会前被要求在会上作发言，应提前准备好发言稿。拟定自己的发言稿，要做好以下工作：一是收集信息。会前进行一些基本的背景分析，通过背景的分析，展开对会议议题的理解，同时了解与会者中有没有矛盾的立场或观点。二是确定自己的观点。倘若你的观点可能会受到其他与会者的抵制，应做好预案。

（二）认真聆听有关人员的讲话与发言

聆听不是简单的不说话，而是一种用心思考的历程。在会议中，聆听不仅是指“耳到”，还包括“眼到”和“心到”。即通过观察说话人的脸部表情、眼神、手势、体态等表现，了解其话语的实质，通过换位思考体会其处境与感受，以及运用大脑分析其动机。

认真聆听需要注意如下几点：

1. 尊重每一位发言者。尊重与会的每一个人，尊重他们的每一次发言。不要对个别发言者有任何个人或职业的偏见，因为这会使你无法听到他们可能提出的好观点。始终有礼貌地聆听发言者的观点，因为尊重是相互的，你对他人的尊重也会赢得他们对你的发言的尊重。

2. 集中注意力。会议进行期间，要认真听取报告或他人的发言，做好记录，这对深入体会和准确传达会议精神有很大的帮助。

3. 随时掌握问题的焦点。在会议过程中，虽然可能枝节丛生，但你应该留心问题的焦点之所在，以免偏离主题。

4. 不要在别人发言的时候交头接耳、随意走动、看书、抽烟、吃零食、睡觉、玩手头的东西等。即使对发言人的意见不满，也不可以有吹口哨、鼓倒掌、喧哗起哄等失礼行为。

5. 拒绝与邻座者的私下交谈。有时你会碰到喜欢私下交谈的邻座，这个时候，最好是友好地向他表示你对讨论中的主题很感兴趣，并展示凝神聆听的姿态。

6. 不要中途离席。当你重返会场，很可能重要的问题已经讨论结束，或是重要的契机已消失。有些人喜欢在会议中离席处理业务，这是一种坏习惯，不仅有失礼貌，还会错失良机。此外在会场上需把自己的手机关闭或调成静音状态。

第三节　会议接待礼仪

会议接待礼仪是在会议筹备及举办期间，遵循接待流程与服务标准，负责接待的工作人员应呈现出的热情周到、细致入微的专业服务表现与行为准则。筹备任何会议，都涉及迎来送往诸多环节，有人员安排、物资准备、流程规划等。会议接待礼仪是保障参会人员体验良好、心情舒畅，让会议依照既定节奏顺利推进的关键要素。实践充分证明，重视会议接待礼仪，是提升会议整体形象的有力举措，也是为会议成功添彩助力的重要法宝，它宛如一条无形的纽带，串联会议各个环节，让每一位参会者都能感受到主办方的诚意与用心，促使会议在温馨、有序的氛围中达成预期成效。

一、充分了解、尊重会议参与者的要求

（一）充分收集参会对象的情况

1. 参会对象的基本情况。包括国别、地区、所代表的组织机构、参会人数、姓名、性别、年龄、身份、职务、民族、宗教信仰、生活习俗、健康状况等。

2. 参会的目的、意图和背景。与会者的参会目的、意图和背景，决定其在会议期间的

立场和态度，都要提前了解。

3. 抵离时间和交通工具。以便安排人员和车辆到机场、码头、车站迎接和送别。

（二）了解参会对象信息的途径和方法

1. 汇总回执、报名表和申请表。
2. 查阅历次会议活动的档案资料。
3. 请有关部门提供情况。
4. 网上搜索。

（三）密切关注并按照宾客的需求，高效率地完成各项对客服务

遵守国家法律法规，保护宾客的合法权益。尊重宾客的信仰及风俗习惯。会议服务人员应提前 1 小时进入会场，检查会场整体效果，对会场人数、台型及要求进行最后确认，也可根据会议方要求现场改动。根据会议主办单位的要求，明确会议服务要求，提前落实会议场所及会议主席台、发言席、话筒、签到席、横幅（会标）、背景音乐、鲜花、水果、香烟摆放等，并提前检查音响、话筒等设备及会议各项要求的落实情况。会议方对于现场布置提出合理改动要求时，服务人员要积极主动配合。

二、做好会议接站和交通安排

（一）会议接站

1. 确定迎接规格

重要领导或外宾前来参加会议，要事先确定迎接的规格，并安排一定身份的人士前往机场、车站、码头迎接。

要预先收集好有关接待 VIP 客人的讯息，如名字、单位、职级、人数、到达时间等，在到达前 15 ~ 20 分钟在大堂或正门外等待客人。VIP 到达前要巡视确认泊车场地是否已预留好。

2. 做好接站和交通安排

随时掌握并统计抵达的名单和人数，编制与会人员抵达的时间表，包括与会代表的名单，飞机、火车、轮船的班次及抵达的准确时间，与会代表的联络方式。特别要留意晚点抵达的与会者，避免漏接现象发生。同时注意与机场、火车站、码头等联系，了解抵达的准确信息。在接站处以及交通工具上要有醒目的接待标志，可用牌子或横幅，上面要标明“×× 会议接待处”的字样。个别接站，接站人员可以手举欢迎标志，上书“欢迎 ×× 先

生（女士）”，不能用白底黑字。

3. 做好告别送行的返离工作

（1）会议活动的主要领导人尽可能安排时间出面告别。告别的形式可以是到参会对象住宿的房间走访告别，也可以会议活动闭幕式结束后在会场门口道别。身份较高者还应当由领导人亲自到机场或车站送行。

（2）安排好车辆，将参会对象送至机场或车站。参会对象行李较多时，接待人员要主动为其提拿。

（3）进入机场、月台和码头送行的，当飞机、列车、轮船启动后，欢送人员应挥手向参会对象告别，直至对方的视线看不见欢送人员。

（二）会议的报到与引导工作要点

1. 报到工作要点

（1）前期准备

信息沟通：在会议开始前，与参会人员进行充分的信息沟通。明确告知报到时间、地点、所需携带的证件（如身份证、参会邀请函等）和材料（如会议论文、报告资料等）。可以通过电子邮件、短信或会议官方网站等多种渠道发送详细的报到指南。

场地布置：报到场地要宽敞、明亮，设置明显的标识牌引导参会者。准备好足够数量的桌椅，按照报到流程（如签到、资料发放、缴费等环节）合理安排布局。在报到桌上摆放好签到表、会议资料、参会证件、笔等物品。

人员安排：安排足够数量且经过培训的工作人员。他们要熟悉报到流程和会议相关信息，能够热情、耐心地解答参会者的各种问题。

（2）签到环节

身份验证：仔细核对参会者的身份信息，确保是受邀人员或符合参会资格的人员。对于身份有疑问的情况，要有明确的处理流程，如通过查询报名记录、与相关负责人沟通等方式解决。

多种签到方式：提供多种签到方式，如传统的手写签到、电子签到（通过扫描二维码或使用专门的手机签到应用软件）。电子签到可以提高效率，并且方便后续的数据统计和管理。

签到记录：认真记录签到时间、姓名、单位等信息。这些记录对于了解参会人员出席情况、会议考勤等非常重要。

（3）资料发放

会议资料准备：提前整理好会议资料，包括会议议程、论文集、发言材料、参会指南

（包含会议场地布局图、周边交通和餐饮信息等）。资料要印刷清晰、装订整齐。

资料说明：在发放资料时，向参会者简单介绍资料的内容和用途。例如，提醒他们注意会议议程中的重要时间节点和活动安排。

（4）收费工作

明确收费标准：如果会议涉及收费项目（如会议注册费、资料费等），要在报到前明确告知参会者收费标准和支付方式。收费标准要合理、透明，支付方式要多样化，如现金、银行卡、移动支付等。

开具票据：对于缴费的参会者，要及时、准确地开具发票或收据。票据上的信息要完整，包括单位名称、金额、项目等内容。

2. 引导工作要点

（1）引导人员培训

熟悉环境：引导人员要对会议场地（包括主会场、分会场、餐厅、休息室等）的布局非常熟悉，能够准确地为参会者指引方向。

了解会议信息：引导人员需要了解会议的基本日程安排，以便在引导过程中回答参会者关于会议活动时间和地点的询问。

（2）现场引导

交通引导：对于初次到达会议地点的参会者，从入口处就开始提供引导服务。如果会议地点交通复杂，要安排专门的引导人员在附近的交通枢纽（如车站、机场）引导参会者乘坐合适的交通工具到达会议场地。

场地内引导：在会议场地内的关键位置（如走廊交叉处、电梯口、楼梯口等）安排引导人员，他们要使用礼貌、清晰的语言和手势为参会者指明方向。例如，“您好，主会场请直走，经过两个走廊后右手边就是。”

特殊需求引导：对于有特殊需求的参会者（如残障人士），要提供个性化的引导服务，确保他们能够顺利到达各个场所。

（3）活动引导

会议流程引导：在会议进行过程中，引导参会者按照议程参加各项活动。例如，在分组讨论环节，引导人员要将参会者带到指定的分组讨论房间，并告知他们讨论的主题和时间限制。

餐饮引导：在用餐时间，引导参会者前往餐厅。在餐厅入口处，安排人员介绍用餐方式（如自助餐形式、桌餐形式等）和座位安排。

第十一章　仪式礼仪

第一节　仪式的指导原则和基本要求

仪式，是指典礼的秩序形式，是人们在人际交往中，特别是在一些盛大热烈、庄严隆重的场合，为了激发出席者的某种情感，或是为了引起其重视，按合乎规范与惯例的程序所举行的某种活动的形式。比如签字仪式、开业仪式、剪彩仪式、交接仪式、庆典仪式等。

仪式礼仪，一般指的就是仪式、典礼的正规做法与标准要求。仪式礼仪是现代社会的重要社交方式，也是组织方对内营造和谐氛围、增加凝聚力，对外协调关系、扩大宣传、塑造形象的有效手段。那么，仪式都有哪些指导原则和礼仪要求呢?

一、指导原则

郑重其事地举行某种仪式，换言之，也就是举行典礼，要酌情而定、规模适度、宁少毋滥。以下三条规则是我们在筹划典礼时所必须遵守的：

1.“热烈”，是指要在仪式的进行过程中营造出一种欢快、喜庆、隆重、令人激动的氛围，而不应过于沉闷、乏味。

2.“节俭”，是指要求主办单位勤俭办事。在举办仪式以及为其进行筹备工作的整个过程中，经费的支出要量力而行，反对铺张浪费。

3.“缜密”，是指主办单位在筹备仪式时，既要遵行礼仪惯例，又要具体情况具体分析，认真策划，注重细节，分工负责。力求周密、细致，严防百密一疏、临场出错。

二、基本要求

举行仪式，要做到四个“精心”：精心确定好仪式的出席人员名单；精心安排好来宾的接待工作；精心布置好举行庆祝仪式的现场；精心拟定好仪式的具体程序。

（一）精心确定好仪式的出席人员名单

参加仪式的人员一般包括以下几类：

1. 核心参与者

仪式主角：在特定仪式中，如入队仪式、颁奖典礼等，主角是仪式的核心，如新队员、获奖者等。

组织者及工作人员：包括仪式的策划者、主持人、执行人员等，他们负责确保仪式的顺利进行。

2. 嘉宾及代表

领导及嘉宾：通常包括政府相关部门领导、社会知名人士、行业专家、特邀嘉宾等。他们的出席可以增加仪式的权威性和影响力。

代表团：在某些仪式中，如国际交流、企业合作等场合，会邀请相关领域的代表团参加，以表达双方的合作意愿和尊重。

3. 亲友及同事

亲友：如家庭成员、朋友等，他们为仪式主角提供支持和祝福。

同事：与仪式主角共同工作的人员，他们了解主角的工作成果和贡献，共同见证这一重要时刻。

4. 其他相关人员

媒体记者：负责报道仪式盛况，传递相关信息给公众。

志愿者：在大型仪式中，志愿者负责接待、引导、服务等工作，确保仪式的顺利进行。

观众及听众：包括仪式现场的观众和通过媒体观看的听众，他们是仪式信息的接受者，也是仪式氛围的营造者之一。

需要注意的是，具体参加仪式的人员名单会根据仪式的性质、目的和规模而有所不同。在邀请人员时，应充分考虑其身份、地位和影响力，以确保仪式的权威性和影响力。同时，也要合理安排人员座位和礼仪程序，以体现对参与者的尊重和重视。

（二）精心安排好来宾的接待工作

接待来宾，首先要详细了解来宾的职务、姓名、性别、年龄、到访时间、人数、逗留日期、特殊要求等。其次根据来宾的重要程度，确定接待规格和标准。最后根据来宾情况，安排确定接待人员，明确各自的接待职责，制定详细的接待计划，包括日程安排、活动流程、餐饮住宿、交通安排等。

（三）精心布置好举行庆祝仪式的现场

根据仪式的规模和性质，选择一个宽敞、明亮、具备良好视听条件的场地。酒店贵宾厅、会议中心等场所是常见的选择，应确保场地能够容纳所有嘉宾，并具备必要的设施，如电源、网络等。

使用背景墙展示活动主题、公司 LOGO、签约方名称等，背景颜色要简洁大气，突出仪式感。可以悬挂公司标志、合作伙伴标志及主题标语；使用鲜花、绿色植物、气球等装饰物点缀会场，营造一种隆重而不失温馨的氛围。

（四）精心拟定好仪式的具体程序

仪式礼仪规定，拟定仪式的程序时，有两条原则必须遵守：第一，时间顺序合理原则。庆典仪式一般有着较为明确的开场、过程与结尾，需要按照符合逻辑以及人们常规认知的时间先后顺序来安排各个环节。第二，主次分明原则。要明确仪式中的核心环节与辅助环节，将重要的、能够体现仪式主题和关键意义的部分着重突出。

以下是庆典仪式的基本程序：

1. 开场环节

签到与迎宾：设置签到区，安排礼仪人员迎接嘉宾，并分发纪念品或资料袋。

开场致辞：由主持人或主办方代表致开场词，介绍仪式背景、目的和主题。

2. 主要活动环节

领导致辞：邀请重要领导或嘉宾发表讲话，表达对仪式的重视和祝福。

揭牌或剪彩：对于开业、成立等庆祝类仪式，安排揭牌或剪彩活动。

签约仪式：对于合作类仪式，安排双方或多方代表上台签约。

表彰环节：对于表彰类仪式，宣读表彰决定，颁发证书或奖杯。

表演或展示：根据仪式主题，安排文艺表演、产品展示或技能演示等环节，增强仪式的观赏性和互动性。

3. 互动与交流环节

自由交流：设置茶歇或酒会环节，为嘉宾提供交流互动的机会。

合影留念：安排集体合影或自由拍照时间，记录这一重要时刻。

4. 结束环节

总结发言：由主持人或主办方代表对仪式进行总结发言，感谢嘉宾的参与和支持。

宣布结束：正式宣布仪式结束，并引导嘉宾有序离场。

第二节　重要仪式礼仪程序

一、签字礼仪

部门或单位之间就某一重大事件达成协议，签订合同，或者国家之间通过谈判，就政治、经济、军事、科技、文化等某一领域的相互关系达成协议，缔结条约、协定或公约，往往都要举行签字仪式。

（一）签字准备

1. 确定参加人员

一般来说，参加签字仪式的双方或多方的人数应大致相同。但为了表示对签约的协议、协定或条约的重视，往往由更高或更多的领导人出席签字仪式，此时就不应机械地坚持“对等、相当”的原则。

2. 落实签字场所

签字仪式举行的场所，一般视参加签字仪式的人员规格、人数多少及协议中的商务内容重要程度等因素来确定。多数是选择在客人所住的宾馆、饭店，或东道主的会客厅、洽谈室作为签字仪式的场所。

3. 布置签字厅

签字厅布置的总原则是：庄重、整洁、清静。重要签字的签字厅，应选择在宽敞高大和有气派的屏风式挂画作为照相背景的厅室里进行。其布置方法是，在厅室正面的上侧，大型屏风画前面，长条桌成横向排列，在桌面上铺墨绿色台泥，下垂部分两端要均等，外侧距地面约 10 厘米，里侧距地面约 40 厘米，在签字台的后面摆放两把高靠背扶手椅，两把椅子之间相距 1.5 米，在椅子背后 1.2 米处摆上适当的照相架，照相架的两侧陈放常青树，在两个座位前摆上作为各自保存的待签文件本，双方参加签字的人员入座后，其他人员分主宾各一方，双方助签人员则站在各自签字的外侧一方，协助翻揭文本，指明签字之处。

4. 准备待签合同文本

在正式签字之前，应由举行签字仪式的主方负责准备待签合同的正式文本。按常规，应为在合同上正式签字的有关各方，均提供一份待签的合同文本。必要时，还可再向各方提供一份副本。在签字桌上，循例应事先安放待签的合同文本以及签字笔、吸墨器等签字时所用的文具。与外商签署涉外商务合同时，还需在签字桌上插放有关各方的国旗，国旗的位置与顺序必须按照礼宾次序排列。

5. 排定各方座次

签字时各方代表的座次，是由主方代表先期排定的。签字人在就座时，一般应当面对正门。合乎礼仪的做法是：在签署双边性合同时，应请客方签字人在签字桌右侧就座，主方签字人应同时就座于签字桌左侧；双方各自的助签人，应分别站立在各自一方签字人的外侧，以便随时为签字人提供帮助；双方的其他随员，可以依照职位的高低，依次站立于己方签字人的身后，中间为高，依次向两边排列，最外侧为最低，当一行站不完时，可以按照以上顺序并遵照“前高后低”的惯例排成两行、三行。原则上，双方随员人数应大体上相近，也可以按照一定的顺序在己方签字人的正对面就座。

6. 注意着装搭配

按照规定，签字人、助签人以及随员，在出席签字仪式时，应当穿着具有礼服性质的深色西装、中山装或西装套裙，并且配以白色衬衫与深色皮鞋。男士还必须系上单色领带，以示正规。

（二）签字程序

签订合同必须本着平等互利、协商一致的原则，在严肃认真考虑和论证的基础上方可签字，一旦签字就不得违约。所以，签字仪式严肃、庄重，具有不可替代的重要意义，受到商务人士的高度重视。

1. 签字仪式正式开始。有关各方人员进入签字厅，在既定的位次上各就各位。相关人员应保持安静，不得大声喧哗。签字人在签约台前入座，其他人员分主、宾，各站一边，按其身份自里向外，依次由高到低，列队于各自签约人座位之后，双方助签人员分别站立在己方签字人的外侧。

2. 签字人正式签署合同文本。签字仪式开始后，助签人员呈上并翻开文本（文本已在桌上的就直接翻开），助签人指明具体的签字处，由签字人签上自己的姓名。然后，由助签人员将己方签了字的文本递交给对方签字人，由对方签字人再签字。

3. 签字人正式交换经有关各方正式签署的合同文本。此时，各方签字人应热烈握手，互致祝贺，并相互交换各自一方刚才使用过的签字笔，以资纪念。全场人员应鼓掌，表示祝贺。

4. 共饮香槟酒互相道贺。交换已签的合同文本后，有关人员，尤其是签字人当场饮上一杯香槟酒，是国际上通行的用以增添喜庆色彩的做法。此时礼仪小姐用托盘端上香槟酒，由双方签约人员举杯同庆，共祝合作成功。

5. 签约仪式结束，双方可共同接受媒体采访。

（三）特别提示

1. 一般情况下，商务合同在正式签署后，应提交有关方面进行公证，此后才正式生效。

2. 商务礼仪规定，每个签字人在由己方保留的合同文本上签字时，按惯例应当名列首位。因此，每个签字人均应首先签署己方保存的合同文本，然后再交由他方签字人签字。这一做法，在礼仪上称为“轮换制”，轮流使有关各方均有机会居于首位一次，以显示机会均等、各方平等。

3. 如果是签订多边公约，则一般只设一个座位，由公约保存国的代表先入座签字，而后各缔约国的代表再按一定的顺序，依次入座签字。

二、开业礼仪

任何一个单位的创建、开业，或是本单位所经营的某个项目工程的完工，都是一项来之不易、可喜可贺的成功，当事者通常要为此专门举办一次开业仪式。开业仪式，是指在单位创建、开业、项目完成、某一建筑物正式启用或是某项工程正式开始之际，为了表示庆贺或纪念，而按照一定的程序隆重举行的专门仪式。

（一）开业仪式的筹备

一般情况下，开业仪式进行的时间很短，要在这短暂的时间内营造出现场的热烈气氛，取得彻底的成功，就不能不认真筹备，主办单位对于此点务必要给予高度重视。

1. 舆论宣传

举办开业仪式的主旨在于塑造本单位的良好形象，因此要进行必不可少的舆论宣传，以吸引社会各界对自己的注意，争取社会公众对自己的认可或接受。为此所要做的常规工作有：其一，选择有效的大众传播媒介，进行集中性的广告宣传。其内容多为开业仪式举行的日期、开业仪式举行的地点、开业之际对顾客的优惠、开业单位的经营特色等。其二，邀请有关的大众传播界人士在开业仪式举行之时到场进行采访、报道，以便对本单位进行进一步的正面宣传。

2. 来宾邀约

开业仪式影响的大小，往往取决于来宾的身份高低与数量的多少。因此，要做好来宾邀请工作。要力争多邀请地方领导、上级主管部门与地方职能管理部门的领导、合作单位与同行单位的领导、社会团体的负责人等参加开业仪式。

用以邀请来宾的请柬应认真书写，并装入精美的信封，由专人提前送达对方手中，以便对方早作安排。

3. 布置场地

开业仪式多在开业现场举行，其场地可以是正门之外的广场，也可以是正门之内的大厅。在举行开业仪式的现场，一定要有专人负责来宾的接待服务工作。

场地的布置没有固定模式，可以在出入口摆放来宾赠送的花篮、牌匾、来宾的签到簿、单位的宣传材料、待客的饮料等，场地四周还可以悬挂标语、横幅、彩带、气球、宫灯等，营造隆重、热烈的现场气氛。

4. 做好礼品馈赠工作

举行开业仪式时赠予来宾的礼品，一般属于宣传性传播媒介的范畴之内。要使之具有一定的纪念意义，并使拥有者对其珍惜、重视。若其选择得当，必定会产生良好的效果。根据常规，向来宾赠送的礼品应该具有以下四大特征：

（1）宣传性。礼品既可选用本单位的产品，也可以选择在礼品及其包装上印有本单位的企业标志、地址、电话、经营范围、广告用语、产品图案、开业日期等内容的其他礼品。

（2）纪念性。要使之具有一定的纪念意义，并使拥有者对其珍惜、重视，或为之感到光荣和自豪。

（3）独特性。礼品应当与众不同，具有本单位的鲜明特色，使人一目了然，并可令人过目不忘。

（4）便携性。一般而言，开业仪式上赠送予人的礼品应体积较小、不易破损，并且易于携带。

从总体上来看，开业仪式大都由开场、过程、结尾三大基本程序所构成。开场即奏乐，邀请来宾就位，宣布仪式正式开始，介绍主要来宾；过程为开业仪式的核心内容，通常包括本单位负责人讲话、来宾代表致辞、启动某项开业标志等；结尾包括开业仪式结束后，宾主一起进行现场座谈、参观、联欢等。

（二）参加开业仪式的礼仪

参加开业仪式时，不论是主办单位的人员还是外单位的人员，均应注意自己的举止表现。其中，主办单位人员的表现尤其重要。

1. 主办单位人员的礼仪

在举行开业仪式之前，主办单位应对本单位的全体员工进行必要的礼仪教育。对出席仪式的工作人员，制定具体的礼仪要求，并强调务必要严格遵守。

本单位的负责人，尤其是负责迎送来宾以及出现在主席台的领导，更应该表现出应有的礼仪风范，假如仪表或举止行为欠妥，会对本组织的形象造成负面影响。

出席开业仪式的人员，应事先洗澡，去除体味，保持清新。男士应提前整理头发，刮净胡须，保持清新口气；女士应将头发梳理整齐，尽可能发型一致，化淡妆。全体人员应统一着装，可穿着本组织的制服，或为仪式统一制作的服装。若无统一的制服，应要求出席仪式人员必须穿着西服、套装等礼服，不允许随意、自由穿着，以及出现违反着装原则的现象。

本组织的出席人员应提早一些到场，以做好充分准备迎接来宾，并应严格遵照仪式的程序，准时进行各时段的议程，展示和证明本组织的时间观念和信誉。在接待来宾、引导、介绍、服务等过程中，应保持热情、真挚、友好、感激的心态和表情，处处表现得彬彬有礼。

在举行开业仪式的整个过程中，要表现出彬彬有礼、落落大方。在发言开始时，要问候大家；在提及感谢对象时，应注视对方；在表示感谢时，应郑重地鞠躬施礼；对于大家的鼓掌，则应以自己的掌声来回礼；在讲话结束时，不能忘记“谢谢大家”。

当每位来宾在开业仪式上发表贺词时，要主动、热烈鼓掌，表示欢迎或感谢。本组织的领导发言时，应注意简短，宁短毋长，言简意赅，要在规定的时间内结束发言，不要随意发挥。

2. 来宾参加开业仪式的礼仪

出席仪式的来宾在参加仪式时，同样要以符合礼仪规范的行为举止，来表达对主人的敬意以及对开业仪式本身的重视。

（1）按照仪式的议程，提前几分钟到达现场，以便主办方接待和安排。

（2）仪表端庄，举止有礼。被主办单位邀请出席开业仪式，本身受到很大的尊重，理应修饰仪表，庄重出席。应身着正装，讲究搭配，展现良好的礼仪风范。可视具体情况，准备精致的贺礼。在主办单位领导讲话时，应表示赞同、点头，认真听讲中不时鼓掌。

（3）遵守时间，待各项议程结束、仪式进行完了再告辞，一般不可中途退场。如有急事一定要中途退场的话，应尽可能不影响他人，并悄声向主办单位台下的有关人员致歉，然后离开。

（4）仪式结束后，宾客应起立离座，与主办单位领导、主持人、服务人员等握手话别或听从主办单位的安排。

站在仪式礼仪的角度来看，开业仪式其实只不过是一个统称。在不同的适用场合，往往会采用其他一些名称，如开幕仪式、开工仪式、破土仪式、竣工仪式、下水仪式等，它们在具体的运作上存在着很多差异，礼仪要求也不尽相同。

开工仪式的常规程序

1. 宣布仪式开始。全体起立，介绍各位来宾，奏乐。

2. 在司仪的引导下，本单位的主要负责人陪同来宾行至开工现场肃立。例如，机器开关或电闸附近。

3. 正式开工。届时应请本单位职工代表或来宾代表来到机器开关或电闸旁躬身施礼，然后再动手启动机器或合上电闸。全体人员此刻应鼓掌致贺，并奏乐。

4. 全体职工各就各位，上岗进行操作。

5. 在负责人的带领下，全体来宾参观生产现场。

三、剪彩礼仪

关于剪彩仪式的由来不止一种，其中一种说法是源于20世纪初的一个美国小镇上，有一家商店即将开业，店主为了阻挡拥挤的人群涌入店内，在门前拉了一条布带子，同时也为了吸引更多的顾客。正在顾客迫不及待地要拥入店内采购货物的时候，店主的小女儿牵着一条小狗突然从店里跑了出来，那条“不谙世事”的可爱小狗若无其事地把店门上拴着的布带子碰落了下来，等候在店外的顾客误以为是店主搞的“新花样”，便一拥而入，争相抢购。从此，小店顾客盈门，财源滚滚。店主从这次偶发的事件中得到启迪，在后来开的几家连锁店开张时如法炮制。于是，人们纷纷模仿，并赋予它一个美妙的名称——剪彩。

剪彩是有关单位为了庆贺公司的成立、企业的开工、宾馆的落成、商店的开业、道路的开通或展览会的开幕等，而隆重举行的一项礼仪性程序。因为它的基本活动是请人使用剪刀剪断被称为“彩”的红色缎带，故被人们叫作“剪彩”。

剪彩之所以一直被商界人士看好，且长盛不衰，是有它存在的必要性的。剪彩活动不仅能给主人带来喜悦，而且能够令人产生吉祥如意之感；不仅是对主人既往成绩的肯定和庆贺，而且也对其进行鞭策与激励，促使其继续进取；可使主人借仪式的良好机会，向社会作宣传，提高其知名度；规模适度的剪彩，量力而行的进行，适当的投入，谈不上是铺张浪费，而是一种营销宣传手段。

（一）剪彩仪式准备

剪彩仪式的准备工作繁重而细致，必须一丝不苟。具体而言，应包括环境的卫生、场地的布置、灯光与音响的准备、媒体的邀请、人员的培训等几个方面。在准备这些工作时，必须认真细致，精益求精。

除此之外，对剪彩仪式上使用的诸如新剪刀、红色缎带、白色薄纱手套、托盘以及红色地毯，都要认真进行选择与准备。

1. 选定剪彩者和助剪者

（1）剪彩者

剪彩仪式上最重要的人物便是剪彩者，即在剪彩仪式上持剪刀剪彩之人。剪彩仪式档次的高低往往由剪彩者的身份决定，担任剪彩仪式上的剪彩者也是很高的荣誉。因此，对剪彩人员必须认真慎重地进行选择。按照惯例，剪彩者可以是一个人或多人，但一般不应多于五人。通常，剪彩者大多由上级领导、合作伙伴、社会名流、员工代表或客户代表担任。

必须在剪彩仪式正式举行之前确定剪彩者名单。名单一经确定，应提前告知对方，使对方有所准备。需要由数人同时担任剪彩者时，应分别告知每位剪彩者届时将与何人共担此任，以示尊重。

（2）助剪者

助剪者指在剪彩的一系列过程中帮助剪彩者的人员。一般而言，助剪者多由东道主一方的女职员或礼仪小姐担任。她们承担着装点仪式、参与具体仪式的服务等重任，体现着举办单位的形象和员工的素质。

助剪者的基本条件包括以下几个方面：品貌端庄、相貌姣好、气质高雅、身材修长、音色甜美、反应敏捷、机智灵活、善于交际。

2. 物品准备

（1）新剪刀

新剪刀是专供剪彩者在剪彩仪式上所使用的，必须每位剪彩者人手一把，而且必须是崭新、锋利和顺手的。有的组织者将新剪刀用金纸缠绕，有的则选择金色的剪刀。

剪彩之前要逐个检查剪刀是否好用，确保剪彩者在正式剪彩时可以一举成功，要避免出现一再补剪的情况。在剪彩仪式结束后，主办方可将每位剪彩者所使用的剪刀经过包装后送给对方，作为纪念。

（2）红色缎带

红色的缎带，即剪彩仪式之中的“彩”。按照传统做法，这个“彩”应当由一整匹未曾使用过的红色绸缎，在中间结成数朵花团而组成。近些年来，人们为了厉行节约，以红色缎带取而代之，还有的用红线绳、红布条、红纸条等。

红色缎带上所结的花团，不仅要生动、硕大、醒目，而且其具体数目往往还与现场剪彩者的人数直接相关。常规来说，红色缎带上所结花团的具体数目有以下两类模式可供依照：

①花团的数目比现场剪彩者的人数多一个。

②花团的数目比现场剪彩者的人数少一个。

前者可使每位剪彩者总是处于两朵花团之间，尤显正式；后者则不同常规，但也不失新意。

（3）白色薄纱手套

白色薄纱手套是专为剪彩者所准备的，在正式的剪彩仪式上，剪彩者剪彩时最好每人戴上一副白色薄纱手套，以示郑重其事。在准备白色薄纱手套时，除了要确保其数量充足之外，还须使之大小适度、崭新平整、洁白无瑕。有时，也可不准备白色薄纱手套。

（4）托盘

托盘是用来盛放红色缎带、剪刀、白色薄纱手套的，由礼仪小姐负责。托盘要求是崭新、洁净的，首选银色的不锈钢制品，也可以使用磨砂防滑的制品。为了显示正规，托盘上可铺红色绒布或绸布。

（5）红色地毯

红色地毯主要用于铺设在剪彩者站立之处。通常来讲，红色地毯的长度可视剪彩的人数而定，其宽度则不应在 1 米以下。在剪彩现场铺设红色地毯，主要是为了营造一种喜庆的气氛，从而提升档次。

（二）剪彩人员礼仪

1. 剪彩者礼仪

剪彩者的仪表和举止直接影响剪彩仪式的效果，因此，剪彩者应当讲究有关礼仪。

（1）剪彩者的仪表。按照常规，剪彩者穿着要整洁、庄重，应着西服套装、套裙或制服，将头发梳理整齐，不允许戴帽子或者戴墨镜，也不允许穿着便装。剪彩者精神要饱满，给人以稳健、干练的印象。

（2）剪彩者的举止。剪彩者走向剪彩的缎带时，应面带微笑、落落大方，当接过助剪者从托盘中取出的手套和剪刀时，剪彩者应向助剪者微笑、点头致意，然后全神贯注，把缎带一刀剪断。剪彩完毕，把剪刀和手套放回助剪者的托盘中，然后向四周的人鼓掌致意。

（3）剪彩者的位次。若剪彩者仅为一人，剪彩时居中而立即可；若剪彩者不止一人时，则应同时上场。剪彩时位次的高低也必须予以重视，一般来讲，中间高于两侧，右侧高于左侧，距离中间站立者越远位次便越低，即主剪者应居于中间的位置。

2. 助剪者礼仪

具体而言，助剪者可以分为迎宾员、引导员、拉彩助剪员、服务员四类。

迎宾员主要在活动现场负责迎来送往；引导员主要在进行剪彩时负责带领剪彩者登台或退场；拉彩助剪员主要在剪彩开始时，手持托盘（盘中放缎带连接的花团、剪刀、白手套），也可由专人持托盘，为剪彩者提供剪刀、手套等剪彩用品；服务者主要为来宾，尤其是剪彩者提供饮料、安排休息之处等。

助剪者的最佳装束应为化淡妆，盘起头发，穿款式、面料、色彩统一的旗袍，配肉色连裤丝袜、黑色高跟皮鞋、白色的手套，且不宜佩戴任何首饰。

现在很多剪彩仪式的主办方为了简约，设立了花柱，取代了助剪者，剪彩者在花柱上的盘中取出剪刀，剪断缎带，就完成了“使命”。

（三）剪彩程序礼仪

在正常情况下，剪彩仪式应在行将启用的工程、建筑或者博览会、展销会的现场举行，正门外的广场、正门内的大厅，都可予以优先考虑。活动现场要进行布置，在剪彩之处悬挂写有剪彩仪式具体名称的大型横幅。

一般来说，剪彩仪式宜紧凑，在所耗时间上越短越好，短则一刻钟即可，长则不宜超过一个小时。

另外，按照惯例，剪彩既可以是开业仪式中的一项具体程序，也可以独立出来，由自身的一系列程序所组成。独立的剪彩仪式，通常应包含以下六项基本的程序：

1. 来宾就座或就位

在剪彩仪式上，通常只为剪彩者、来宾和本单位的负责人安排座席。在剪彩仪式开始时，应敬请大家在已排好顺序的座位上就座。在一般情况下，剪彩者应就座于前排，若其不止一人时，则应按照剪彩时的具体顺序就座。现在很多的剪彩仪式，采取站立形式，请剪彩人及发言人在现场站成一排，按照中为上、右为上的位次站好。

2. 宣布仪式开始

在主持人宣布仪式开始后，乐队应演奏音乐，现场可燃放鞭炮，全体到场者应热烈鼓掌。此后，主持人应向全体到场者介绍到场的重要来宾。

3. 奏国歌

奏国歌时须全场起立。必要时，也可随之演奏本单位标志性歌曲。

4. 安排发言

发言者依次应为东道主单位的代表、上级主管部门的代表、地方政府的代表、合作单位的代表等。其内容应言简意赅，每人不应超过三分钟，重点主要包括介绍、道谢和致贺。

5. 进行剪彩

引导员需引导座位上的剪彩嘉宾上台。剪彩前，主持人向全体到场者介绍剪彩人，然后剪彩开始。进行剪彩时，全体应热烈鼓掌，必要时还可奏乐或燃放鞭炮。

6. 剪彩过程

剪彩的过程应严谨，剪彩者与助剪者的具体做法必须合乎规范，否则就会使其效果大受影响。

（1）剪彩者登台

在剪彩者登台时，引导者应在其左前方进行引导，使剪彩者就位。剪彩者登台时，宜从右侧出场，当剪彩者到达既定位置后，托盘者应前行一步，到达前者的右后侧，以便为其递上剪刀、手套。

若剪彩者不止一人时，则登台时应排成一行，并且使主剪者行进在前、站于中央，依照国际惯例“右为上”，其他人依次排列于主剪者两侧。在主持人向全体到场者介绍剪彩者时，剪彩者应面带微笑向大家点头致意。

（2）助剪者登台

当主持人宣告剪彩开始之后，助剪者应率先登台。在上场时，助剪者应排成一排行进，从右侧登台。助剪者应手持托盘，盘中放有白手套和剪刀，同时放有连接着缎带的花团，拉成一排，间隔为一人之宽，上台时要面带微笑，目光虚视台下，左手托盘，行至适当位置时停下，相互照应着集体向左转，右手顺势托盘，成双手托盘状；然后抽出左手来取盘中白手套，递给左侧身旁的剪彩人，稍后再递上剪刀（注意：剪刀在盘中摆放时，尖部应该朝向自己，在递剪刀时，手拿尖部然后翻腕，这样，剪刀柄就朝向了剪彩人）；待剪彩人接过剪刀后，助剪者应用左手拉住缎带，协助剪彩人剪断缎带，当剪彩人鼓掌祝贺时，助剪者依次集体向右转身，从左侧下台。

需要强调的是，助剪者的助剪很重要，常由仪表端庄、举止优雅、穿着统一、动作一致的礼仪小姐组成，手托花团彩带协助剪彩人，形成了仪式上一道亮丽的风景线，为剪彩仪式增添了喜庆、庄重的气氛。所以，一定要以高标准要求礼仪小姐，并进行反复的排练。

（3）剪彩人剪彩

当助剪者递上剪刀、手套时，剪彩者应微笑着向其点头致意、道谢，迅速戴好手套，右手持剪刀，集中精力，表情庄重地将红色缎带一刀剪断。剪彩者应注意主剪者的动作，与其协调一致，力争大家同时将红色缎带剪断。

（4）剪彩人员退场

剪彩者在剪彩成功后，可以右手举起剪刀，面向全体到场者鼓掌致意，然后把剪刀、手套放于托盘之内，举手鼓掌，接下来可依次与主人握手道喜，并列队在引导者的引导下退场。退场时，一般宜从右侧下台。

不管是剪彩者还是助剪者，在上下场时都要注意井然有序、步履稳健、神态自然，在剪彩过程中更要表现得不卑不亢、落落大方。

（5）安排参观

剪彩结束，主人应陪同来宾进行参观，仪式至此宣告结束。随后东道主单位可向来宾赠送纪念品，并安排全体来宾的餐饮等事宜。

第十二章　中国民俗礼仪

民族礼俗就是流传于各民族内部间的礼仪风俗，它是创造于民间而又流传于民间的具有世代相习的传承性事项，是广大劳动人民在生活中自然形成，并为人们长久承袭的规律性的、足以约束人们行为和意识的价值观念、道德规范和行为方式的表现。

中国地域辽阔，民族众多，早在汉代就有“千里不同风，百里不同俗”的提法。我国五十六个民族的居住、饮食、服饰、生产、交通、婚姻、家庭、村落、岁时、节庆、丧葬、宗教、道德、禁忌等，既有共同之处也有完全不同的礼仪习俗。

学习礼仪时了解民俗是至关重要的，了解民俗有助于我们尊重并接纳不同的地区和民族的文化习俗和礼仪规范差异，避免在交往中因无知而造成误解或冒犯。民俗中包含了当地人的价值观、信仰、习俗和生活方式等信息，了解这些信息有助于我们更好地理解当地人的行为和言语，从而进行更有效的沟通。在全球化的大背景下，我们经常会遇到来自不同文化背景的人，了解民俗有助于我们适应不同的文化环境，更好地融入其中，与不同文化背景的人建立和谐关系。

第一节　中国传统人生礼俗

一、中国礼俗的总体特征

汉民族的礼俗是经过几千年的积淀逐渐形成的。虽然近百年来各种现代文化思潮的输入，使这种传统文化受到了很大的冲击，可是它的影响仍然根深蒂固。以农业自然经济为基础的封建社会统治了中国几千年，这种封建的宗法社会，在民族礼仪上造就了两个特点：一是对血缘关系的高度重视，二是对等级差异的强调。因此在交际上一个突出的特点是讲究亲属称谓的使用和长幼辈分的严格区别。

中华民族对血缘关系高度重视，传统的辈分观念长期存在，以本身为中心，上有四代长辈，下有四代晚辈，形成了“高祖、曾祖、祖、父、本人、子、孙、曾孙、玄孙”的“九族”血亲关系。如果把旁系的血亲关系和姻亲关系联系起来，便形成了一个庞大的亲属系统。这里仅选其中的一部分，以显示其层次关系：

第一层：祖父、祖母、外祖父、外祖母（长二辈）。

第二层：父亲、母亲、伯父、伯母、叔父、婶母、舅父、舅母、姨父、姨母、姑父、姑母、岳父、岳母（长一辈）。

第三层：本人、哥哥、嫂嫂、姐姐、姐夫、妹妹、妹夫、堂兄、堂嫂、表兄、表嫂、内兄、妻妹、襟兄（同辈）。

第四层：儿子、女儿、侄儿、外甥、内侄、侄婿（晚一辈）。

第五层：孙子、孙女、外孙、外孙女、侄孙、侄孙女、孙媳、外孙媳（晚二辈）。

在西方可以看到晚辈对长辈直呼其名的情况，这在中国人的交际中是不允许的。对亲属中的长辈，交谈时都必须使用称谓，这是有礼貌、有教养的表现。而且亲属称谓还作为一种尊称，大量用于非亲属的交谈者身上，如称叔叔、伯伯、奶奶、阿姨，被认为是对对方的尊敬，表示关系的亲密。

重视长幼的宗法观念被移用到社会的人际关系，就变为等级观念。几千年的封建社会一直提倡长幼有序、尊卑有序。所以人们对有官职的谈话对象历来有以职务相称的习惯，在古代这就被认为是敬称。在交际中为了抬高对方的地位，往往就压低自己，于是有了一批与敬称相对的谦称，如贵姓 – 敝姓、府上 – 寒舍、贤弟 – 愚弟、大作 – 拙作、高见 – 愚见或浅见等。

一个人从生到死，经历过多种社会礼俗的熏染，从而按照人生不同阶段形成了一系列礼俗，其中诞生礼、成年礼、婚礼、寿礼、葬礼等礼仪习俗最具人生的阶段特征，而生儿育女、长大成年、男婚女嫁、生老病死这些人生系列礼俗既反映了经济生活的发展程度，又折射出传统社会的思想观念、伦理观念。因此，上述礼仪习俗事项体现着人生大事的象征性礼俗特征。

二、传统生育礼俗

诞生是人生的开端，生育是生命延续的大事，诞生礼也是人生的开端礼。妇女早在怀孕期间，就有许多习俗，如把怀孕称作“有喜”。孕妇还有许多保胎的禁忌，禁吃某些食物、避讳丧事、禁止到某些场合等。孕妇临产时，娘家要送一些食品，如挂面、红糖、鸡蛋等，俗称“催生”，寓意孕妇能顺利生产。

小孩出生后的第三天叫作“三朝”。小孩出生后，大都紧闭双眼，总要到三朝（即三天）或三朝以后才睁开。按旧俗，孩子睁开眼后要先看父亲，后看母亲，然后再看其他亲友，以示永远孝顺父母。这时来探望的亲戚朋友往往馈赠鸡蛋、红糖、小孩衣物等礼物祝贺。其中鸡蛋染成红色，称为“红蛋”，因是贺喜，故也称“喜蛋”。

满月，称为“弥月”。旧俗中，要给孩子理胎发，俗称“剃头”，办酒席庆贺。有的地方规定农历四月初八为新生儿的“剃头”日。有些地方的人对此还比较重视，往往要请满月酒。

周岁，是小孩从出生以来最为隆重的日子。按旧俗，孩子周岁这一天要测试其前途。方法是男置弓矢纸笔，女则刀尺针篓，以及各种食物、衣服于桌，让孩子自取，取中者为其前途之往兆。现代人对小孩周岁普遍较重视，不管是城市还是农村，一般都要给小孩拍照留念，并做新衣服，吃鸡蛋、面条以示祝贺。经济条件较好的家庭有的还办生日酒，款待亲戚朋友。江南农村还有包周岁粽子的习俗，这种粽子包得比一般的粽子长，寓意孩子快长大。

古代汉族男子到二十岁时，选择吉日，敬请宾客，由父亲在宗庙里主持冠礼。《礼记·冠义》记载：“古者冠礼，筮日筮宾，所以敬冠事。”女子十五岁时行笄礼，《仪礼·士昏礼》中对“笄”的注释说：“笄，女之礼，犹冠男也。”冠礼和笄礼的举行表示人已成年，可以结婚了。近现代早已不实行这些礼仪，只是在孩子年满十周岁时往往比较隆重地庆贺生日，经济条件比较好的家庭举办生日酒，宴请亲戚朋友；一般人家也要略备酒菜，吃鸡蛋面条，举家相贺。

三、传统结婚礼俗

古今中外，婚礼都被认为是人生礼仪中的大礼。古人认为，家族和血统的延续，是晚辈不容推卸的重任，即“不孝有三，无后为大”。因此，古人把婚姻之礼放在一个很重要的地位。婚礼和婚姻制度有密切的联系，从一个侧面反映了人类的文明教化程度。以汉族为主体的中华民族祖先和世界各民族一样，在原始时期经历过乱婚、群婚的阶段，进入文明社会之后大多数采取一夫一妻的婚姻形式。

古人认为黄昏是吉时，所以会在黄昏行娶妻之礼，基于此，这一习俗被称为“昏礼”，后演变为婚礼。最初的婚礼形式大约始于原始社会末期，从相传始于伏羲时代的订婚“以俪皮（成对的鹿皮）为礼”逐渐演进，到夏商时的“亲迎于堂”，再到周代所具备的完整的“六礼”，已初步奠定了我国传统婚礼的基础。又经历代的发展，使各种各样的婚礼仪节更趋繁缛、热烈。

中国传统婚礼是华夏文化的精粹。概括而言，大约分为婚前礼、正婚礼、婚后礼三个阶段。婚前礼是在婚姻筹划和准备阶段所举行的一些仪节，即“订婚”；正婚礼，即“结婚”或“成婚”的礼仪；婚后礼，是“成妻”“成婿”之礼，表示男女结婚后扮演的角色。在中国传统的结婚习俗里，婚前礼和正婚礼是主要程序，这些程序都源自“六礼”。

据专门记述古代礼仪制度的著作《仪礼》记载，“六礼”分别是纳采、问名、纳吉、纳征、请期、亲迎。据说“六礼”创于周朝，但也有的学者认为周文王时代已有“六礼”。

纳采，又称“采择”，相当于后世所称的“提亲”和“说媒”。表示男方经审慎考虑之后所作的决定。先请媒人向女方家提亲，如果女方家接受了这门亲事，就可以进行此后的一系列仪节。

问名，是指男家询问女家关于女方的姓名及其生辰八字，如女家接纳男家的提亲，就会把女儿的姓名和生辰八字等交给男家。男方家长则将女方的姓名及其生辰八字放在祖先牌位前，以占卜吉凶，如卜吉兆的话，就会决定娶此女。

纳吉，又称“过文定”，类似西方人的订婚，这时其实婚事已初步议定。男方家会选择一个吉日，带着一些礼品到女方家，礼品一般都是三牲、酒礼等，并正式奉上聘书。

纳征，即过大礼。“纳”的意思是聘财，而“征”就是“成”的意思，也就是说男家需要纳聘礼后才可成婚的意思。中国是讲“礼”的国家，在婚姻上也不例外。在古代婚娶中，聘礼又称聘财、聘金、财礼、彩礼。在传统婚姻中，按“六礼”中的规定，纳采、问名、纳吉、纳征、请期、亲迎各个程序中，男方家都要向女方家送礼。在各个程序中，人们最讲究的是纳征之礼，纳征的礼物即正式的聘金、聘财，此礼一成，男女双方都不能轻易悔婚。过大礼时，男家会请两位或四位女性亲戚(必须是全福之人)约同媒人，带备聘金、礼金及聘礼到女方家中，奉上礼书，礼书中详细列明礼金、礼物的种类及数量。完成纳征的仪式后，婚约便正式订立。

请期，即择吉日。男方家会择定一个成婚的良辰吉日，再准备婚期吉日书和礼品送给女方家，女方家受礼及同意后，便可确定婚期。

亲迎，也称迎亲，是指结婚之日。在亲迎之日，新郎会与媒人和亲友一起前往女家，迎娶新娘。亲迎新娘过门时，男方送女方以迎书，至此三书齐全。在古时婚礼中，保障婚姻的有效文字记录分别是：聘书——定亲之文书，在纳吉(男女订立婚约)时，男家交予女家之书柬；礼书——过大礼之文书，纳征时使用，列明过大礼的物品和数量；迎书——迎娶新娘之文书，是亲迎之日接新娘过门时，男方送给女方的文书。

在“六礼”中，以“亲迎”内容最为丰富多彩，主要习俗有铺房、哭嫁、撒谷豆、举火、泼水、障面、穿红衣、新娘足不履地、坐花轿、跨马鞍、拜堂、撒帐、交杯、闹房等诸项活动。两千多年来，这些“亲迎”习俗经久不衰，近代虽有所革新和演变，但基本变化不大。

亲迎时，新郎前往女家之前会先到女方家的祖庙行拜见之礼，然后以花轿接新娘回到男家。新人在男方家举行拜天地、拜祖先的仪式，然后送入洞房。

拜天地，又称“拜堂”，是婚礼中一个很重要的仪式。“拜堂”并不属于古代“三书六礼”之中的礼仪，这一婚俗于宋代以后流行，经过拜堂后，女方就正式成为男家的一员。拜堂时，主持婚礼的司仪会大声地说："一拜天地，二拜高堂，夫妻交拜，齐入洞房。"其中，拜天地代表着对天地神明的敬奉，而拜高堂就是孝道的体现，夫妻交拜代表夫妻相敬如宾。

三朝回门，也称"归宁"。是指婚后的第三天，新娘在丈夫的陪同下，带备礼品回娘家祭祖，然后再随丈夫回到夫家。相传在先秦时已有三朝回门的习俗。

在传统社会，婚姻取决于"父母之命，媒妁之言"。因此，婚前礼的一切仪节，包括从择偶至筹备正式婚礼的一系列环节，几乎都由男女双方的家长包办，真正婚姻的当事人反而被排除在外。

从古至今，婚俗虽因时代变化或贫富相异而有繁简之别，但基本仪式程序相似。即使到了现代，自由恋爱兴起，仪式程序更趋简化，不过媒人（介绍人）通言、相亲、定亲和迎娶等习俗，仍有一定程度的保留。

四、传统庆生礼俗

寿诞礼是每当诞辰纪念日举行的人生礼仪，终身要重复多次，直到去世。在传统社会，民间举行的寿诞礼，大多只限于老人和小孩，给老人举行寿诞礼称"做寿"，为小孩举行寿诞礼称"过生日"。一般到六十岁时才正式做寿，此后逢十都要做"整寿"礼，以此祝福长寿。

古时民间大户人家为老人举办的寿礼要举办三天，分别谓之稳寿、庆寿、谢寿。

第一天的稳寿基本上不邀请外人参加，是家人为庆寿和谢寿做准备工作。首先要布置寿堂，寿堂大都设在堂屋，正面挂的中堂画轴一般为寿星图案，两边对联的内容大多为"福如东海长流水，寿比南山不老松"等寿联。

第二天的庆寿，做寿之人（被称为"寿星佬儿"）穿戴一新，端坐在寿堂正中上座，接受儿孙等后辈家人的贺拜。儿孙等人依辈分次序叩头行礼，亲朋好友们陆续随来随拜。庆寿当天中午必吃捞面，煮面条时不可将面条揪断，取长寿面之意。

第三天的谢寿，是主家为感谢众亲友而举行的酬谢礼，多以摆宴席、唱堂会等形式进行。

庆寿时有许多讲究，如今仍受人重视。如在寿宴上，准备的寿礼一般包括寿桃、寿面、寿烛、寿屏、寿幛、寿联、寿画、万年伞等。特别是寿桃和寿面必不可少，上面贴有红剪纸，图案多为"五福捧寿""松鹤同春""麻姑献寿""老寿星"或"寿"字。举办寿礼和参加寿礼也是加强亲友之间友好往来、拉近感情的一种方式。受传统习俗影响，当代社会，无论是城市还是农村，庆寿、过生日的习俗依然很盛行，但礼仪多已简化。亲友送寿酒、蛋糕，子女在家中设宴，举家欢聚，为老人庆寿。

五、传统丧葬礼俗

汉族丧葬旧的传统是讲究重殓厚葬，并且夹杂着许多迷信的习俗。汉族自古盛行棺木土葬，葬礼隆重，分殓、殡、葬三个阶段进行。

殓，就是给尸体穿衣下棺。人初死入殓前要给死者招魂、沐浴。

殡，就是入殓后停柩于殡宫，殡期长短不一，少则三日，多则三十天，主要由奔丧者而定。古代多停棺三个月而葬，至多达七个月。汉族传统习俗，父母死亡，儿女必奔丧，否则为不孝。而亲朋好友将来哀悼祭奠死者称之为“吊丧”或“吊唁”。古代汉族丧服分斩衰、齐衰、大功、小功、缌麻五种，称为“五服”。用粗、细不同的麻布制成，按亲疏关系不同而穿不同的丧服，称为“披麻戴孝”。近代多用白布做丧服。现代城市一般时兴胸佩白花，臂戴黑纱。

葬，就是掩埋死者遗体，即棺木入土。旧俗入葬前往往要看风水、择坟地，谓“择吉地”。送葬又叫出殡。送葬时，古代汉族一般是“孝子”在前执绋，挽柩者唱挽歌。挽歌到近现代演变为哀乐。

古有以人殉葬的习俗（主要是近亲、近臣和近侍），至清朝时人殉仍有遗存，后逐渐以陶俑代之，到近代则以纸扎人像伴葬。

葬礼以后，有做七、断七、百日、周年等追悼仪式，并将牌位送归祠堂，这已从葬礼时对人的仪礼转为对“鬼灵”“祖灵”的仪礼。

另外，汉族还有“归葬”的习俗，就是将死于他乡的遗体归葬原籍。

第二节　中国传统节日习俗

一、传统节日的类型

中国传统节日是在数千年的民族发展中形成的一种岁时文化，作为生活需要的反映和民族精神的表达，经过长期的自然探索和共同生活需要的积淀，成为中华民族特色鲜明的文化标志之一。中国的传统节日不仅在中华民族中传承，并且早已传播域外，对日本、朝鲜、越南等国度也产生了深远的影响。

中国传统节日满足了多重功能的需要，在不同的生活层面展开，并形成固定的日期、特定的节气、多样的风俗和相关的传说或信仰。就类型而言，包括传统农事节日、传统纪念节日、传统宗教节日、传统游乐节日等基本类别。

（一）传统农事节日

中国传统节日多数根源于中国古代农耕文化。传统农事节日，即产生于农耕社会，服务于农耕生产，满足农民或全社会生活需要的乡土节日。这类节日和相关的民俗事项主要有：立春日“鞭春牛”劝农重耕；除夕“响卜”判年成；元日看云卜丰歉、称江水占水旱；正月十五“点田蚕”；二月十二日“百花诞辰”，给花木挂红祈繁茂等。

据史籍记载，春节在父系氏族社会晚期的唐虞时代叫“载”，夏代叫“岁”，周代才叫“年”。“载”“岁”“年”都是指谷物生长周期，谷子一年一熟，所以春节一年一次，含有庆丰收的寓意。清明节本是二十四节气之一，这时我国大部分地区气候温暖，草木萌茂，农民开始忙于春耕春种。江南有农谚“清明谷雨两相连，浸种耕种莫迟延”“种树造林，莫过清明”。关于中秋节的起源，有一种说法是秋报的遗俗，因为农历八月十五这一天恰好是稻子成熟的时刻，人们便在这个季节庆祝丰收。此外，在陕北，重阳节才是正式收割的季节。

总之，从传统节日的起源看，大多出于农耕的目的，在几千年流传的过程中，有些节日淡化了农耕印象，但传统节日体现古代农耕文化是不容置疑的。

（二）传统纪念节日

传统纪念节日是以历史人物的追祭和历史事件的纪念为主旨，表现民族的价值观、道德观、人伦观和审美观的节日。这类节日主要有：被认为纪念介子推的寒食节；纪念诗人屈原的端午节；四月初二瓦木工纪念鲁班的鲁班节；江南二月初八纪念祠山张大帝的张王节；上海郊区正月二十纪念黄道婆的“棉花生日”；贵州苗族六月二十四日纪念孟获的“花米饭节”等。这些节日以史事或传说为基础，与原有的岁时节日相联系，赋予它们特定的社会文化意义，寄托民众怀念和崇敬的情感。

（三）传统宗教节日

传统宗教节日主要是来自各类宗教的节日活动，以及其他来自民间信仰的以敬神祀鬼、趋吉避凶为追求的岁时节日。它们以宗教的内容与民俗的形式相结合，成为既神秘又通俗的宗教民俗现象。这类节日主要有：腊月二十三或二十四的送灶日；二月初二敬祭土地的土地诞日，二月初三求读书做官的文昌帝君诞辰；六月六日的火神诞辰；四月初八的浴佛日；六月十九日的观音菩萨成道日；七月半祭祀孤魂野鬼的“盂兰盆节”（中元节）等。这类节日是信仰与精神因素在岁时文化中的反映。

（四）传统游乐节日

传统游乐节日是以满足功能为追求，以游戏、交往、踏游等活动为主的民俗节日。这类节日主要有：农历三月初三，为中国多个民族的传统节日，古称“上巳节”，适时女子头插柳枝或荠菜花，在水边饮宴，在郊外游春；壮族多于三月三赶歌圩、搭歌棚、举办歌会，又称歌仙节；侗族多于三月三举行抢花炮、斗牛、斗马、对歌、踩堂等活动，也称“花炮节”；七夕是女子穿针乞巧、拜织女、看巧云的乞巧节；九月九是赏菊花、吃米糕的重阳节；正月十六是南京人“上城头”日等。这类节日往往脱去了信仰的神秘仪式因素，以户外的群体活动展现轻松开朗的生活场景。

二、主要传统节日及其习俗

（一）春节习俗

春节是我国古老而盛大的传统节日，春节原指正月初一，即夏历（今农历）一年开始第一个月的头一天，称为“夏正”或“元旦”。直到辛亥革命后 1912 年采用了公历，改公历 1 月 1 日为元旦，称农历正月初一为春节。民间传统意义上的春节，是指从腊月初八的腊祭或腊月二十三或二十四的祭灶，一直到正月十五，其中以除夕和正月初一为高潮。在春节期间，我国的汉族和很多少数民族都要举行各种活动以示庆祝，这些活动均以祭祀神佛、祭奠祖先、除旧布新、迎禧接福、祈求丰年为主要内容。春节活动丰富多彩，带有浓郁的民族特色。

农历十二月称为腊月，腊月最重大的节日是十二月初八，古称“腊日”，俗称“腊八节”。腊八节在我国具有很悠久的传统和历史。从先秦起，腊八节都是用来祭祀祖先和神灵、祈求丰收和吉祥。据说，佛教创始人释迦牟尼的成道之日也在十二月初八，因此腊八也是佛教徒的节日，称为“佛成道节”。在这一天喝腊八粥是全国各地老百姓最传统也是最讲究的习俗，我国喝腊八粥的习俗已有一千多年的历史。

腊月二十三，又称“小年”，是民间祭灶的日子。祭灶的习俗最早可追溯到夏朝。《礼记・月令》中称神农炎帝和火神祝融为灶神。古人认为，灶神能保护家庭的安宁与健康，掌控人们生活的寿夭福祸，是天下老百姓家里的主要家神。传说灶王爷每年腊月二十三返回天宫，向玉皇大帝汇报每一家人的善恶，让玉皇大帝赏罚，除夕时分再返回人间。因此送灶时，人们在灶王像前的桌案上供放糖果、清水、料豆、秣草。祭灶时，还要把关东糖用火融化，涂抹在灶王爷的嘴上。这样，灶王爷只能上天言好事了。民间有“男不拜月，女不祭灶”的习俗，因此祭灶王爷通常由家中的男子来承担。

灶祭后，便正式开始做迎接过年的准备。每年从农历腊月二十三日起到除夕止，我国民间把这段时间叫作“迎春日”，也叫“扫尘日”。一般北方称“扫房”，南方叫“掸尘”。在春节前扫尘，是我国人民素有的传统习惯。每逢春节来临，家家户户都要打扫环境，清洗各种器具，拆洗被褥窗帘，洒扫庭院，掸拂尘垢蛛网，疏浚明渠暗沟。

民间旧俗认为，灶神上天后，玉皇大帝于农历十二月二十五日亲自下界，察看人间善恶，并定来年祸福，所以家家祭之以祈福，称为“接玉皇”。这一天的起居和言语都要谨慎，争取好表现，以博取玉皇大帝的欢心，降福来年。

除夕是指每年农历腊月最后一天的晚上，它与春节(正月初一)首尾相连。“除夕”中的“除”字，是“去、易、交替”的意思，除夕是“月穷岁尽”，有旧岁至此而除，来年另换新岁的意思。除夕是农历全年最后的一个晚上，故此，除夕的活动都围绕着除旧布新、消灾祈福进行。除夕之日各地都有贴门神、贴春联、贴福字、贴窗花、贴年画等风俗，这些都具有祈福、装点居所的民俗功能。大年三十晚上，传说灶王要与诸神来人间过年，所以当天有“接灶”“接神”的仪式。

中国人的年夜饭非常讲究，年夜饭全家务必聚齐，因故未回者，必须留一个座位和一套餐具，体现团圆之意。年夜饭讲究饭食丰盛，重视“口彩”，把年糕叫“步步高”、饺子叫“万万顺”、酒水叫“长流水”、鸡蛋叫“大元宝”、鱼叫“年年有余”，这条鱼准看不准吃，名为“看余”，必须留待初一食用。北方无鱼的地区，多是刻一条木头鱼替代。吃年夜饭的座次有序，多为祖辈居上、孙辈居中、父辈居下。年夜饭不分男女老幼，都要饮酒。吃饭时关门闭户，热闹尽兴而止。除夕，又叫团圆夜，守岁是重要的年俗之一。除夕夜，全家老小通宵不眠，欢聚酣饮，共享天伦。

北方人正月初一大多吃饺子。南方人正月初一大多吃汤圆，寓意是一样的，都是招财进宝、团圆如意。江南人家新年泡茶敬客，茶盘里或碗盖上放两只橄榄，称为“元宝茶”。新年吃饭，必有炒青菜，说吃了“亲亲热热”；有些地方必吃豆芽菜，因黄豆芽形似“如意”；新年必吃年糕，南北同风；吃年糕以祝愿生活“年年高”；苏州的桂花糖年糕、宁波的水磨年糕、北京的红枣年糕和百果年糕，均为新年糕点的佳品。

正月初一早晨，开门大吉，先放爆竹，叫作“开门炮仗”。爆竹声后，碎红满地，灿若云锦，称为“满堂红”。这时满街瑞气，喜气洋洋。春节里的一项重要活动，是到亲朋好友家和邻里家祝贺新春，旧称拜年。汉族拜年之风，汉代已有，唐宋之后十分盛行。有些不便亲身前往的可用名帖投贺，东汉时称为“刺”，故名片又称“名刺”。明代之后，许多人家在门口贴一个红纸袋，专收名帖，叫“门簿”。

古时有拜年和贺年之分，拜年是向长辈叩岁，贺年是平辈相互道贺。拜年是中国民间的传统习俗，是人们辞旧迎新相互表达美好祝愿的一种方式。古时“拜年”一词，原有的含义是为长者拜贺新年，包括向长者叩头施礼、祝贺新年如意、问候生活安好等内容。遇有同辈亲友，也要施礼道贺。

相传正月初一为扫帚生日，这一天不能动用扫帚，否则会扫走运气，导致破财，若把“扫帚星”引来，会招致霉运。假使非扫不可，须从外头扫到里边。初一这天也不能往外泼水、倒垃圾，怕因此破财。如今许多地方还保存着这一传统习俗，大年夜扫除干净，正月初一不动扫帚，不倒垃圾，备大桶以盛废水，当日不外泼。

北方在正月初二祭财神，无论是商家店铺，还是普通家庭，在这一天都要举行祭财神活动。各家把除夕夜接来的财神祭祀一番，实际上是把买来的粗糙印刷品焚化，祭祀的供品一般用鱼和羊肉。中午要吃馄饨，俗称“元宝汤”。

正月初五，俗称“破五”。据民间传说，破五前的诸多禁忌过此日皆可破。按照旧习俗，初五要吃水饺子。民间传说，破五这一天不宜串门，否则本年内遇事破败。破五习俗除了以上禁忌外，主要是送穷、迎财神、开市贸易，南方人在正月初五祭财神。民间传说，财神即五路神。五路，指东西南北中，意为出门五路，皆可获财。旧俗春节期间大小店铺从大年初一起关门，而在正月初五开市，俗以正月初五为财神圣日，认为选择这一天开市必将招财进宝。正月初五“送穷”，这一天各家要放炮崩穷，这一习俗又称为“送穷土”“送穷媳妇出门”等。民间广泛流行的送穷习俗，反映了人民普遍希望辞旧迎新，送走昔日的贫穷困苦，迎接新一年美好生活的传统心理。

正月十五为元宵节，是我国主要的传统节日，也叫元夕、元夜，又称“上元节”，因为这是新年第一个月圆夜。因历代这一节日有观灯习俗，故又称“灯节”。据传，佛教文化的传入对于元宵节习俗的形成具有重要的推动意义。东汉明帝永平年间，佛教传入中国中原地区，适逢蔡愔从印度求得佛法归来，称印度摩揭陀国每逢正月十五，僧众云集瞻仰佛舍利，东汉明帝为了弘扬佛法，下令正月十五夜在宫中和寺院“燃灯表佛”。此后，元宵节放灯的习俗便传到民间。

元宵节的主要食品是元宵，也叫汤圆、圆子。据说元宵象征合家团圆，吃元宵意味着新的一年阖家幸福、万事如意。除元宵这一具有代表性的节日食品外，各地还有许多其他的应节食品，如浙江浦江一带吃馒头、麦饼，馒头为发面，麦饼为圆形，取“发子发孙大团圆”之意。

元宵节还有“走百病”的习俗，又称“烤百病”“散百病”。参与者多为妇女，她们结伴而行，或走墙边，或过桥，或走郊外，目的是祛病除灾。不少地方节庆时还举行耍龙灯、耍狮子、踩高跷、划旱船、扭秧歌、打太平鼓等活动。元宵节过后，春节算是告一段落，人们要准备春耕春种，开始新一年的劳作。

（二）清明节习俗

清明是二十四节气之一。清明节是我国重要的传统节日，也是最重要的祭祀节日，是祭祖和扫墓的日子。汉族和一些少数民族大多是在清明节扫墓。

按照传统习俗，扫墓时要携带酒食果品、纸钱等物品到墓地，将食物供祭在亲人墓前，再将纸钱焚化。并且要为坟墓培上新土，折几枝嫩绿的新枝插在坟上，然后叩头行礼祭拜，最后吃掉酒食回家。唐代诗人杜牧的《清明》一诗，“清明时节雨纷纷，路上行人欲断魂。借问酒家何处有？牧童遥指杏花村。”就写出了清明节的特殊气氛。

清明节又叫踏青节，阳历在每年的四月四日至六日之间，正是春光明媚、草木吐绿的时节，也正是人们春游的好时候。因此，古人有清明踏青并开展一系列如荡秋千、踢蹴鞠、放风筝等体育活动的习俗。我国自明清以来，就有吃清明团、送百虫、水嬉等风俗。

清明的饮食习俗也是丰富多彩的。清明吃寒食，不动烟火，生吃冷菜、冷粥。江南一带还有吃青团的风俗习惯。

（三）端午节习俗

农历五月初五端午节，是中华民族古老的传统节日，也称端五、端阳。关于端午节的由来，说法不一，最普遍的说法是为了纪念伟大诗人屈原。过端午节是中国人两千多年来的传统习惯，由于地域广阔，民族众多，加上许多故事传说，不仅产生了众多相异的节名，而且各地也具有不尽相同的习俗。

端午节的习俗之一是吃粽子。吃粽子是中国人的传统习俗，其由来已久，花样繁多。从馅料看，北方多包小枣的北京枣粽；南方则有豆沙、鲜肉、火腿、蛋黄等多种馅料，其中以浙江嘉兴粽子为代表。吃粽子的风俗，千百年来在中国盛行不衰，而且还流传到朝鲜、日本及东南亚诸国。端午节令食品还有雄黄酒、菖蒲酒、五毒饼、咸蛋和时令鲜果等。

端午节还是一个禳灾辟邪、驱病避瘟的节日。“驱五毒”是一种民间习俗，端午节家家门上插菖蒲，挂艾叶；饮雄黄酒，佩戴香包；用彩线拴在孩童的颈、腕或脚脖子处，祝孩子健康长命。所以，端午节也是中国传统防病除疫的节日。

我国许多地方过端午节的另一个习俗就是龙舟竞渡。龙舟就是龙形的船，龙舟的船头有手执令旗、吆喝号子的领队，有击鼓、敲锣、助威的人。赛龙舟时，两岸观众如潮，场面极其壮观。

（四）中秋节习俗

农历八月十五日是中国传统的中秋节，也是仅次于春节的第二大中国传统节日。八月十五恰在秋季的中间，故谓之中秋节。中秋之夜月色皎洁，古人把圆月视为团圆的象征，因此，又称八月十五为“团圆节”。

中秋祭月在我国是一种十分古老的习俗。我国民间中秋赏月活动约始于魏晋时期，唐代中秋赏月颇为盛行，许多诗人的名篇中都有咏月的诗句。到宋代，形成了以赏月活动为中心的中秋民俗节日，正式定为中秋节。中秋当晚，家家户户设香案，摆上月饼、水果等祭品，全家人依次拜月，然后团坐享用月饼、水果。在少数民族中同样盛行祭月、拜月的风俗习惯。云南傣族在中秋之夜，盛行拜月风俗；鄂伦春族人祭月时在露天空地放上一盆清水，摆上祭品，然后跪在盆前，向月叩拜；土族人用盆盛清水，将月亮的倒影收到清水盆中，然后，不停地用小石子打盆中的月亮，俗称“打月亮”。

吃月饼是中秋节的习俗之一，用月饼寄托思念故乡、思念亲人之情，月饼还被用作礼品送亲赠友，联络感情。中秋晚上，我国大部分地区还有烙“团圆”的习俗，即烙一种象征团圆、类似月饼的食品，饼内包糖、芝麻、桂花和蔬菜等，外压月亮、桂树、兔子等图案。

（五）重阳节习俗

农历九月初九是中国传统的重阳节。《易经》中把“六”定为阴数，把“九”定为阳数，九月九日，日月并阳，两九相重，故而叫重阳。

重阳节又叫“登高节”，相传此风俗始于东汉。登高所到之处一般以高山、高塔为主。古人庆祝重阳节的活动多彩浪漫，一般包括出游赏景、登高远眺、观赏菊花、遍插茱萸、吃重阳糕、饮菊花酒等活动。

第三节　中国传统禁忌习俗

中国民间的传统禁忌颇多。由于人们普遍追求成功与幸福，害怕失败与不幸，因而各种各样的禁忌几乎渗透人们生产、生活的各个方面。

禁忌，即民间禁忌，是人类普遍具有的文化现象。我国的禁忌习俗源远流长，是经过长期积淀形成的民间普遍文化现象，它规范人们的思想道德和语言行为，渗透人们的物质生活和精神生活的各个领域。禁忌一方面指“不洁的”“危险的”或者“神圣的”一类事物；另一方面又指一种禁止、抑制，即言行上被“禁止”或者心理上被“抑制”的一类行为控制模式。因此可以说，禁忌就是神圣的、不洁的、危险的事物以及由于人们对其所持态度而形成的某种禁止、抑制。

一、传统岁时禁忌

中国传统岁时禁忌是人们生活的重要组成部分，其中又以各类节日活动所衍生出的禁忌最为民众奉行，深刻影响着社会。

人们为了祈求新的一年能够大吉大利，在过年的时候会有很多禁忌，禁忌的目的是要趋吉避凶，祈求来年的好运气。

大年初一忌扫地，忌往外泼水，取其财运不随水流逝的兆头。此外，旧时正月初一要把刀藏起来，故一切肴馔原料必须预先准备。因为菜刀、剪刀属于凶器，春节动之则不吉利。不炊新饭，要吃除夕的过年饭，表示去年的东西吃不完，到今年还有剩余。

春节吃饭时候忌讳摔碎杯、碗、盘等，如果不小心打碎了，要及时说一声“碎碎(岁岁)平安”；节日期间，忌讳说不吉利的话，如忌讳与人谈论与死、病、灾有关的话题，与此有关的字眼如“完了”“不行了”等也要回避；不可向人讨债；还忌讳与家人或朋友吵架，父母也不可打骂儿女。

正月初五，俗称“破五”“破穷日”，忌串门，忌走亲戚，忌到别人家送东西。

农历二月初二是我国民间的传统节日“龙头节”，又称“青龙节”。这一天，妇女不许动针线，恐伤“龙睛”；忌推磨，怕伤了龙；人们也不能从水井里挑水，要在头一天就将自家的水瓮挑满，否则就触动了“龙头”。

清明节前一两日为“寒食节”，禁烟火。清明节是我国重要的传统民俗节日，是中国三大鬼节之一，是悼念亡人之节。扫墓拜祭最好在下午三点前完成；怀孕的妇女不宜参加祭拜；扫墓前须禁食；不可在先人墓地照相；忌讳探视朋友、亲人；拜祭时，忌穿大红大紫的衣服，应穿上素色的服饰，不佩戴红色的配饰。

农历五月初五端午节，有些地方的民众认为这一天不吉利，有“躲午”的习俗。周岁以内的婴儿要送到外婆家去躲藏；家家都在门旁插菖蒲、艾叶以驱避邪秽；熏苍术、白芷和喝雄黄酒以避疫；小孩身上要佩戴棉布缝制的狗或小人等，这些东西要小心保护，忌讳丢失，否则年内将有灾难。躲过端午之后，要将所佩戴的东西扔到水里，以祛除灾祸。

农历七月十五中元节，也称为“鬼节”，忌晚间外出。

农历八月十五中秋月圆，当月亮挂上天空时，家家户户都要拜月，但是男子不得参与拜月活动。有的地方甚至要求男子回避，因为月亮是阴象之物，所以拜月纯属妇女之事。俗语有“男不拜月，女不祭灶”的禁忌。

冬至，是民间重要的传统节日，也是二十四节气之一。冬至为一年间最冷的日子开始之时，有的地方因此将冬至与过年相提并论，所以冬至禁忌颇多。如果冬至不吃饺子，就会被认为犯忌，会“冻掉耳朵”，且对农事收获不利。所以民间有冬至日吃饺子的习俗，俗称“安耳朵”。

二、传统婚姻禁忌

在传统社会，婚姻禁忌很多，体现了人们对婚姻大事的慎重态度。在择偶方面，一些地方禁忌同姓通婚，即古人所言“男女同姓，其生不蕃”。按照算命术的观点，八字五行相克的男女禁忌结婚。异辈通婚被认为是民间最典型的乱伦行为，必在禁忌之列。有直系血亲关系的，忌之最甚。

在传统的婚姻禁忌中，有些属于祈祥、祈福的传统文化观念，也有些属于封建迷信糟粕。在结婚日期上，忌讳在没有立春节气的年份结婚，忌讳五月、七月、九月结婚，忌讳单日结婚。民间忌讳农历七月初七嫁娶，此俗与织女牛郎的传说有关，反映出人们希望儿女婚后永不分离、幸福美满的良好愿望。如果同日有两家同时结婚，忌路上相遇“冲喜”。婚礼中，新娘忌穿黑色衣服，忌打破器物，忌有小孩哭，忌戴孝的人、寡妇、孕妇进新房，忌讳别人坐在新床上。

三、传统生育禁忌

生育是保证人类繁衍的重要环节，生育禁忌主要是为了维护产妇和新生儿的生命安全。在人类自身长期的不断繁衍过程中，生育禁忌一方面来自接生过程中的经验，另一方面带有封建迷信的愚昧，还有一部分来自祈祥、禳灾的美好愿望。

从妇女获知怀孕开始，一系列旨在保护孕妇正常顺利完成妊娠过程的禁忌习俗就开始生效，对孕妇和家人的行为形成某些约束。

产妇生产后，忌乱泼生产的污水和胎衣，传说是避免玷污神灵，招致不幸。产后产妇忌出门，忌生人进入产房。婴儿不满月不准生人进产房，防止生人携带细菌、病毒传入产房，为的是产妇和新生儿的卫生安全。忌有生理缺陷的妇女和无男孩的妇女进产房，忌寡妇和经期妇女进产房看望新生儿，则纯粹是为了讨吉利。

四、传统丧葬禁忌

人都会经历生、老、病、死各个发展阶段，任何人都不能逃避这些阶段。古人强调“事死如事生”，对丧事是非常重视的。丧葬禁忌习俗既包含对死者的尊敬，也体现了对生者的保护。《礼记·曲礼》中提到“适墓不登垄”“临丧不笑”“望柩不歌”。村子里有丧事时，不能在村内巷子里唱歌。这些丧葬的禁忌，都是出于对死者的哀思和对其亲属的同情。

死者的装殓有各种禁忌，比如逝者口里不能空着，古代有含玉的习俗，叫作“始”，后来又有含饭团的习俗。有的地方忌给死者穿黑色寿衣，有的忌穿皮革衣服。死者入棺，脚忌悬空，要踏在棺板；头忌顶着棺板，要隔以衣物。入殓时，亲属哀哭的眼泪忌讳滴在尸体上。服丧期间忌穿孝服进入他宅。

灵前忌猫，是古时普遍流行的禁忌习俗。出殡前，停尸守灵，忌猫接近，认为猫触及或跳越尸体，死者会骤然直立一般，有祸害家人之意。

有的地方认为长辈去世时由晚辈守孝，忌剪发，头发乃受之父母，先辈亡故，留发以示哀痛和思念。

出殡忌双日，古代人们以为双日出殡有死两人的意味，因而出殡时必择单日，有的地方还忌讳正午出殡。

五、日常传统禁忌

（一）饮食禁忌

民间禁忌浪费粮食。吃饭忌剩碗底或撒饭粒，这是民间敬谷神、惜谷物的心理表现，主要是出于对农业劳作的尊重和杜绝浪费的意识。有些用餐禁忌是人们避凶趋吉的心理反应，如吃喜宴时忌翻鱼，这一习俗在沿海地区尤盛，因出海渔民忌覆舟，如果翻鱼则有预兆翻船之虞。家人吃饭时，忌把一双筷子分放在杯盘两边，认为“快（筷）分开了”。忌用筷子敲空碗，因为旧时乞丐讨饭时才敲碗，敲碗意味着没饭吃，也是对厨师的不尊重。待客上菜忌单数，要用四盘、八盘、十二盘或十六盘；祭祖或供神则忌双数，要用单数。忌从窗口递送食物，因为送牢饭都是从窗口传递；盛饭忌勺子往外翻，因为这是过去给犯人盛饭的舀法。招待客人吃水果，不能两人分一个梨，以避讳“分离（梨）”等。忌将筷子竖插在饭碗、菜盘上，这是祭死者的方式。

（二）名讳禁忌

名讳禁忌也是传统禁忌中的重要内容。古代讲究为尊者讳、为长者讳，指不直呼君主或尊长的名字，凡遇到和这些人的名字相同的字面，就采用改字、缺笔等方法来回避。例如，唐代因太宗名世民，将观世音菩萨简称“观音菩萨”。名讳禁忌在今天依然存在，例如禁止子女直呼长辈的名字；晚辈称呼长辈时，一般以辈分代替名字；同辈之间也忌讳直呼名讳，一般应称呼别人的字或号，现在一般是称呼职务；与人谈话时，提到对方的父母、子女时，一般使用令尊、令堂、令郎、令爱之类的尊称。

（三）语言禁忌

语言是人们在社会生活中的交流工具，人们通过语言进行思想交流和社会交往，人类的许多社会活动都需要语言来辅助完成。但是语言并不只是人们劳动中的工具，它也属于人类风俗的一部分，所以人们在使用语言表达自己感情的同时往往不是随心所欲，想说什么就说什么的，有些语言在一些场所是有禁忌的。传统社会之所以非常重视语言禁忌，存在着某种心理暗示作用，说福能带来福，说祸能招来祸，于是就产生了对不吉利语言的禁忌习俗。语言禁忌多种多样，这里主要谈谈关于破财词语、凶祸词语与亵渎词语的禁忌。

中国人喜欢说或者听吉祥话，所以中国人见面打招呼，爱拱手说“恭喜发财，恭喜发财”。因为财运好坏直接关系到人们的切身利益，所以民间很看重此事，约定俗成了很多禁忌以提防破财。

四川一带，旧时忌讳说“舌”字，因为“舌”谐音“蚀本”“蚀财”的“蚀”字。为此，便把“猪舌”称为“猪招财”、“牛舌”称为“牛招财”。在江浙一带，逢年过节要书写“招财进宝”和“和气生财”等字样，贴在门首。由于“财”字的偏旁“贝”字谐音“违背”的“背”字，人们唯恐因此而“背运”“失财”，所以就把“财”字的偏旁“贝”字有意写成“见”字，以为如此，便可时时处处见财、大吉大利。

在春节期间，各家各户要祭财神。财神画像忌讳买卖，要说“送”“请”。串胡同的人，带着许多财神画像，挨门喊：“送财神爷来了。”一般人家，都赶紧出来，到门口回话：“好，来，我们家请一张。”如不想买的，也不能说“不要”，只说“已经有了”。

凶祸词语与亵渎词语的禁忌在中国的传统文化中占据着重要的位置，这些禁忌体现了人们对尊重、和谐以及避免不吉利事物的追求。

凶祸词语禁忌主要包括避免提及与死亡、丧葬相关的词汇，如“死”“丧”等，因为这些词语被认为会带来不吉利的影响。在社交和日常生活中，人们会刻意避免使用这些词语，以维持一种积极吉祥的氛围。例如，亲人去世时，不用“死”字而用“去了”或“不在了”来代替，这种表达方式既体现了对逝者的尊重，也避免了直接提及死亡可能带来的不吉利感觉。

亵渎词语禁忌则涉及避免谈论性行为和性器官等相关话题。这类禁忌反映了社会对道德、礼仪和纯洁的重视。在公开场合或与不熟悉的人交往中，提及此类话题被认为是不恰当的，可能会引起他人的不适或误解。

这些禁忌不仅体现在日常交流中，还体现在中国的历史文化中。例如，历史上的避讳制度，如秦始皇时期为了避免提及“政”字而改变“正月”的称呼，以及明清时期对命相八字的严格避讳，都显示了人们对凶祸词语和亵渎词语禁忌的重视。这些禁忌在一定程度上维护了社会的秩序和和谐，同时也反映了人们对美好生活的向往和对不吉利事物的避让。

（四）其他禁忌

忌衣服反穿。反穿衣服如穿孝服，表示家中服丧事；探望病人的时间忌在农历初一和十五，因为这是敬神祭鬼的日子；写信忌用红笔。

六、传统行业禁忌

中国传统民俗中，各行业都有其禁忌，有些甚至成为行规的重要内容。

在木匠行业中，忌讳别人动用自己的墨斗和曲尺。

读书人忌讳弄脏或随手烧掉字纸，认为是对圣人的不敬。

屠夫忌讳亥日杀猪；宰杀猪、牛、羊时，忌杀两刀。

矿工禁说“垮”“塌”“砸”之类的话，忌讳别人敲他的帽子，忌讳在井口烧纸，忌讳打死矿井内的小动物。

商人经商经常会面临赔本的危险，所以旧时民间商界就形成了一些旨在趋吉避凶的禁忌风俗。店家忌“关门”(破产倒闭)，于是晚上关门暂停营业叫作“打烊”，“烊”的意思是熔化金属，因为店家白天收的都是碎银子，晚上把碎银子熔化铸成元宝。打扫店内卫生时，忌直接往店外扫垃圾，认为如此会把财神扫出门去。

传统戏班，也有许多迷信禁忌。有的地方演戏忌演过月戏，即戏期从这月到下月，故安排演出必须于月底结束，认为戏班子演过月戏的村子会不太平；艺人在后台忌坐椅、凳，以戏箱代之；吃饭时，旦角艺人忌先动筷子；旦角忌坐盔帽箱，小丑可坐任何箱，其他行当的艺人除装祖师牌位箱之外也可任意坐；戏班忌言“散”，凡谐音“散”的要改称别的词，雨伞叫“雨盖”“雨遮”或“雨挡”；忌在后台下棋，说是一盘棋越走越乱越分散，会使戏班散伙。

船家忌言“翻”“沉”“滞”“搁浅”等，因此“帆”要叫“篷”，吃饭时不能说“把鱼翻过来”，要说“把鱼划过来”。渔民的船头是祭祖、敬神的地方，不论男女老幼，都禁忌把腿伸到船头外面。

第十三章　国际礼仪

第一节　东西方礼仪异同

随着不同文化背景的人们彼此交往的日益增多，密切的跨文化沟通成为当今社会的一种特征。礼仪作为人们交往中的重要组成部分，已不可或缺。礼仪是人们在社会交往中的一种规则，也是一种语言，更是一种工具。由于礼仪形成的重要根源不同，这使得世界上信仰不同的人们遵守着各不相同的礼仪。中国是四大文明古国之一，中华民族是传承了千年文明的民族之一。中国的礼仪，始于夏商周，盛于唐宋，经过不断地发展变化，逐渐形成体系。西方社会的古文化曾一直和东方的中国遥相呼应，之后经过中世纪的黑暗，最终迎来了文艺复兴，并孕育了资本主义和现代文明，产生了现代科技和文化。如今，东西方有着截然不同的礼仪文化。

随着我国改革开放步伐的日益加快，跨国交际日益增多，中西方礼仪文化的差异更是越发显露，这种差异带来的影响也是不容忽视的。因此，我们有必要了解东西方礼仪的差异。

一、东方礼仪的特点

东方的礼仪文化主要是指以中国、日本、朝鲜、泰国、新加坡等亚洲国家为代表的具有东方民族特点的礼仪文化。古老的东方，是人类历史的发源地之一。它以其富含人情味的传统礼仪向世人展示了悠久的历史文化和无穷的魅力。中国是礼仪之邦，上下五千年，从西周视礼为“国之大柄”到现代的“八荣八耻”；从荀子的“国无礼而不宁”到今天的精神文明建设，礼仪一直是传统文化的核心。以中国为代表的东方礼仪主要有以下特点：

（一）重视亲情和血缘

东方民族尤其信奉“血浓于水”的传统观念，认为人际关系中最稳定的因素是血缘关系。当多种利益发生矛盾或冲突时，大多数人肯定会选择维护有血缘关系的家族利益。

恩格斯在《家庭、私有制和国家的起源》一书中谈到国家和氏族制度的区别时，指出“氏族制度的基础是血缘关系，而国家则按地区来划分它的国民。”恩格斯的论断，我们可以从国家一词的含义上得到认证。英文中国家“country”或是“state”这两个词语都含有国家、土地、区域的含义，但没有家庭、家族、血缘的含义。而汉语里“国家”一词，则是“国”和“家”结合而成，可以看出中国人历来是把“国”作为放大的“家庭”去理解。可见，东方特有的血缘社会造就了东方特有的礼仪文化，并进一步以礼来规范个人和社会的行为，让礼仪在生活的各个方面发挥作用。

中国社会本质上是以血缘关系为基础、以亲情为纽带而形成的一个注重人伦、崇尚道义的有序社会。在这个社会中，等级森严，秩序井然。中国人的家庭观念相当浓厚，这一点远甚于西方。许多中国传统的大家庭，四世同堂共居一室，家长维系着家庭中各个成员之间的关系，并具有绝对的权威性。在中国传统的伦理观念中，提倡父慈子孝、兄友弟恭，就是要求父母善待子女、子女孝顺父母，兄长要爱护弟妹、当弟弟的自然要尊敬兄长。正是这样的伦理道德观念，促进了传统中国家庭的和谐与美满，使得整个中国社会稳定而有序。而西方国家的家长，从小注重培养儿女的独立性和自理能力，一旦儿女成年，理所当然要依靠自己的能力去求生存。

（二）谦逊、含蓄

与直率、坦诚的西方人相比，东方人通常显得谦逊和含蓄。中华民族源于内陆腹地，由于其农耕的主要生产方式，长时期与异质文化处于隔离状态，自然铸成了中国人的内向型性格，决定了中华民族对传统的重视和对礼仪规范、宗法道德的尊崇，并由此形成了所谓崇尚群体伦理、抑制个性自由的价值取向。以送礼这一较为普遍的社会交往习俗为例，西方人总是对受礼人直截了当地说明：“这是我精心为您挑选的礼物，希望您喜欢。”受礼方则应当面将礼物打开，以表示谢意和礼貌。而东方人就完全不同，中国人和日本人在送礼时尽管费尽心机、精心挑选，但在受礼者面前总是谦逊又恭敬地说“微薄之礼不成敬意，请笑纳”之类的话。而受礼者往往只说“谢谢”并不马上打开礼物，怕礼物过轻或不尽如人意而有失对方的面子，或显得自己重利轻义，有失礼貌。

东方人，特别是中国人，在社交活动中注重人际关系，往往表意含蓄委婉，强调运用礼貌客气的方式处理问题。为了维护对方的面子，避免尴尬，一般不直接做出否定的回答。东方人的谦逊，还表现在面对他人夸奖时所持的态度。比如请客人吃饭，尽管客人赞美饭菜的丰盛，主人还要自谦说“没什么好菜招待，不好意思”之类的话。中国人以谦虚为美德，常常说“水平不高，能力有限”“做得不好，请多批评”的自谦语，而这些谦辞往往被西方人看成缺乏自信。一位德国老太来中国旅游，对接待她的导游小姐评价颇高，于是夸奖说：“你的德语讲得很好！”可导游连忙说：“我的德语讲得不好。”德国老太一听很生气："德语是我的母语，难道我不知道说得好不好？"造成老太生气的原因是导游忽视了东西方礼仪的差异，西方人对他人真诚的赞扬，往往要用"谢谢"来表示。而东方人则讲究的是谦虚，凡事不张扬。

（三）强调共性，注重尊卑

东方人非常注重共性拥有，有较强的民族感和集体荣誉感，东方文化更多地强调集体主义，主张个人利益服从集体利益，主张同甘共苦、团结协作、步调一致。尤其是日本人，他们的国家、民族，甚至集团的凝聚力非常强，所以日本企业的员工有很强的敬业精神，人人以为企业谋事出力而感到光荣。西方人则提倡个性自由，崇尚个人力量，对孝敬老人、哺育孩子等看得比东方人"淡"得多。他们将责任和义务分得很清楚，责任必须尽，义务则完全看实际能力，绝不勉为其难。

中国古代的历史，主要是在氏族部落基础上发展起来的宗法国家的历史。西周的分封制，在延续氏族贵族统治的基础上，进一步发展和巩固了血缘宗法关系，确立了世袭王权的地位，又形成有血缘和姻亲关系的诸侯关系。血缘宗法组织关系在漫长的封建历史时期中保留下来，整个社会的基本组织模式也以宗法家族为主，农民、手工业者以及其他人员基本上都以家族为本从事社会活动，家族与血缘关系形成生存的组织和群体。在这种社会组织中形成了典型的中国家族文化，所以一般人与人的关系，特别是人在社会上的关系，只有纳入宗法人伦关系或类似的血缘、地缘等人伦关系，才觉得有根有据，并有序治理。在这种秩序中又形成稳固的等级观念，从每一个人出生的那天开始，就已经在社会上确定了自己的位置和辈分座次。因此，中国人最突出的礼仪，就是尊老爱幼。无论在地铁或公共汽车上，如遇有年迈的人或年幼小孩，中国人大多会自然起立让座。公共汽车上有给老弱病残的专座，如果一些人坐在那儿，遇有老弱病残却并不理会，旁若无人，这种场合中国人一般是看不下去的，因为这不符合中国人的礼仪。家人聚会，中国人习惯是先请老人坐下，方才落座。遇有出行，或请长辈先行，或前呼后拥。敬老尊老，这是中国人的传统文化中世代相袭的礼仪。

（四）讲究礼尚往来

礼是联系人际关系的桥梁和纽带。这里的"礼"主要是指礼物，礼物本身其实并不重要，重要的是渗透其中的情感。东方人送礼的理由诸多，除重要节日相互拜访需要送礼外，平时的婚、丧、嫁、娶、生日、升职等都可以作为送礼的理由。西方人就不同，他们一般不轻易送礼物给他人，除非相互间建立了较稳定的关系，而且西方人送礼的形式也比东方人简单得多。

中国人无论是在人际交往还是在治国安邦等方面，都十分重视礼义教化的作用，也常用伦理制度来约束和规范人的行为。在引宾待客方面，中华民族是好客热情，所谓“有朋自远方来，不亦乐乎”，在这个过程中就体现出礼尚往来的中国文化的特点，也就是说接受他人的赠惠必须以同样的赠惠来报偿。“来而无往非礼也”，意思是说接受了他人的礼物而不懂得回赠，是很不礼貌的行为。中国人常说“礼多人不怪”，所以在人与人的交往中总是显得彬彬有礼，无论是因公还是因私的往来，总之礼数是要尽到的。礼尚往来，投桃报李，受人滴水之恩必当涌泉相报。在中国，有很多规范的礼仪习俗指导着人们的行为，这种规范一直延续到今天。如果跟人打交道不懂得礼貌，往往会被视作没有教养，而遭受大众的贬斥。

（五）满足现状，承认现实

大多数东方人随着年龄的增长，从心态上逐渐趋于平和。这一特点表现在他们对于“老”字的心安理得的认可和怡然自得的心态上。“老”在东方，尤其在中国，是褒义的，在称呼前面冠以“老”，是一种尊重。如经验丰富的技术工人被称为“老师傅”；德高望重的学者被称为“老师”等；即便一般年长者，也尊称为“老大爷”“老大娘”；而“老当益壮”“姜还是老的辣”等，更是对“老”字的一种赞美。

东方人上了一定年纪，在服装选择上便逐步趋于保守，往往不再选择鲜艳、亮丽的色彩，而偏重中性色，如灰色、黑色等，其实这些并不一定是自己喜欢的，而是担心他人说“老来俏”或“老不正经”等。在化妆品的使用上则更是慎之又慎，少之又少。西方人在这方面就截然不同，他们独立意识强，不愿老，不服老。比如，他们在使用化妆品方面呈年龄上的“倒挂状态”。年轻女性崇尚自然美，如果不出席正式场合，一般都“素面朝天”，不施粉脂；倒是上了年纪的老太太，每天都要精心将自己装扮一番后，才会出门。在服饰的选择方面更是新潮大胆，无论多么亮丽鲜艳的服装，只要自己喜欢，都敢买来穿。

二、西方礼仪的特点

西方礼仪主要是指以英、法、美、德等欧美国家为代表的具有西方民族特点的礼仪，是交往的主流礼仪。现代礼仪的许多规范都来自西方礼仪。西方礼仪萌芽于古希腊，形成于 17 世纪至 18 世纪的法国，其间深受古希腊、古罗马、法兰西等国文化的影响。西方资产阶级登上舞台后，不仅在经济基础方面，而且在上层建筑等各个领域都进行了巨大的变革。今天国际上通行的一些外交礼仪礼节，绝大部分都是在这个时期形成并延续下来的，如鸣礼炮的礼仪形式。在西方礼仪文化中，尤其强调规范个人的行为，注重良好的教养，如尊重妇女、绅士风度、淑女风范等。综合来看，西方礼仪的主要特点如下：

（一）崇尚个性自由，强调独立

古希腊罗马文明形成于海岛、半岛的自然环境中，这种地理环境一方面促使了对外贸易的发展，另一方面使其借助优越地理条件直接汲取了古代东方文明（古埃及、希伯来文明），并选择了有利于社会发展的民主的城邦制。这诸多希腊罗马文明赖以产生的社会文化自然条件，又反过来铸成了希腊罗马人外向型性格，决定了他们对于开拓冒险精神的尊崇和对人的个体价值的尊重。

与此同时，古希腊哲学家对宇宙现象、对人性本质的执着探求，使西方哲学形成的主客体分离、对立的本体论和对精神世界执着探求的认识论传统。而在其间融入的希伯来宗教文化中，上帝取代或驱逐了诸神，所有自然现象都被去掉了超自然的特质，所有人都是上帝的臣民，这种文化客观上又为西方科学观念、自由民主精神提供了思想条件。这诸多因素综合作用导致以肯定人性自由、肯定自我创造价值为内涵的西方人文精神的诞生。在此基础上的西方礼仪自然具有独立、自由的精神内核。

所以，西方礼仪处处强调个人拥有绝对的自由（在不违反法律的前提下），将个人的尊严看得神圣不可侵犯。西方人崇尚独立自主，强调自我意识，不希望他人干涉自己的私事，个人的隐私至高无上，即使是亲朋之间也要尊重对方的隐私。寒暄时西方人不喜欢被问及年龄及婚姻状况，更不喜欢被问及收入情况。问候方式常常是中性的，或者是谈论有关天气或一些热门赛事之类。

西方的老人也不服老，他们从不愿意承认自己年老。乘车时，除非确实需要，一般不接受他人让的座位，甚至有时候会因为你让了他座位而生气。西方人在家人聚会时，一般也不考虑谁先落座，谁后落座，满屋子人，各人自择座位。一家三代人出行，也并没有长辈在前在后的问题，各人任意。

（二）遵时守信

西方人办事重效率，往往每天都有严格的计划，很重视时间，强调守时。与西方人见面要提前预约，赴约要准时，不得迟到，否则被认为不可信任，且不应随意改动时间。迟到、失约或轻易更改时间均被视为不可容忍的事情。他们与人约会常将时间精确掌握到分秒不差。

西方人不仅惜时如金，而且常将交往对方是否遵守时间，当作判断其工作是否负责，是否值得与其合作的重要依据。在他们看来，这直接反映出一个人的形象和素质。

遵守社会秩序，使西方人养成了严谨的工作作风。西方人工作时间和业余时间区别分明，下班时间、休假时间从不打电话谈论工作，甚至在休假期间断绝非生活范畴的交往。

（三）追求自由、平等、开放

西方文化崇尚契约精神，最早可追溯到古希腊时期。从古希腊开始，在战争中，西方人就形成了独立进取的乐观精神。西方人提倡人人平等，积极参与竞争，漠视家庭血缘关系。这一点刚好与东方人的家庭观念形成了鲜明的对比。古希腊的思想家不像中国古代哲人用天道来说明和规范社会人道，而是用契约来解释人类社会规范。在基督教的文化中，人与人是平等的。从圣经上来解释，由于所有的人都是亚当和夏娃的后代，都是上帝的子女，因此无论贫富贵贱，生来平等。18 世纪，资产阶级民主启蒙运动更是提出“自由、平等、博爱”的人文精神，现代西方文明就是以资产阶级民主主义思想作为基础。因此在西方礼仪中，没有东方礼仪的等级观念。

三、东西方礼仪差异的具体表现

（一）交际语言的差异

1. 问候方面

日常打招呼时，中国人大多使用“吃了吗”“上哪儿去”“从哪儿来”“瞎忙”“混日子”“什么正经事都没干”等，这体现了人与人之间的一种亲切感。中国人有时候见面，为了显示与对方的熟悉程度，常常打听一些不为人知的事情。比如，询问对方的女儿嫁没嫁人、对方的儿子是否娶妻、对方的身体如何、对方是否涨工资、对方变更的电话号码，等等，这些都是中式寒暄。

对西方人来说，经历、收入、年龄、婚恋、健康状况、政治见解等均属于个人隐私，他人不应询问。因此，中式打招呼的方式会令对方感到突然、尴尬，甚至不快，因为西方人会把这种问话理解成为一种“盘问”，感到对方在询问他们的私生活。西方人还不喜欢随便给人留自己的家庭住址，也不随便请人到家里做客。关于宗教信仰和政治派别，在西方人看来是非常严肃的事，不可随便谈论。在西方，日常打招呼时他们只说一声“Hello”（你好），或按时间来分，说声“早上好”“下午好”“晚上好”。而英国人见面会说“今天天气不错啊”。

因此，在与西方人的交流中，自觉并有意识地回避对方的隐私至关重要，千万不要没话找话，信口打探对方的个人情况。尤其是当发现对方不愿回答时，就应当适可而止。必要时，可以谈一些关于天气、交通、体育之类的中性话题，也有助于良好谈话气氛的建立。

2. 称谓方面

在东方，一般只有彼此熟悉、亲密的人之间才可以直呼其名。但在西方，直呼其名的场合却很多。在西方，常用“先生”和“女士”来称呼不知其名的陌生人，年轻的未婚女子可称呼其为“小姐”，年长的已婚女性可称其为“女士”或“夫人”等。西方在称谓上习惯于对等式的称呼，如在家庭成员之间，不分上下、长幼、尊卑，一般可互称姓名或昵称，小孩子在家里可以直呼爷爷奶奶和爸爸妈妈的名字。对所有的男性长辈，都可以称“叔叔”；对所有的女性长辈，都可以称“阿姨”，这样是得体、亲切的。然而，这在中国是行不通的。在中国，必须分清辈分、老幼等关系，否则就会被认为不懂礼貌，分不清上下、长幼、尊卑。在汉语里，我们可以用“老师、书记、经理、工程师、厂长”等词与姓氏连用作称呼语，如“李老师”“张书记”等。而在英语中却不能，我们不能说“Teacher Zhang”（张老师），“Engineer Wu”（吴工程师）等。

（二）服饰礼仪的差异

服饰礼仪是礼仪文化中的重要组成部分。服饰礼仪是一个整体的概念，包含的要素主要有：服装、饰品、发型、化妆等。服饰礼仪体现着一个国家的文化素养，显现着礼仪文化的内容。

1. 社交场合

在西方，衣服体现的是身份，其代表服装是西装。西方男士在正式社交场合通常穿保守式样的西装，内穿白衬衫，打领带。他们喜欢黑色，因此一般穿黑色的皮鞋。西方女士在正式社交场合要穿礼服套装。另外，女士外出有戴耳环的习惯。

而我国服饰文化受到传统伦理价值观念的影响，或多或少仍保持着一些道德上的体统，中山装是我国服饰的代表。当今中国人穿着打扮日趋西化，传统的中山装、旗袍等已退出历史舞台。正式场合中男女的着装已与西方趋于一致。

2. 日常生活

在西方国家，尤其是在美国，人们平时喜欢穿着休闲装，如T恤衫加牛仔裤。中国有许多人在日常生活中会穿背心、短裤、拖鞋等服饰。

（三）餐饮礼仪的差异

1. 用餐氛围

东西方在用餐时喜欢的氛围有很大的不同。以中国为例，中国人在吃饭的时候倾向于合餐制，大都喜欢热闹，很多人围在一起吃吃喝喝、说说笑笑。一般来说用的都是圆桌，大家在一起营造一种热闹温暖的用餐氛围。除非是在很正式的宴会上，习惯用公筷表示卫生和尊重，中国人在餐桌上并没有什么很特别的礼仪。而西方人在用餐时，都喜欢优雅、安静的环境，他们强调自由、卫生，实行分餐制，用的是长形桌，用餐程序较多，并且西方人非常注重餐桌上的礼仪，在进餐过程中不能够发出太大的声响。中西方在餐具方面也不同，中国人使用的餐具主要是筷子，吃饭用碗盛。而西方人用盘子盛食物，用刀叉即切即吃。筷子和刀叉体现了东西方不同的生活方式，代表着两种不同的智慧。

2. 宴请礼仪

无论在西方或是东方，宴请的规格与被宴请客人的身份有关。对于高贵的客人，宴请时规格要更高，对于一般客人，宴请可以比较随便。但东西方对于什么是丰盛的宴会却有十分不同的理解。丰盛的西餐一般也只有四五道菜，分量以能吃完或稍有剩余为最佳。如果是家宴，客人把菜全部吃完，主妇会很高兴，认为大家非常喜欢她做的菜。宴会前、宴会当中以及宴会之后一般准备各种酒及饮料，葡萄酒是主要品种。宴会结束，客人离开餐桌以后，主人拿出各种天然的烈性酒由客人挑选。而我国一般都是在餐桌上饮酒，在饭后没有饮酒的习惯。中国人一般的宴请至少要上七八道菜，如果是丰盛的宴会，热菜更多。而且越名贵越奇特的菜越能显示主人的殷勤和客人的身份。饭菜一般都要大大超过主人和客人所能消耗的量，否则就不足以表示主人的好客。席间不断向客人劝酒，而酒常是酒精含量比较高的白酒或啤酒。正因如此，西方人到中国人家里做客常常会觉得过于丰盛，而中国人到西方人家里做客往往会觉得饭菜太简单。

在中国，从古至今大多都以左为尊，在宴请客人时，要将地位很尊贵的客人安排在左边的上座，然后依次安排。而西方则是以右为尊，男女间隔而坐，夫妇也分开而坐，女宾客的席位比男宾客的席位稍高，男士要替位于自己右边的女宾客拉开椅子，以示对女士的尊重。另外，西方人用餐时要坐正，他们认为弯腰、低头、用嘴凑上去吃很不礼貌，但是这恰恰是中国人吃饭的通常方式。

3. 餐具摆放

在中国，餐具一般只有杯子、筷子、碗和盘子等，它们的摆放相对比较简单。餐具的摆放是这样的：大盘是离身体最近的，正对领带；餐布一角压在大盘之下，一角垂落桌沿；小盘叠在大盘之上；大盘左侧放手巾，左前侧放小碗；小瓷汤勺放在碗内，右前侧放置酒杯，右侧放筷子。

西餐的用餐顺序是由外向内的，西餐中的餐具摆放也是由外向内的，它是根据不同菜的上菜顺序精心排列起来的。座位最前面放食盘（或汤盘），左手边放叉，汤匙也放在食盘右边。食盘上方，放着吃甜食用的匙和叉、咖啡匙，再往前略靠右放酒杯。右起依次是葡萄酒杯、香槟酒杯、啤酒杯（水杯）。而餐巾叠放在啤酒杯（水杯）里或放在食盘里。面包盘放在左手边，黄油横摆在盘里，刀刃一面要朝向自己。正餐的刀叉数目要和菜的道数相等，按上菜顺序由外到内排列，刀口向内，用餐时按顺序由外向中间排着用，依次是吃开胃菜用的、吃鱼用的、吃肉用的。比较正式的餐会中，餐巾是用布做的。高档的餐厅，餐巾往往叠得很美观，有的还系上小缎带。另外要注意，不能拿餐巾擦鼻子或擦脸。

（四）婚礼习俗的差异

1. 婚礼形式

在我国古代，婚嫁礼仪包括“三书六礼”“三跪九拜”，即从谈婚、订婚到结婚等所有过程的礼仪程序。婚嫁“六礼”过后，进入过渡期，新妇回娘家的“归宁”，一直到新妇进入育产期，第二代再行诞生礼。从此，婚礼只作为一种家庆纪念日，按周年庆贺，年年值庆，直至终年。中国传统的婚礼仪式充满着庄重、严肃的氛围，无论是男子娶亲还是女子嫁人，抑或男子入赘女方，整个婚礼过程都是喜庆热烈的气氛。

与此相反，西方的婚礼形式，从始至终都弥漫着浪漫的氛围。每一个环节都有条不紊，循序渐进地进行着，西式婚礼一般分为以下几个流程：

（1）来宾入席。

（2）奏礼乐，亲戚朋友点上蜡烛，牧师领着唱诗班进入会场，宣布婚礼开始，伴娘和新郎纷纷进入会场。

（3）女方家长入席，父亲将新娘带入会场，伴娘和花童一起走进大厅，父亲郑重地把女儿交给新郎，全体来宾起立祝贺，家长就座，所有的客人坐下。

（4）牧师宣读婚礼誓词。

（5）新娘和新郎互戴结婚戒指并宣誓。

（6）在合唱团的带领下，客人唱一首祝福歌。

（7）仪式结束，奏乐，新郎站在右边，新娘站在左边，手挽手一起走出会场，其余人随后离开。

（8）茶会或晚餐。整个婚礼过程浪漫中也有着一种神圣和庄重之感。

婚礼上新娘入场时，西方会放一首歌或由管弦乐队演奏，而中国会点燃爆竹，爆竹的响声震耳欲聋，有驱鬼避邪之意。在中国，前来参加婚礼的客人往往要“随份子”。西方往往是送礼物给新人。在结婚礼堂和酒店内，可以举行各种各样的仪式，而中西方主持婚礼仪式的司仪格外不同，西方司仪一般是牧师或法官；中国司仪一般的工作只是在开宴之前让观众感到愉快。此外，中国的伴郎和伴娘需要承受司仪的种种玩笑，以让新郎和新娘可以“逃过一劫”，西方的伴郎和伴娘是不需要做这些的。婚礼结束后，大多数新婚夫妻会踏上新婚旅行的旅途。

2. 婚礼服饰

中国的传统婚礼服饰强调的是统一而不是个性，其中最为明显和突出的颜色就是红色。

红色在中国的婚礼中象征着欢乐和幸福，始终是中式婚礼中必不可少的一个元素。婚礼中，新郎和新娘必须穿红色的婚服，红色婚服上面有不同的图案，男士的婚服上是龙的图案，女士的婚服上是凤的图案。按照中国的惯例，龙象征男性，凤象征女性，都预示吉祥。同时，新郎新娘还经常在胸前戴着一朵红花。

而西式的婚礼服饰，最为明显和突出的颜色就是白色。白色象征、强调的是浪漫与纯洁，同时白色也往往与吉祥、和平、善意和正直联系在一起。特别是新郎一定要佩戴着一副洁白的手套，站立在新娘的旁边。而新娘要手捧着一束洁白的鲜花，代表纯洁无瑕的美和对未来生活的美好祝愿。

可见，红色与白色都是颜色中常见的颜色，赋予其特殊的含义，经过人们的检验和印证，就代表了不同的内涵。

3. 婚礼宴席

婚宴是婚礼的重要组成部分。新娘和新郎在婚宴上向各位来宾敬酒。目前在中国的一些乡村地带，婚宴的规模通常非常盛大，在中午举行，持续三天。新郎的父母宴请所有的朋友。在宴会上，人们吃、喝、聊，新郎的父母家人有时候还会回赠一些小礼品。中国婚宴的费用一般都是由男方家分担，当然也有一些年轻人不太理会这些。

而西方的婚礼，通常举行盛大的招待会。新娘和新郎在宴会开始时表演第一支舞，这支舞则代表着两个人纯真的爱情。然而对于西方人来说，婚礼最看重的是牧师的贺词，随着贺词的引领，男女之间的承诺和戒指的交换也成了婚礼上一道靓丽的风景线。

（五）葬礼习俗的差异

中国传统葬礼的主色调为白色，故亦有“白事”之称，与“红事”（喜事）相对。根据死者的宗教信仰和经济情况，整个过程中经常混杂有相关的佛教、道教或风水仪式。随着现代生活节奏的加快和世界文化的交融，现在的葬礼更是掺杂了各种宗教文化、地方文化、民族文化等，传统治丧仪制，如丧仪、丧服制、孝服制等也被简化。中国葬礼的主要过程有小殓、报丧、奔丧、停灵、守灵、大殓、出殡、下葬和烧七。

西方虽然民族众多，但是在基督教文化的影响下，丧葬礼俗大同小异。西方葬式主要是火葬、土葬两种。葬礼一般遵循死者生前遗嘱。无论采用哪种葬式，均葬于公墓。西方殡葬礼俗有洗尸、更衣、停尸整容、送葬哭丧、宴谢、祭奠等程序，基督教仪式几乎贯穿其中。西方的丧葬风俗是简丧薄葬。

中西方葬礼还有如下差异：

1. 服饰颜色。在中国人的葬礼上，死者的亲属朋友臂挽黑纱，胸襟上别着白色的小花，以此来表达对死去亲人的哀悼和敬意。西方丧服则都是黑色。

2. 祭奠物品。中式葬礼中用得最多的是纸制成的各种物品。西方葬礼因基督教深厚的历史渊源及其广泛的影响，葬礼用具主要与宗教活动相关，主要有圣水、蜡烛和十字架。

3. 典礼仪式。在中国，葬礼一般持续三天、五天或七天，这与亲属们的财富、地位有关。

西方的葬礼仪式可以归结为“亡者弥撒”。弥撒是从古代祭祀活动和耶稣最后的晚餐中逐渐发展演化而来的。弥撒被称为成圣体、祭献神的大礼，分为布道和感恩祭两部分。

四、东西方礼仪差异的原因

（一）历史背景

西方国家历史上经历了多次政治变革，如文艺复兴、宗教改革、资产阶级革命等，这些变革推动了个人主义、自由主义和民主观念的发展。西方国家普遍建立了较为完善的民主制度，强调个人权利和自由。

中国古代长期实行封建专制制度，注重集体利益和国家利益，个人往往被置于家庭、家族和国家之后。这种历史背景使得中国的礼仪更加注重和谐、谦逊和尊重长辈、权威。

（二）经济模式

西方国家较早进入工业经济时代，工商业和航海业发达，形成了开放、外向的海洋文明。这种经济模式促进了西方人的探索精神和竞争意识。

中国传统上以农业为主，形成了自给自足的自然经济。这种经济模式使得中国人更加安分保守，注重伦理道德和求同存异。

（三）文化背景

西方国家偏重于逻辑思维或理性思维，注重从物质世界入手去探索和求证问题的本源。这种思维方式使得西方礼仪更加直接、坦诚和实用，重视个体利益、自由和平等，认为个人权利至高无上。这种价值观念在礼仪中表现为强调个人自由、独立和情感表达的直接性。

中国属于抽象思维或感性思维，喜欢站在生命的更高处思考问题，跳出现实去探究人与人、人与自然之间的关系。这种思维方式使得中国礼仪更加含蓄、谦逊和注重礼数。中国注重集体利益、和谐和中庸之道，认为个人应服从于家庭、家族和国家。这种价值观念在礼仪中表现为强调谦逊、礼让和尊重长辈、权威。

（四）宗教背景

西方国家多数信奉基督教、天主教等宗教，这些宗教强调个人救赎、原罪观念和救赎之路。在礼仪中表现为尊重宗教仪式、遵守宗教规范并注重个人内心的反省和忏悔。

中国虽然也有佛教、道教等宗教信仰，但儒家思想对中国礼仪的影响更为深远。儒家思想强调仁爱、礼制和道德修养，这些观念在礼仪中得到了充分体现。例如，在人际交往中注重礼尚往来、在重要场合遵循礼仪规范并追求人际关系的和谐。

综上所述，西方国家的礼仪与中国不同，主要源于其历史背景、经济模式、文化背景和宗教背景的显著差异。这些差异使得西方国家的礼仪更加直接、坦诚和实用，而中国的礼仪则更加含蓄、谦逊和注重礼数。在跨文化交际中，了解这些差异对于促进不同文化之间的理解和尊重具有重要意义。

第二节　部分国家礼仪

礼仪是一种文化，是文化就有纵向的传承和横向的借鉴与融合。随着世界全球化步伐的不断加快，经济、文化高速碰撞与融合，西方文化大量涌进中国，中国传统礼仪也不断受到西方礼仪文化的冲击。越来越多的人认识到中西方礼仪文化的互相渗透、不断发展。如何保护中华民族传统礼仪，并去其糟粕，与西方礼仪进行合理有效的融合. 成为人们不断思考和探讨的话题。

“人无礼则不生，事无礼则不成，国无礼则不宁。”不可否认，当今国际通行的礼仪基本上是西方礼仪，所以了解西方国家的礼仪非常必要。

一、英国礼仪

英国人在待人接物所表现出来的独特风格，往往会给人以深刻的印象。英国人给人的印象是：重视传统、保守理智、不苟言笑。一般都认为，具有绅士风度美誉的英国交际礼仪，是西方社交礼仪的代表。

（一）社交礼仪

英国人不喜欢被人统称为“English”（英格兰人），将他们称为“British”（英国人或不列颠的）会使所有的英国人感到满意。

英国人，特别是年长的英国人，喜欢他人称呼其世袭头衔或荣誉头衔，至少要用先生、夫人、阁下等称呼。在进行介绍时，一般先少后长、先低后高、先次后要、先客后主，即先介绍年少者、职位低者、次要人员和客人，然后再介绍年长者、职位高者、重要人员和主人。

英国人在大庭广众之下，一般不行拥抱礼，男女在公共场合不手拉手走路。他们安排时间讲究准确，而且照章办事。若请英国人吃饭，必须提前通知，不可临时匆匆邀请。英国人若请你到家赴宴，你可以晚去一会，但不可早到。若早到，有可能主人还没有准备好，导致失礼。

英国人崇尚绅士风度，即衣着得体、举止优雅、严谨、果断，认为这种风度是他们的骄傲。“女士优先”的礼仪在英国比世界其他国家都明显，我们接待英国妇女时必须充分尊重她们。在宴会上，若英国人作为主人，他可能会先为女子敬酒，敬酒之后客人才能吸烟、喝酒。英国人很少在公共场合表露自己的感情。他们感情内涵较为含蓄，不喜欢他人问及有关个人生活的问题，如职业、收入、婚姻等。当你去访问一个英国人时，得先在门口敲门，一直等到他说“请进”，才能进去。先生们进屋脱帽，而女士们则不必在室内脱帽。

在英国，人们喜欢在演说或别的场合伸出右手的食指和中指，手心向外，构成“V”形手势，表示胜利，对英国人用表示胜利的手势“V”时，一定要注意手心对着对方，否则会招致不满。

下班后，英国人不谈公事，特别讨厌就餐时谈公事，也不喜欢邀请有公事交往的人来自己家中吃饭。和英国人闲谈时，最好谈论天气等，不要谈论政治、宗教和有关皇室的小道消息。英国社会的最大特征，在于它那严格的等级制度依然存在。不同的等级，语言不同，连阅读的报纸也有差异。

在英国，小费仅限于给侍者和出租车司机，一般为饭钱和车费的 1/10 或 1/8，将小费列入服务费账单的饭店不必另付小费。旅店的服务员或铁路搬运工为你提供服务之后，也要付少量小费。在主人家中做客数日，也要视情况付给提供服务的佣人一些小费。

（二）服饰礼仪

英国人的个性相对保守，这一点也体现在他们的穿着上。他们喜欢穿棕色、黑色等深色的服装，把服装的质地放在首要位置，其次才是时尚和款式。他们往往“以貌取人”，因此社交活动时的仪容态度尤其要注意。英国人讲究穿戴，只要一出家门就得着装整洁，什么场合穿什么衣服都有讲究。男性的服装与其职业有一定的联系，而不仅仅是讲风度，比如在学校、公司应该系什么样的领带，这一点非常重要，女士穿着也同样倾向于深色。英国人喜欢着盛装，喜欢在社交场合穿制服。在商务场合，男士通常穿黑色西装、衬衫配系黑色领带；女士穿西装或职业装，搭配高跟鞋。在一些正式场合，女性会戴帽子，如结婚典礼、游园会、正式午餐、正式比赛（赛马）等。

英国人的穿衣模式受到世界各地许多人的推崇。尽管英国人讲究衣着，但十分节俭，一套衣服一般要穿十年八年之久。一个英国男子一般有两三套深色衣服和两三条灰色裤子，这种搭配既满足了正式场合的需要，也适应了休闲时光的舒适要求。20世纪中叶以后，英国人的衣着已向多样化、舒适化发展，比较流行的有便装夹克、牛仔服等。

（三）餐饮礼仪

1. 饮食习惯

英国人饮食没有什么特别的禁忌，只是口味喜清淡酥香，不爱辣味。有些比较讲究的英国人一日四餐是这样的：早餐丰盛，一般吃麦片、三明治、奶油点心、煮鸡蛋，饮果汁或牛奶；午餐较简单；午后饮茶也算一餐，通常喝茶，吃面包、点心；晚餐最讲究，吃煮鸡、煮牛肉等食物，也吃猪、羊肉。英国人每餐都喜欢吃水果，晚餐还喜欢喝咖啡，夏天爱吃各种果冻和冰激凌，冬天则爱吃蒸的布丁。英国人做菜不爱放酒，调味品放在餐桌上，任进餐者调味。

英国人爱喝茶，一早起床就要喝一杯浓红茶。倒茶前，要先往杯子里倒入冷牛奶，加点糖，若先倒茶后倒奶会被认为无教养。他们常饮葡萄酒和冰过的威士忌苏打水，也有的喝啤酒，一般不饮烈性酒。

2. 用餐礼节

英国人非常讲究餐桌礼仪，如果你打算到英国朋友家做客，一定要提前打电话约定拜访的时间，万不可贸然拜访。到英国人家中拜访的时候，除非有主人的陪伴，否则不要在房间或院子里乱走。如果提前知道会在主人家中用餐，最好带上一点小礼物，比如一瓶葡萄酒或给女主人带一束鲜花，礼物以简单为宜，重礼会有行贿之嫌。用餐时，一定要把汤喝完。当主人折叠餐巾纸的时候，就意味着这顿饭已经结束了。如果是在餐馆用餐，账单由提出邀请的人支付。招呼服务员时，只需举起手，不要挥动手臂或大声呼喊。一般情况下，10% ~ 15%的服务费（小费）已经包含在账单中了。如果账单中不包括，那么临走时要在餐桌上留下消费金额10% ~ 15%的服务费。对于一些附加的服务，也可以用一些零钱作为小费。

英国的宴请方式多种多样，主要有茶会和宴会，茶会包括正式和非正式茶会。英国人在席间不布菜也不劝酒，全凭客人的兴趣自行取用。一般要将取用的菜吃光才礼貌，不喝酒的人在侍者斟酒时，将手往杯上一放就行。客人之间告别可相互握手，也可点头示意。

（四）节庆习俗

英国除了宗教节日外，还有不少全国性和地方性的节日。在全国性节日中，国庆和新年之夜是最热闹的。英国的国庆日按历史惯例定在英王生日那一天。新年之夜，全家围坐在一起，聚餐饮酒，唱辞岁歌，辞旧迎新。英格兰人的新年礼物是煤块，拜亲访友时，进门要把煤块放入主人家的炉子内，并说："祝你家的煤长燃不熄。"

（五）主要禁忌

英国人认为数字"13"和星期五是不吉利的，尤其是13日与星期五相遇更忌讳，这个时候，许多人宁愿待在家里不出门。英国人除忌"13"外，还忌"3"，特别忌用打火机或火柴为他们点第三支烟。一根火柴点燃第二支烟后应及时熄灭，再用第二根火柴点第三个人的烟才不算失礼。

在英国，忌讳谈论男人的工资、女人的年龄、政治倾向等，忌讳四人交叉式握手。与英国人谈话，若坐着谈时应避免两腿张得过宽，更不能跷起二郎腿；若站着谈，不可把手插入衣袋。忌当着英国人的面耳语，不能拍打肩背。

英国人忌用人像作商品包装，忌用大象图案，因为他们认为大象是蠢笨的象征。英国人讨厌孔雀，认为它是祸鸟，把孔雀开屏视为自我炫耀和吹嘘。他们忌送百合花，认为百合花意味着死亡。在英国，加塞是一种令人不齿的行为。在英国购物，最忌讳的是砍价。与英国人交谈时，不要说有关君主制的闲话，也不要谈宗教。在人际交往中，英国人不欢迎贵重的礼物。涉及私生活的服饰、肥皂、香水以及带有公司标志与广告的物品，亦不宜送给英国人。

到英国从事商务活动要避开7月和8月，这段时间工商界人士多休假。另外，在圣诞节、复活节也不宜开展商务活动。在商务会晤时，按事先约好的时间光临，不得早到或迟到。英国工商界人士办事认真，不轻易动感情和表态，他们视夸夸其谈、自吹自擂为缺乏教养的表现。

二、法国礼仪

法国人受到浪漫文化的深刻影响，这种浪漫情怀体现在了他们的生活方式和价值观中。法国人普遍热爱冒险，乐于享受生活中的美好时光。

（一）社交礼仪

对于法国人来说，社交是人生的重要内容。法国人所采用的见面礼节，主要有握手礼、拥抱礼和吻面礼。法国人在社交场合与客人见面时，一般习惯以握手为礼，少女向妇女也常施屈膝礼。轻轻握手是法国人通常的问候方式，但客人对社会地位较高的人不应主动伸手。在法国，吻面礼是使用得最多、最广泛的一种礼节。法国人与交往对象行吻面礼，意在表示亲切友好。为了体现这一点，在行礼的具体过程里，他们往往要同交往对象彼此在对方的双颊上交替互吻三四次，而且还讲究亲吻时一定要连连发出声响。法国还有男性互吻的习俗，两位男士见面，一般要当众在对方的脸颊上分别亲一下。法国人行接吻礼时，规矩很严格，朋友、亲戚、同事之间只能贴脸，长辈对小辈是亲额头，只有夫妇或情侣才能真正接吻。在法国一定的社会阶层中，吻手礼也颇为流行。不过施吻手礼时，嘴不应接触到女士的手；也不能吻戴手套的手；不能在公共场合吻手；更不得吻少女的手。

法国人在互相称呼的时候喜欢用昵称，比如与好友和家人之间、同级的同事私下聊天时、邀请地位更高的人时，都使用昵称，但是在公开场合彼此往往会称呼姓氏。无论年纪大小，对于已婚和未婚的女士（除了女服务生）都可以称呼为夫人。学术和职业头衔也经常被使用，如某某博士、某某医生等。

法国人待人彬彬有礼，礼貌语言不离口。稍有不当，如偶尔碰了他人一下，就认为自己失礼而马上说："对不起。"在法国的公共场所，不能大声喧哗，不能随便指手画脚、掏鼻孔、剔牙、掏耳朵；男子不能提裤子，女子不能隔着裙子提袜子；女子坐时不能跷起二郎腿，双膝要靠拢。男女一起看节目时，女子坐在中间，男子则坐在两边。不赠送他人或接受有明显广告标记的礼品，而喜欢有文化价值和艺术水平的礼品。不喜欢听蹩脚的法语。

法国人谈吐文雅，热情幽默，他们有耸肩膀表示高兴的习惯。他们在同人交谈时，喜欢相互站得近一些，认为这样显得亲切。他们在谈话过程中经常用手势来表达某种意思，但有的手势和我们的习惯不同。法国人喜爱并擅长闲聊，但从不涉及粗俗话题，对庸俗下流的举止极为鄙视。

法国人崇尚骑士风度，就像英国人崇尚绅士风度一样，即勇敢、智慧、尊重妇女。受传统文化的影响，法国人不仅爱冒险，而且渴求自由，纪律较差，是最著名的"自由主义者"。一般纪律较差，不太喜欢集体行动。法国人时间观念也很强，他们无论出席什么集会，都习惯准时到达，从不拖拉迟到。法国人一般都把对女子表现出谦恭礼貌当作一个人教养好坏的标准，"女士优先"的观念在法国极为盛行。被邀请到某人家里做客时，法国人往往会给女主人送上鲜花或巧克力之类的小礼品。

（二）服饰礼仪

法国是世界时尚的前沿，无论男女都对穿戴极为讲究。在商务场合，男士可以穿各种颜色的衬衫配西装；女士多穿裙子和礼服，颜色多为蓝色、灰色或黑色，质地考究，多为纯毛，很少穿裤子。在他们看来，棕色、化纤面料的这类服装，是难登大雅之堂的。出席庆典仪式时，法国人一般要穿礼服，男士多穿配以蝴蝶结的燕尾服或黑色西装套装，女士则穿礼服。休闲和非正式场合中，男士可以穿衬衣系领带，某些高级餐厅则要求男士穿外套系领带。

对于穿着打扮，法国人认为重在搭配是否得法。在选择发型、手袋、帽子、鞋子、手表、眼镜时，都十分强调要使之与自己的着装相协调。妇女在参加社交活动时，一定要化妆，并且要佩戴首饰。佩戴首饰的话，一定要选“真材实料”。男士对自己仪表的修饰相当看重，他们中的许多人经常出入美容院。在正式场合亮相时，剃须修面，头发“一丝不苟”，身上略洒一些香水。

（三）餐饮礼仪

1. 饮食习惯

平时，法国人爱吃面食，面包的种类很多。在肉食方面，他们爱吃牛肉、猪肉、鸡肉、鱼子酱、蜗牛、青蛙腿、鹅肝，不吃肥肉、宠物、肝脏之外的动物内脏、无鳞鱼和带刺骨的鱼。法国人早餐一般吃面包、黄油，喝牛奶、浓咖啡；午餐喜欢吃炖鸡、炖牛肉、炖火腿、焖龙虾、炖鱼等；晚餐一般很精致。法国人喜欢吃各种新鲜蔬菜，不喜辣味；爱吃冷盘，对冷盘中的食品，习惯自己切着吃；不太喜欢吃汤菜。

法国人的口味特点是喜鲜、嫩、肥、浓，做菜用酒较重；肉类菜不烧得太熟，有的只有二三成熟，最多七八成熟；喜欢生吃牡蛎。菜肴的配料爱用大蒜、丁香、芹菜、胡萝卜和洋葱。此外，法国人还爱吃酥食点心。他们的家常菜是牛排和土豆丝，鹅肝是法国的名贵菜。法国人每天都离不开奶酪。法国人特别善饮，几乎餐餐必喝酒，喜欢喝啤酒、葡萄酒、苹果酒、牛奶、红茶、咖啡、清汤等，而且讲究在餐桌上要以不同品种的酒水搭配不同的菜肴，各自选用，无劝酒的习惯。对于鸡尾酒，法国人大都不太欣赏。

2. 用餐礼节

作为举世皆知的世界三大烹饪王国之一，法国人十分讲究饮食。在西餐之中，法国菜可以说是最讲究的。

法国人用餐时，两手允许放在餐桌上，但却不许将两肘支在桌子上。在放下刀叉时，他们习惯于将其一半放在碟子上，一半放在餐桌上。

（四）节庆习俗

法国节日以宗教节日为主。1 月 1 日是元旦，也是亲友聚会的日子，家中酒瓶里不能有隔年酒，否则被认为不吉利。元旦的天气还被认作新年光景的预兆。每年春分月圆后的第一个星期天为复活节，复活节后 40 天为耶稣升天节，复活节后 50 天为圣灵降临节。4 月 1 日为愚人节，这一天人人都可互开玩笑、互相愚弄欺骗以换得娱乐。11 月 1 日为万灵节，祭奠先人及为国捐躯者。12 月 25 日为圣诞节，是法国最重大的节日。法国重要的世俗节日还有：7 月 14 日为国庆节，全国放假一天，首都将举行阅兵式；5 月 30 日是民族英雄圣女贞德纪念日；11 月 1 日是第一次世界大战停战日；5 月 8 日是反法西斯战争胜利日；3 月中旬第一个星期天是体育节，人们都自愿地为心脏健康而跑步。

（五）主要禁忌

与英国人和德国人一样，法国人忌讳数字“13”与“星期五”。

法国人大多喜爱蓝色、白色与红色，他们所忌讳的色彩主要是黄色与墨绿色。菊花、牡丹、玫瑰、杜鹃、水仙、金盏花和纸花，一般不宜随意送给法国人。仙鹤被视为淫妇的化身，孔雀被看作是祸鸟，大象象征着笨汉，它们都是法国人反感的动物。法国人对核桃十分厌恶，认定它代表着不吉利，以之招待法国人，将会令其极为不满。对黑桃图案，他们也深为厌恶。

在人际交往之中，法国人对礼物十分看重，但又有其特别的讲究。法国人喜欢具有艺术品位和纪念意义的物品。男士不赠送香水、化妆品等礼物给关系一般的女士。在接受礼品时，若不当着送礼者的面打开其包装，则是一种无礼的表现。

三、德国礼仪

德国人在待人接物上所表现出来的独特风格，往往会给人以深刻的印象。德国人的特点是纪律严明，法治观念极强；讲究信誉，重视时间观念；极端自尊，非常尊重传统；待人热情，十分注重感情。

（一）社交礼仪

德国人在人际交往中对礼节非常重视，讲究秩序井然、勤勉尽责、干净整洁、严谨完善，在礼节上讲究形式，约会讲究准时。

重视称呼是德国人在人际交往中的一个鲜明特点。对德国人称呼不当，可能会令对方大为不快。一般情况下，切勿直呼德国人的名字，而要称其头衔。德国人对职衔、学衔、军衔看得比较重，对于有此类头衔者，在称呼时一定不要忘记使用其头衔，这被视为向对方致敬的一种做法。与德国人交谈时，切勿疏忽对“您”与“你”这两种人称代词的使用。对于熟人、朋友、同龄者，方可以“你”相称。在德国，称“您”表示尊重，称“你”则表示地位平等、关系密切。在接电话时，德国人会先报上姓名而不是问候语。

与德国人交谈，可谈有关德国的事及个人业余爱好和体育，如足球之类的运动，但不要谈篮球、垒球和美国式的橄榄球运动。

绝大多数的德国人都非常重视人与人之间的感情。他们的家庭观念极强，把亲人之间的团聚视为最幸福的时光。他们具有很强的群体意识，酷爱集会和结社，并以此作为人际交往的渠道与纽带。

(二)服饰礼仪

德国人在着装上虽然很具有欧洲人的风格，但总体上与美国人的着装相似。他们在穿着打扮上的总体风格是庄重、朴素、整洁，不大容易接受过分前卫的服装。在一般情况之下，男士大多爱穿西装、夹克，并且喜欢戴呢帽。妇女们则大都爱穿翻领长衫和色彩、图案淡雅的长裙。在日常生活里，德国妇女的化妆以淡妆为主。对于浓妆艳抹者，德国人往往是看不起的。在正式场合露面时，必须穿戴得整整齐齐，衣着一般多为深色。在商务交往中，他们讲究男士穿三件套西装，女士穿裙式服装。对于服饰品位与自己相近者，德国人往往比较欣赏。

德国人对发型较为重视。在德国，男士不宜剃光头，免得被人当作“新纳粹”分子。德国少女的发式多为短发或披肩发，烫发的妇女大半都是已婚者。

(三)餐饮礼仪

1. 饮食习惯

德国人是十分讲究饮食的。在肉类方面，德国人最爱吃猪肉，其次是牛肉。以猪肉制成的各种香肠，令德国人百吃不厌。通常，德国人大多不喜欢除肝脏之外的其他动物内脏。除北部地区的少数居民之外，德国人大都不爱吃鱼、虾。这是德国的一种独特的民俗，其原因恐怕主要是担心被鱼刺扎伤。在口味方面，德国人爱吃冷菜和偏甜、偏酸的菜肴，不爱吃辣的和过咸的菜肴。在饮料方面，德国人最欣赏的是啤酒，而且普遍海量。对咖啡、红茶、矿泉水，也很喜欢。

德国人早餐比较简单，一般只吃面包，喝咖啡。午餐是他们的主餐，主食一般是面包、蛋糕，也吃面条和米饭；副食喜欢吃瘦猪肉、牛肉、鸡蛋、土豆、鸡鸭、野味。晚餐一般吃冷餐，吃时喜欢关掉电灯，只点几支蜡烛，在幽淡的光线下边谈心边吃喝。

2. 用餐礼节

在德国，商务午餐和晚餐并不是那么普遍。他们很少会邀请他人到自己家里或外出吃饭，但如果向你发出邀请，就一定是非常真诚的，你一定要高兴地接受。相对的，不要随便邀请他人去你的家里或外出吃饭，除非你打算接受同样的邀请。请德国人进餐，事前必须安排好。去德国人家里做客和用餐要带些鲜花、葡萄酒、糖果或者一些具有自己国家特色的礼物。

在德国宴会上，一般男子要坐在妇女和职位高的人的左侧。女士离开和返回饭桌时，男子要站起来以示礼貌。

在一个繁忙的非正式的饭店或酒馆里用餐，如果侍应生引导你坐在陌生人旁边，不要觉得奇怪，和陌生人共用桌子在德国、奥地利和瑞士是很平常的事情。此外，德国人在外聚在一起吃饭，在没有其他明确说明或安排的情况下，需要各自掏钱。

在与德国人用餐时，不要谈论与工作有关的话题，可以谈论德国的历史，但不要谈论关于第二次世界大战方面的话题，可以谈论一些地理、文化、旅行、运动或国际话题，还可以谈论一些政治方面的话题，部分德国人也乐于谈论汽车或机械方面的话题。

（四）节庆习俗

除传统的宗教节日外，德国人是世界上最爱喝啤酒的，所以还有举世闻名的“慕尼黑啤酒节”，在每年 9 月最后一周到 10 月第一周举行。持续过半月，热闹非凡。狂欢节从每年 11 月 11 日 11 时 11 分开始，要持续两三个月，到来年复活节前 40 天才算过完。过完复活节前一周的星期四是妇女节，妇女们这一天不但可以坐市长的椅子，还可以拿着剪刀在大街上公然剪下男子的领带。元旦，也是德国人的重大节日。除夕，男子按传统习俗聚在屋里，喝酒打牌，将近零点时，大家纷纷跳到桌子上和椅子上，钟声一响，就意味着“跳迎”新年，接着就扔棍子，表示辞旧岁。

（五）主要禁忌

德国人在所有花卉之中，对矢车菊最为推崇，并且选定其为国花。在德国，不宜随意以玫瑰或蔷薇送人，前者表示求爱，后者则专用于悼亡。

德国人对黑色、灰色比较喜欢。对于红色以及渗有红色或红、黑相间之色，则不感兴趣。

对于“13”与“星期五”，德国人极度厌恶。他们认为，在路上碰到了烟囱清扫工，便预示着一天要交好运。与英国人一样，他们对于四个人交叉握手，或在交际场合进行交叉谈话，也比较反感。德国人对纳粹党党徽的图案十分忌讳。在德国，跟他人打招呼时，切勿身体立正，右手向上方伸直，掌心向外。这一姿势，过去是纳粹的行礼方式。向德国人赠送礼品时，不宜选择刀、剑、剪、餐刀和餐叉。以褐色、白色、黑色的包装纸和彩带包装、捆扎礼品，也是不允许的。在德国，在公共场合窃窃私语是十分失礼的。

在德国，年龄、职业、婚姻状况、宗教信仰、政治面目甚至个人收入都是隐私，相识或共事多年而不知对方底细是司空见惯的事。另外，他人买到一样东西，即使喜欢，也不要问价格。遇到他人生病，除伤风感冒或外伤等常见的病外，不要问及病因及病情，否则会招来好窥视他人秘密之嫌。访友时，切不可搞“突然袭击式”的登门拜访，都要事先约定。

四、美国礼仪

美国人受传统束缚很少，且美国是移民国家，文化的包容性较强。但美国文化深受欧洲文化的影响，因此，美国的礼仪在吸取欧洲礼仪的基础上富有自己的特色。

（一）社交礼仪

美国人主张凡事讲究实效，不搞形式主义。他们不是不讲究礼仪，而是反对过分拘泥于礼仪、过分矫揉造作。

美国人见面时，不一定会握手，只要笑一笑，打个招呼就行了，即使是第一次见面。在美国，人们见面时喜欢直呼其名，这是亲切友好的表示。纵使交谈之初可能互相用姓称呼，但过一会儿就改称名字。人们很少用正式的头衔称呼他人，正式的头衔只用于法官、高级政府官员、军官、医生、教授和高级宗教人士。美国人从来不用行政职务如局长、经理、校长等头衔来称呼他人。

美国人崇尚"女士优先"，都忌讳老。对美国妇女，不要存男女有别的观念，要充分尊重她们的自尊心。见面时，如果她们不先伸手，不能抢着要求握手；如果她们已伸手，则要立即作出相应的反应，但不能握得又重又紧，长时间不松手。接待美国人时要注意他们有晚睡晚起的习惯。他们在与人交往中能遵守时间，很少迟到。他们通常不主动送名片给他人，只是双方想保持联系时才送。当着美国人的面如想吸烟，需先问对方是否介意，不能随心所欲、旁若无人。

一般来说，美国人不随便送礼，礼物通常也不是很贵重，只是些书籍、文具、巧克力糖之类的物品，在探病时则以送鲜花与盆景为主。美国人在收到礼物时，一定要马上打开，当着送礼人的面欣赏或品尝礼物，并立即道谢。另外，美国人的礼物重视包装，很可能你收到一份里三层外三层精美包装的礼物，打开却只是几颗巧克力糖而已，你也不要因此觉得失望，或者认为美国人小气，相对于礼物的价值，美国人更注重的是心意。

美国人办事重效率，往往每天都有严格的计划，因此去美国家庭做客都要提前预约，否则会被认为是不速之客，吃闭门羹。一旦约定，就要准时到达，不能迟到，也不要太早到，因为客来之前，主妇都要布置客厅、准备茶点。规模较大的正式场合，守时更为重要。在美国，做客时间一般不宜过长，但饭后不要立即告辞，应再与主人攀谈一会儿。若夫妇同去做客，应由妻子先起立告辞。如果你与主人不太熟，做客后应打电话或写短信以表谢意，这样美国人会认为你很懂礼貌，从而留下一个好印象。

在美国，如果参加的是大型聚餐或公司年会，不需要付小费，因为餐馆会直接把小费加到账单里，比例一般是消费金额的 15% ~ 18%。但是当你与社交对象在餐馆用餐时，如果对提供的服务还满意的话，给服务人员小费是美国的习俗。虽然给小费是自愿的，但对很多服务人员来讲，小费是他们收入的重要部分。小费通常的标准是总消费额的15%左右，客人可以根据对服务的满意程度稍作调整。用信用卡付账，可以在签单的时候把小费加上。用现金付账；走的时候把小费留在桌上即可。没有零钞时，可以请服务生帮忙兑换。除了就餐，入住酒店、在酒吧喝酒和乘坐出租车时都应该付小费。

（二）服饰礼仪

美国人穿着打扮的基本特征是崇尚自然，偏爱宽松，讲究着装体现个性，很难从穿着上看出他们是富有还是贫穷、他们的身份地位如何。在美国，穿得好的不一定有钱，穿得不好的不一定没钱。若简单地以衣帽取人，不仅会主次不分，使自己陷入窘境，而且会让美国人轻视。在日常生活之中，美国人大多是宽衣大裤。拜访美国人时，进了门一定要脱下帽子和外套。穿深色西装套装时穿白色袜子，或是让袜口露出自己的裙摆之外，都是缺乏基本的着装常识的表现。

与欧洲人相比，美国人比较随意，不像欧洲人那么讲究，但在正式的社交场合，美国人的穿着有很严格的规定。例如，美国许多公司上班有专门设计定做的制服，在律师楼和银行上班的老板和职员们天天都是西装笔挺，而且每日均需要换衣服，若两日相同，就容易被人误会是个夜晚没有回家更衣的人。再例如在美国举办各种宴会，往往在请柬上注明是否“黑领结”。如果注明了“黑领结”，男士则一定要穿无尾礼服，系黑色领结，女士必须穿晚礼服。这时，男士的长条领带，女士的裤装都上不了台面。如果没有注明“黑领结”，而表示是“正式穿着”，那么西服就可以上场。如果写的是“白领”，表示要穿燕尾服，系白色领带。因此，什么宴会穿什么样的衣服，是很有讲究的，注意场合与服装的搭配在美国尤为重要。

（三）餐饮礼仪

1. 饮食习惯

在一般情况下，美国人以食用肉类为主，牛肉是他们的最爱，鸡肉、鱼肉、火鸡肉亦受其欢迎。若非穆斯林或犹太教徒，美国人通常不禁食猪肉。但爱吃羊肉者罕见。喜食生、冷、淡的食物，不刻意讲究形式与排场，强调营养搭配。鸡、鸭、鱼、带骨的食品要剔除骨头后才做菜。美国人不吃狗肉、猫肉、蛇肉、鸽肉，不吃动物的头、爪及其内脏，不吃生蒜、韭菜、皮蛋等。美国人喜欢吃咸中带甜的食品，烹调的方法偏爱煎、炒、炸，但不用调味品，而是把番茄沙司、胡椒粉、精盐、辣酱油等调味品放在桌上，任进餐者按自己的口味自由调配。他们平时自己做菜时喜欢用水果作配料，用苹果、紫葡萄和凤梨等来烧肉类、禽类食品。

美国人的饮食日趋简便与快捷，热狗、炸鸡、土豆片、三明治、汉堡包、面包圈、比萨饼、冰激凌等，老少咸宜，是其平日餐桌上的主角。爱喝的饮料有冰水、矿泉水、红茶、咖啡、可乐与葡萄酒。新鲜的牛奶、果汁，也是他们天天必饮之物。

2. 用餐礼节

美国人用餐时，应等到全体客人面前都上了菜，且女主人示意后才开始用餐。在女主人拿起她的勺子或叉子以前，客人不得食用任何一道菜。用餐时一般以刀叉取用。切割菜肴时，习惯于先是左手执叉，右手执刀，将其切割完毕，然后放下餐刀，将餐叉换至右手，右手执叉而食。用餐时，始终保持沉默在美国是不太礼貌的，但咀嚼食物时不要讲话，讲话时不应放下刀叉，但也不要拿着刀叉乱晃。取菜时，最好每样都取一点，这样会使女主人愉快。用餐完毕后，女主人应先离座，客人再一起随着离开。餐巾放在桌上，不要照原来的样子折起，除非主人请你留下吃下顿饭。

美国人讲究斯文用餐。用餐戒条主要有下列六条：不允许进餐时发出声响；不允许替他人取菜；不允许吸烟；不允许向他人劝酒；不允许当众宽衣解带；不允许议论令人作呕之事。

（四）节庆习俗

美国的节日比较多。7 月 4 日为美国独立日。美国的政治性节日还有国旗日、华盛顿诞辰纪念日、林肯诞辰纪念日、阵亡将士纪念日等。2 月 14 日为情人节，在这一天，恋人之间都要互赠卡片和鲜花。5 月第二个星期日为母亲节，6 月第三个星期日为父亲节，是美国的法定节日。11 月第四个星期四是感恩节，也叫火鸡节，是美洲特有的节日，这一天也是家人团聚、亲朋欢聚的日子，还要进行化装游行、劳作比赛、体育比赛、戏剧表演等活动，十分热闹；火鸡、红莓苔子果酱、甘薯、玉米汁、南瓜饼等节日佳肴让人大饱口福。12 月 25 日为圣诞节，是美国最盛大的节日。全城通宵欢庆，教徒们跟随教堂唱诗班挨户唱圣诞颂歌，装饰圣诞树，吃圣诞蛋糕。

（五）主要禁忌

在美国，蝙蝠被视为吸血鬼与凶神。美国人忌讳黑色，最讨厌的数字是“13”和“3”，不喜欢的日期是星期五。忌讳在公共场合和他人面前，蹲在地上，或是双腿叉开而坐。忌用下列体态语：盯视他人；冲着他人伸舌头；用食指指点交往对象；用食指横在喉头之前。在美国，成年的同性共居于一室之中、在公共场合携手而行或是勾肩搭背、在舞厅里相邀共舞等，都有同性恋之嫌。不宜送给美国人的礼品有香烟、香水、内衣、药品以及广告用品。

美国人最忌讳他人打探其个人隐私。在美国，询问他人收入、年龄、婚恋、健康、籍贯、住址、种族等，都是不礼貌的。美国人大都认定“胖人穷，瘦人富”，所以他听不得他人说自己“长胖了”。与美国黑人交谈时，既要少提“黑”这个词，也不能打听对方的祖居之地。

五、日本礼仪

日本在地理位置上属于东亚，然而在文化和历史背景上却呈现出一定的西方化特征，所以我们把日本礼仪放在西方国家礼仪中介绍。

（一）社交礼仪

日本是一个非常重视社交礼仪的国家，讲究礼节是日本人生活的习俗。日本人在待人接物以及日常生活中十分讲究礼貌、注重礼节，还形成了某种礼仪规范。日本人善用礼貌用语，为此，在语言上还分敬体与简体两种。由于日本人等级观念很重，上、下级之间，长辈、晚辈之间界限分得很清。因此，凡对长者、上司、客人都用敬语说话，以示尊敬；而对平辈、平级、小辈、下级一般用简语讲话。

日常交往中，日本人通常都爱以鞠躬作为见面礼节。鞠躬礼不仅在初次见面时使用，而且在日常的见面和分手道别、感谢、道歉的场合也频繁地使用。日本的鞠躬文化中，男性与女性鞠躬的方法有所不同。妇女与他人见面时，是只鞠躬而不握手的。在行见面礼时，必须同时态度谦恭地问候交往对象。另外，鞠躬也是用来表达谢意或者歉意的一种方式，如在请他人帮忙或者要求他人做事的时候。

日本人对初次见面互换名片极为重视。初次相会不带名片，不仅失礼而且对方会认为你不好交往。因此，在接待日本客人时，千万要注意将自己的名片准备好，以便适时与对方交换，以示礼貌。称呼日本人时，可称之为“先生”“小姐”或“夫人”。也可以在其姓氏之后加上一个“君”字，将其尊称为“某某君”。在交际场合，日本人的信条是“不给他人添麻烦”，忌讳高声谈笑。

到日本官方单位、公司或者是日本人家中拜访或做客，都必须预约。日本人在日常工作和生活中都很守时，迟到会被认为是失礼的行为。日本人相当重视信誉，他们总是随身携带一个记事本逐项记录，对已言明的事情会逐项核对，看看究竟有没有做到。

日本人请求对方做某事时，不直接说“请你……”，而是委婉地说“我希望……”“这么做怎么样”等；谢绝邀请时，一般不明确说“不行”，而是显出犹豫的样子，作为不好开口的信号。这些表现方式起因于日本人的民族性格，日本这个单一民族的国家里，国民的性格有其共通之处，所以他们认为不需要表达得过于明确，对方也会明白自己的意思。

日本人很少在自己家中款待客人，如果被邀请去日本人家的时候，要在门厅前摘掉帽子与手套，并在主人家的门口脱掉鞋，换上主人家的拖鞋。脱下的鞋要整齐放好，鞋尖向着房间门的方向。进日式榻榻米（日式草席）房间时，拖鞋也应该脱掉。另外，切勿未经主人许可，而自行脱去外衣。

日本人无论是访亲问友或是出席宴会都要带去礼品，但不必是贵重礼物，一般带上包装食品就可以了。习惯上不为女主人带花，而是带一盒蛋糕或糖果。过去礼物多为酒或是鱼干之类，现在送一些土特产和工艺品更为受欢迎。礼品一般送奇数，因为日本人习惯以奇数表示“阳”“吉”等，偶数则表示“阴”“凶”等。礼品的颜色也很讲究，吉事礼品应为黄白色或是红白色，不幸事送礼应为黑色、白色或灰色。日本人对礼品讲究包装，接受礼品的人一般都要回赠礼品。

日本人不给他人敬烟，当着他人面而自己若想吸烟时，通常是在征得对方同意后才行事。以酒待客时，他们认为让客人自己斟酒是失礼的，应由主人或侍者代斟为妥，并且同时注意斟酒的方法，即斟酒者右手持壶，左手托底，壶嘴不能碰到杯口。客人则以右手持杯，左手托杯底接受斟酒为礼。通常，接受第一杯酒而不接受第二杯不为失礼。客人若善饮，杯杯都喝光，主人会高兴并鼓励多喝，但主人和其他客人并不陪饮。一人不喝时，不可把酒杯向下扣放，应等大家喝完才能一齐扣放，否则会被视为不礼貌。日本人的茶道已不是一种日常生活意义上的饮茶，而形成一种礼仪规范，它以“和敬清寂”为精神，作为最高礼遇来款待远道而来的尊贵宾客。

（二）服饰礼仪

日本人无论在正式场合还是非正式场合，都很注重自己的衣着。在正式场合，男子和大多数中青年妇女都着西服，男子穿西服通常都系领带。无论多热的天气，他们必定穿西装系领带出现在会见场合。和服是日本的传统服装，现在男子除一些特殊职业者外，在公共场所很少穿和服，但是在婚礼、庆典、传统花道、茶道以及其他隆重的社交场合，和服仍然是公认的必穿的礼服。与日本人见面时一般不宜穿着过分随便，特别是不要光脚或穿背心。参加庆典或仪式时，不论天气多热，都要穿套装或套裙。单穿衬衫、穿短袖衫，或是将长袖衬衫袖管卷起来，都会被视为失礼。

（三）餐饮礼仪

1. 饮食习惯

日本人的饮食习惯别具一格，吃菜喜清淡，忌油腻，爱吃鲜中带甜的菜。日本菜素有“五味五色五法菜肴”之称。“五味”即甜、酸、辣、苦、咸；“五色”为白、黄、红、青、黑；“五法”乃生、煮、烤、炸、蒸。日本人重视春夏秋冬的季节感，注重材料的时令性。日本人不爱吃肥猪肉和猪内脏，还有一些人不喜欢吃羊肉和鸭肉。日本人普遍爱好饮茶，特别喜欢喝绿茶。讲究“和、敬、清、寂”四规的茶道，有一整套点茶、泡茶、献茶、饮茶的具体方法。

日本人的日常饮食主要有三种料理：第一种是传统的日本料理，又称“和食”。这是日本人祖祖辈辈流传下来的独特饮食方式。这种料理中最典型的食物要算是生鱼片、“司盖阿盖”（类似我国的火锅）、寿司（日本式饭团，一种冷盘菜）和日本面条等。日本是岛国，海产品多，所以日本人爱吃鱼并且吃法也很多，如蒸、烤、煎、炸等，鱼丸汤也是他们喜爱的。吃生鱼片时要配辣味以解腥杀菌。日本人还爱吃面酱、酱菜、紫菜、酸菜等。吃凉菜时，他们喜欢在凉菜上撒上少许芝麻、紫菜末、生姜丝等起调味点缀作用。第二种是从中国传过去的“中华料理”，即中餐。他们偏爱我国的广东菜、北京菜、淮扬菜以及带辣味的四川菜。第三种就是从欧洲传过去的“西洋料理”，即西餐。他们究竟喜欢吃哪种料理，还要看具体对象而定。不过，最为普遍的还是这三种料理的混合选用。

2. 用餐礼节

日本人在用餐前后都要高声表达两种感受，用餐前要说“いただきます！”，意思是“我要开始用餐了”或“我欣赏这顿饭食”；用餐后要说“ごちそうさまでした！”，意思是“谢谢您的款待”或“感谢款客者预备这顿极美味的饭食”。日本人用餐的正确次序是先喝小口热汤，后吃那道菜也可，但不要只集中吃光同一道菜肴，应顺序循环吃每道菜肴，使各份比例均等，才可同一时间吃光所有菜肴。

（四）节庆习俗

日本多节庆，法定节日就有 13 个。新年 1 月 1 日，庆祝方式类似我国春节。前一天晚上全家团聚，吃过年面条，“守岁”听午夜钟声，新年第一天早上吃年糕汤，下午举家走亲访友。1 月 15 日是成人节，庆祝男女青年年满 20 周岁，从此开始解禁烟酒。女子过成人节时都要穿和服。女孩节是 3 月 3 日，又称“雏祭”，凡有女孩子的家庭要陈设民族服装和女娃娃玩具。3 月 15 日至 4 月 15 日是樱花节，此期间人们多倾城出动，赏花游园，饮酒跳舞，喜迎春天。5 月 5 日是男孩节，旧称“端午节”，习俗类似我国的端午节，此时家家户户都要挂菖叶、吃粽子。9 月 15 日是敬老节，社会各界和晚辈会向高龄者赠送纪念品。11 月 3 日是文化节。

（五）主要禁忌

日本人不喜欢紫色，认为这是悲伤的色调；最忌讳绿色，认为这是不祥的颜色。日本人不喜欢荷花图案，认为它是不吉祥之花，是祭奠死人用的花。探望病人时忌讳送山茶花、仙客来花、白色的花和淡黄色的花，对金色的猫及狐狸极为反感，认为它们是晦气、贪婪与狡诈的化身。对于数字，日本人普遍对奇数有好感而不喜欢偶数。日本人有着敬畏“7”这一数字的习俗，可是对于“4”与“9”却视为不吉。“4”在日文里发音与“死”相似，而“9”的发音则与“苦”相近。在三人并排合影时，日本人谁都不愿意在中间站立。他们认为，被人夹着是不祥的征兆。

日本人在使用筷子时有八种忌讳，忌舔筷、迷筷、移筷、扭筷、剔筷、插筷、跨筷、掏筷。除此之外，还忌用同一双筷子给席上所有的人夹取食物。

日本人送礼，不宜送下列物品：梳子（日语发音近似“苦死”）、圆珠笔、T恤衫、火柴、广告帽。在包装礼品时，不能扎蝴蝶结。在给日本朋友寄信时，千万不要把信封上的邮票倒贴，因为倒贴邮票在日本是绝交的表示。

日本商人忌2月和8月，因为这两个月是营业淡季。日本妇女忌问其私事。在日本，“先生”一词只限用于称呼教师、医生、年长者、上级或有特殊贡献的人，对一般人称“先生”会使他们处于尴尬境地。

六、俄罗斯礼仪

俄罗斯作为战斗民族，俄罗斯人普遍具有强烈的民族自豪感，热情、豪放。俄罗斯礼仪有着丰富且独特的内涵，整体呈现出既重视传统又契合现代交往的特点。

（一）社交礼仪

在人际交往中，俄罗斯人素来以热情、豪放、勇敢、耿直而著称于世。在交际场合，俄罗斯人惯于和初次会面的人行握手礼。但对于熟悉的人，尤其是在久别重逢时，他们则大多要与对方热情拥抱。在迎接贵宾之时，俄罗斯人通常会向对方献上“面包和盐”，这是给予对方的一种极高的礼遇，来宾必须对其欣然笑纳。平时相见时，俄罗斯人会优雅地亲吻女士的手背，情侣之间通常会亲三下面颊，长辈则往往会吻额头。在演艺界，无论男女，都是以亲吻为礼的。

在称呼方面，正式场合他们也采用“先生”“小姐”“夫人”之类的称呼。在俄罗斯，人们非常看重人的社会地位。因此对有职务、学衔、军衔的人，最好以其职务学衔、军衔相称。

俄罗斯人的姓名通常由三部分组成：名字、父称、姓氏。依照俄罗斯民俗，在用姓名称呼俄罗斯人时，可按彼此之间的不同关系，具体采用不同的方法。只有与初次见面之人打交道时，或是在极为正规的场合，才有必要将俄罗斯人的姓名的三个部分连在一道称呼。

谈话双方即使谈得亲密，往往也不能直呼其名。最好能加上其父称以示敬重，这也多用于称呼年长者和有一定地位的人，或是在与不太熟悉的同事交谈时。

在俄罗斯时，一定要慎用“您”和“你”。称“您”，主要表示尊敬与客气，也可能是表示一般关系，甚至是有意的疏远。称“你”，则多表示亲切，但也不排除有时表示着粗鲁。如果是在知识分子中，即使是彼此很熟，也应多称呼“您”。

（二）服饰礼仪

俄罗斯大都讲究仪表，注重服饰。在俄罗斯民间，已婚妇女必须戴头巾，并以白色的为主；未婚姑娘则不戴头巾，但常戴帽子。

在正式场合里，俄罗斯目前多穿西装或套裙，俄罗斯妇女往往还要穿一条连衣裙。

前去拜访俄罗斯人时，进门之后务请立即自觉地脱下外套、手套和帽子，并且摘下墨镜。这是一种礼貌。

（三）餐饮礼仪

1. 饮食习惯

在饮食习惯上，俄罗斯人讲究量大实惠，油大味厚。他们喜欢酸、辣、咸味，偏爱炸、煎、烤、炒的食物，尤其爱吃冷菜。总的讲起来，他们的食物在制作上较为粗糙一些。

一般而论，俄罗斯以面食为主，他们爱吃用黑麦烤制的黑面包。除黑面包之外，俄罗斯大名远扬的特色食品还有鱼子酱、酸黄瓜、酸牛奶，等等。吃水果时，他们多不削皮。在饮料方面，俄罗斯人很能喝冷饮。具有该国特色的烈酒伏特加，是他们最爱喝的酒。此外，他们还喜欢喝一种叫“格瓦斯”的饮料。

2. 用餐礼节

到主人家吃晚饭，可以迟到几分钟，不要提前十几分钟到达，因为这会使正在准备迎客的主人感到不便。做客时可以带一束鲜花，或香槟酒、葡萄酒、糖果和糕点之类的食品。俄罗斯人去他人家做客时，常常自带拖鞋。用餐之时，俄罗斯人多用刀叉。他们忌讳用餐发出声响，并且不能用匙直接饮茶，或让其直立于杯中。通常，他们吃饭时只用盘子，而不用碗。

参加俄罗斯人的宴请时，宜对其菜肴加以称道，并且尽量多吃一些。俄罗斯人将手放在喉部，一般表示已经吃饱。

（四）节庆习俗

俄罗斯的传统节庆主要包括新年、四季节日以及其他一些宗教和民俗节日。俄罗斯的新年庆祝活动通常从12月31日持续到1月1日。人们会装饰圣诞树、放鞭炮、送礼物和参加盛大的烟火表演。新年的餐桌上必不可少的是香槟，克里姆林宫自鸣钟响过12点时，播音员会向全国人民祝贺新年。俄罗斯的送冬节（谢肉节）通常在2月底或3月初举行，是新年之后的第一个重要节日。人们会用烤成金黄色的圆薄饼来祭祀太阳，并举行化装游行，装扮成寒冬女神及勇士等神话人物，跳圆圈舞，送别寒冬，迎接春天的到来。桦树节在每年的6月24日举行，这一天太阳达到最高点，象征农民辛劳一个春天后的放松和欢庆。人们会用桦树枝装饰，举行联欢会及化装游行等活动。此外，俄罗斯还有丰收节、迎冬节等四季节日以及复活节等宗教节日。在俄罗斯，被视为“光明象征”的向日葵最受人们喜爱，被称为“太阳花”，并被定为国花。拜访俄罗斯人时，送给女士的鲜花宜为单数。在数字方面，俄罗斯人最偏爱“7”，认为它是成功、美满的预兆。俄罗斯人还非常崇拜盐和马。

（五）主要禁忌

俄罗斯人忌讳黄色，认为黄色是不吉利的颜色。一般俄罗斯人忌讳在五月成婚，认为这个月里的婚姻是充满了苦难和失败的婚姻。在俄罗斯，就餐时不可以照镜子，也不能戴帽子坐到餐桌旁，这些被认为会招来不幸。另外，俄罗斯人还忌讳学猫头鹰叫，这预示着人将受到死亡的威胁。

俄罗斯人主张“左主凶，右主吉”，因此，他们不允许以左手接触他人，或以之递送物品。俄罗斯人忌讳的话题有：政治矛盾、经济难题、宗教矛盾、民族纠纷、苏联解体、阿富汗战争，以及大国地位问题。在俄罗斯人面前，不能将手握成头，大拇指在食指和中指间伸出，这在俄罗斯是蔑视嘲笑的粗鲁行为。而美国人常用的手势“OK”——用大拇指和食指接触成O形，其他三指伸直，在俄罗斯则是非礼的表示。俄罗斯人让烟忌给单支，要递上整盒。点烟时忌讳划一根火柴或用打火机给三个人同时点火。送礼忌送三样物品：刀、手绢和蜡烛。在俄罗斯，刀意味着交情断绝或彼此将发生打架、争执；手绢象征着离别；蜡烛被认为是能带来死亡的不祥之物。另外，不要在喝酒时劝酒或蓄意灌酒。俄罗斯人十分贪杯，酒鬼遭人蔑视，故意引他人喝醉，则令人憎恨、厌恶。

参考文献

[1] 杨志刚 . 中国礼学史发凡 [J]. 复旦学报 (社会科学版),1995,(06):52–58+47.

[2] 陈壁生 . 从“礼经之学”到“礼学”——郑玄与“礼”概念的转化 [J]. 清华大学学报 (哲学社会科学版),2022,37(01):132–142+216.

[3] 沈宏格 . 礼俗互动视角下的民国丧礼仪式（1912—1928）[J]. 中华文化论坛 ,2024,(06):57–65.

[4] 董乾坤 , 畅咏沂 . 从礼制史到社会文化史——礼仪研究的三个维度 [J]. 原生态民族文化学刊 ,2024,16(04):56–62+154.

[5] 陈延斌 . 中华传统家礼文化及其时代价值 [J]. 伦理学研究 ,2024,(02):51–58.

[6] 李禹阶 . 中国史前宗教与社会权力的演进 [J]. 中国社会科学 ,2024,(01):66–85+205–206.

[7] 马银琴 . 周代礼乐制度的兴与衰 [J]. 秘书工作 ,2024,(12):65–68.

[8] 郑思炜 . 西周礼乐制度：历史演进与影响 [J]. 黄河之声 ,2024,(17):100–103.

[9] 冯时 . 中华文明的理论探索 [J]. 郑州大学学报 (哲学社会科学版),2021,54(06):103–110.

[10] 丁鼎 . 礼法相济、礼主法辅——《周礼》所体现的社会治理思想 [J]. 孔子研究 ,2020,(06):5–12.

[11] 赵永磊 . 攀附“周制”: 北周祖宗的择定及其庙制的构建 [J]. 文史哲 ,2024,(05):51–65+166.

[12] 赵欣 . 从战国竹书探讨礼仪制度及儒家礼学思想 [J]. 中国出版 ,2019,(03):71.

[13] 杨华 . 中国古代礼仪制度的几个特征 [J]. 武汉大学学报 (人文科学版),2015,68(01):16–22.

[14] 王贺兰 . 试论礼仪的意识形态功能 [J]. 人民论坛 ,2013,(26):178–179.

[15] 苏力 . 纲常、礼仪、称呼与秩序建构——追求对儒家的制度性理解 [J]. 中国法学 ,2007,(05):39–51.

[16] 戴庞海 . 略论西周时期的礼仪教育 [J]. 郑州大学学报 (哲学社会科学版),2006,(03):93–97.

[17] 李月新 . 图写偶像与辽代宗庙祭祀礼仪 [J]. 北方文物 ,2023,(02):98–103.

[18] 连秀丽 . 祭祀礼制与祝文兴衰——对《文心雕龙》祝文评论的补充 [J]. 学术交流 ,2018,(03):128–134.

[19] 李瑞祥 , 古屿鑫 . 传统国家祭祀雅乐的人文演绎——以台湾地区祭礼雅乐的本土化实践为例 [J]. 世界宗教研究 ,2019,(03):96–105.

[20] 彭林 .《仪礼》"两次转型说" 理念下的复原探索 [J]. 孔子研究 ,2021,(06):5–22+154.

[21] 尹荣方 .《诗经・行露》与周初 "乐舞教化" 礼制 [J]. 中州学刊 ,2024,(05):148–156.

[22] 陈卉 , 赵虹波 , 白立超 . 礼乐制度与西周军礼述论——以军事教育、职官系统和军礼礼仪为核心 [J]. 西北大学学报 (哲学社会科学版),2022,52(01):86–92.

[23] 廖杨 . 北方古代游牧民族丧葬祭祀习俗中的宗法特征——北方古代游牧民族宗法文化研究之四 [J]. 青海民族研究 ,2007,(01):146–153.

[24] 姚雨佳 , 颜之悦 , 林慧慧 , 等 . 人际距离和策略创造性对人际情绪调节的影响 [J]. 心理学报 ,2025,57(01):125–134.

[25] 卞娜 . 大学生微信群的人际传播研究——以北京某高校为例 [J]. 中国社会科学院研究生院学报 ,2017,(03):138–144.

[26] 高培霞 . 人际互动的情感研究 : 取向、路径与展望 [J]. 山西大学学报 (哲学社会科学版),2015,38(05):128–132.

[27] 崔英祝 . "左" "右" 与尊卑位次 [J]. 中学语文教学 ,2022,(05):88.

[28] 刘凯 . 中国古代祭地礼仪的地位与时间落差——以刘宋北郊的五次迁徙为例 [J]. 文史哲 ,2024,(05):66–80+166.

[29] 吴恩荣 . 清代跪叩礼与抱见礼的分流与演变 [J]. 北京社会科学 ,2024,(06):31–42.

[30] 曾仲权 . 中国古代交往行为美学建构论纲 [J]. 云南师范大学学报 (哲学社会科学版),2024,56(06):112–123.

[31] 张小李 . 清代国家祭礼等次制度研究 [J]. 故宫博物院院刊 ,2024,(04):107–121+146.

[32] 陈延斌 . 中华传统家礼文化及其时代价值 [J]. 伦理学研究 ,2024,(02):51–58.

[33] 蒋承伟 . 重构与解构:孔、老之 "礼" 的解读 [J]. 湖北社会科学 ,2024,(01):159–164.

[34] 彭林 .《周礼》之 "灋" 与《大司寇》德刑思想发微 [J]. 湖南大学学报 (社会科学版),2024,38(06):8–17.

[35] 姚远 . "水木有清辉":沈周《东庄图》的馈赠与接受研究 [J]. 美术观察 ,2025,(01):50–59.

[36] 于爱华 . 仪态与礼仪 [J]. 职业技术教育 ,1998,(12):29.

[37] 潘祥辉 . "揖让而天下治" : 中华传统揖礼的创造性转化与创新性发展 [J]. 湖南师范大学社会科学学报 ,2023,52(05):53–62.

[38] 李明佳 . 中西方用餐礼仪及其差异——评《优雅得体中西餐礼仪》[J]. 中国酿造 ,2021,40(07):243.

[39] 付小平 . 藏礼于器——中国餐具的礼仪教化功能研究 [J]. 西南民族大学学报 (人文社科版),2009,30(09):224–230.

[40] 张珍 . 导游人员礼仪修养的重要性研究 [J]. 山西财经大学学报 ,2014,36(S1):242.

[41] 刘德秀 . 略论旅游服务语言艺术 [J]. 西南师范大学学报 (人文社会科学版),2002,(05):133–136.

[42] 苏叶兰 , 詹莎 . 论商务礼仪中的交谈与馈赠礼仪 [J]. 企业经济 ,2009,(07):87–89.

[43] 李梅 . 中华传统礼仪的演进轨迹与现代转型 [J]. 山东社会科学 ,2020,(05):172–178.

[44] 孙春晨 . 中国传统丧祭礼仪的伦理意蕴 [J]. 晋阳学刊 ,2013,(05):65–69.

[45] 刘向阳 . 中原传统节日习俗文化的现代意义及其价值转化 [J]. 中州学刊 ,2022,(05):83–86.

[46] 宋炀 . 中西方传统服饰礼仪文化比较研究 [J]. 艺术设计研究 ,2017,(04):30–40.

[47] 李嘉珊 . 实用礼仪教程（第四版）[M]. 北京：中国人民大学出版社 ,2016.

[48] 金正昆 . 接待礼仪（第二版）[M]. 北京：中国人民大学出版社 ,2015.

[49] 张再欣 . 现代商务礼仪（第二版）[M]. 北京：中国人民大学出版社 ,2016.

[50] 杨雅蓉 . 高端商务礼仪 : 快速成为职场沟通达人 [M]. 北京：化学工业出版社 ,2021.

[51] 杨金波 . 政务礼仪 [M]. 北京：中华工商联合出版社 ,2016.

[52] 向阳著 . 会议策划与组织（第三版）[M]. 重庆：重庆大学出版社 ,2023.

[53] 黄缨焱 . 礼仪与审美 [M]. 北京：北京理工大学出版社 ,2020.

[54] 薛菲 . 职场礼仪 [M]. 北京：北京理工大学出版社 ,2023.

[55] 徐兆涛 . 旅游服务礼仪 [M]. 北京：北京大学出版社 ,2019.

[56] 杨雅蓉 . 高端商务礼仪 : 快速成为职场沟通达人 [M]. 北京：化学工业出版社 ,2021.

[57] 陈钰 . 商务礼仪 [M]. 兰州：甘肃人民出版社 ,2011.

[58] 陈向红 , 岳晓琪 . 新编现代商务礼仪 [M]. 北京：电子工业出版社 ,2011.

[59] 闫秀荣 , 杨秀丽 . 现代社交礼仪 (第三版)[M]. 北京：人民邮电出版社 ,2018.

[60] 李嘉珊 , 刘俊伟 . 实用礼仪教程 (第四版)[M]. 北京：中国人民大学出版社 ,2016.

[61] 石地 . 礼仪学教程 [M]. 北京：中版集团数字传媒有限公司 ,2016.

[62] 翟文明 . 每天学点礼仪学大全集 [M]. 北京：中国华侨出版社 ,2010.

[63] 张学娟 . 实用商务礼仪 (第二版)[M]. 北京：人民邮电出版社 ,2015.

[64] 丁永玲 . 风度 风采 风范 [M]. 武汉：湖北科学技术出版社 ,2013.

[65] 赵黎 , 田莉 . 大学生社交礼仪 [M]. 北京：清华大学出版社 ,2019.

[66] 张再欣 . 现代商务礼仪第二版 [M]. 北京：中国人民大学出版社 ,2016.

[67] 刘金同，陈永顺，田桂芹．实用社交礼貌礼仪教程 [M]. 北京：北京大学出版社，2007.
[68] 贺璋瑢，王海云．中华传统礼仪 [M]. 北京：中国人民大学出版社，2016.
[69] 静筠．不可不知的民俗禁忌 [M]. 银川：宁夏人民出版社，2012.
[70] 焦艳芬，李燕，赵祺蒙．旅游交际礼仪 [M]. 北京：中国人民大学出版社，2018.
[71] 陈晓斌，彭文喜．旅游服务礼仪 [M]. 武汉：华中科技大学出版社，2018.
[72] 朱晓晴．中国旅游文化 [M]. 西安：西北大学出版社，2019.
[73] 金正昆．交际礼仪 [M]. 北京：中国人民大学出版社，2015.
[74] 张再欣．现代商务礼仪（第二版）[M]. 北京：中国人民大学出版社，2016.
[75] 徐兆寿．旅游服务礼仪 [M]. 北京：北京大学出版社，2019.
[76] 聂万恒．中国文化常识速读 [M]. 延吉：延边教育出版社，2022.